aruco

セブ

ボホール　エルニド

Cebu Bohol, El Nido

こんどの旅も、
みんなと同じ、お決まりコース？

「みんな行くみたいだから」「なんだか人気ありそうだから」
とりあえずおさえとこ、そんな旅もアリだけど……
でも、ホントにそれだけで、いいのかな？

やっと取れたお休みだもん。
どうせなら、みんなとはちょっと違う
とっておきの旅にしたくない？

『aruco』は、そんなあなたの
「プチぼうけん」ごころを応援します！

★女子スタッフ内でヒミツにしておきたかったマル秘スポットや穴場のお店を、
思いきって、もりもり紹介しちゃいます！

★観ておかなきゃやっぱり後悔するテッパン観光名所 etc. は、
みんなより一枚ウワテの楽しみ方を教えちゃいます！

★「セブでこんなコトしてきたんだよ♪」
帰国後、トモダチに自慢できる体験がいっぱいです

そう、セブでは、
もっともっと、
新たな驚きや感動が
私たちを待っている！

さあ、“私だけのセブ”を見つけに
プチぼうけんに出かけよう！

arucoには、あなたのプチぼうけんをサポートするミニ情報をいっぱいちりばめてあります。

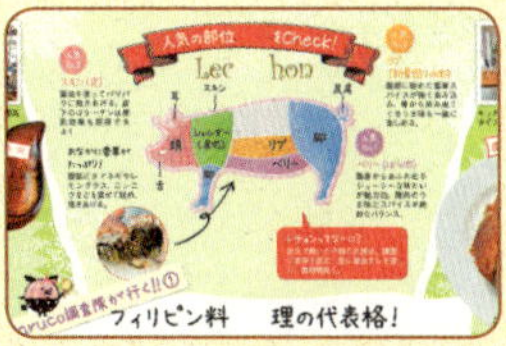

女子スタッフの現地実体験や徹底調査、本音トークを「aruco調査隊が行く!!」「裏aruco」でお伝えしています。

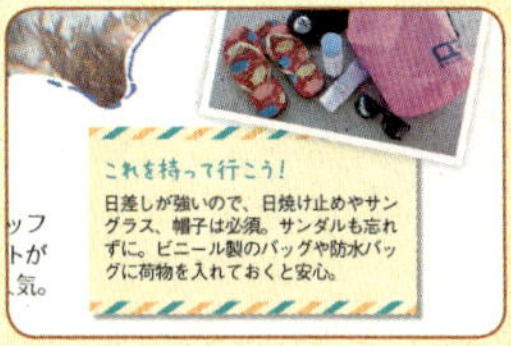

知っておくと理解が深まる情報、アドバイスetc.をわかりやすくカンタンにまとめてあります☆

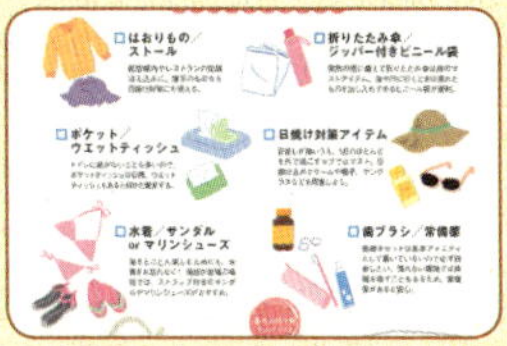

女子ならではの旅アイテムやトラブル回避のための情報も、しっかりカバー☆

右ページのはみだしには編集部から、左ページのはみだしには旅好き女子のみなさんからのクチコミネタを掲載しています☆

アイランドホッピング

TOTAL 7時間

オススメ時間 午前中～夕方

予算 ₱5600～

コミコミツアーが楽ちん！

ランチや飲み物、スノーケリングセットやタオルはツアー料金に含まれている場合が多いが、催行会社によりけりなので申し込み前にしっかりと確認を。ランチはビーチサイドでのBBQ！

プチぼうけんプランには、予算や所要時間の目安、アドバイスなどをわかりやすくまとめています。

データのマーク

- 住所、立地
- 電話番号
- FAX……ファクス番号
- 営業時間、開館時間、ツアー時間（ホテル発着）
- 休……休館日、定休日（祝祭日やクリスマス、イースターなどを除いた定休日）
- 料……料金、入場料、予算
- 予……予約の必要性
- 他……その他の店舗
- URL……URL
- 問合……日本での問い合わせ
- Card……クレジットカード
  - A……アメリカン・エキスプレス
  - D……ダイナースクラブ
  - J……ジェーシービー
  - M……マスターカード
  - V……ビザ
- 日……日本語会話OK
- 日……日本語メニューあり
- 室……部屋数
- 交……交通アクセス

別冊MAPのおもなマーク

- i……観光案内所
- R……レストラン
- C……カフェ
- S……ショップ、ショッピングセンター
- H……ホテル
- B……スパ、マッサージ

ツアーのおすすめマーク

※P.18～59で使用。P.51参照。

初めて　リピーター　友達同士　カップル　ファミリー

■発行後の情報の更新と訂正について
発行後に変更された掲載情報は、『地球の歩き方』ホームページ「更新・訂正・サポート情報」で可能なかぎり案内しています（ホテル、レストラン料金の変更などは除く）。ご旅行の前にお役立てください。
URL book.arukikata.co.jp/support/

※本書は正確な情報の掲載に努めていますが、ご旅行の際は必ず現地で最新情報をご確認ください。また掲載情報による損失等の責任を弊社は負いかねますので予めご了承ください。

セブでプチぼうけん！
ねえねえ、どこ行く？ なに食べる？

真っ青な海を巡るアイランドホッピングに行って
最高にコスパのいいスパで体を癒やしたら
新鮮なシーフード料理を堪能♪
行きたいところも、やりたいことも忘れないように
ビビっときたものには大きくハナマル印をつけちゃお！

セブを100%
楽しむ方法
教えちゃうよ！

定番プランとはひと味違う！ ハッピー＆アクティブにセブを楽しむ☆

小島を巡る船旅へ出発♪
海の美しさにオドロキの連続！

P.18 →

ボホール島の名所チョコレート・ヒルズを
さらに楽しむアクティビティにトライ☆

P.22 →

最旬スポットも
ばっちり
チェック♪

超巨大な魚影がすぐそばに！
ジンベエザメに大接近！

P.26 →

目指すはカワサン滝！
激流や滝を進むキャニオニングに出発☆

P.30 →

何もないのが逆にイイ♪
カオハガン島で究極のリラックスステイ

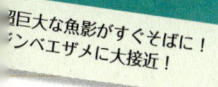

P.32 →

海上コテージも魅力！
心と体を癒やす贅沢スパを体験♡

P.34 →

セブからさらなる秘境を求めて
飛行機に乗ってエルニドへ GO！

P.42 →

あっちもこっちも食べたい！　思わず迷っちゃうフィリピングルメ

P.64 →

取れたての新鮮シーフード！
焼いちゃう？　生でいっちゃう？　選べます！

P.68 →

ビールもごくごく進んじゃう♡
定番のローカルグルメにレッツトライ！

P.70 →

子豚まるまる焼きました！
ジューシーなレチョンを堪能♡

P.72 →

真っ赤なハチのジョリビーは
フィリピン人のソウルフード☆

P.80 →

思わずSNSに投稿したくなる！
写真映えパーフェクトなレストランへ

P.86 →

デザートはこれでしょ♪
マイベストハロハロを探しちゃお！

ホテルもスパもこだわる！　目指せ極上のリラックスステイ♪

P.110 →

セブなら気軽に行ける♪
ゴージャスなリゾートホテルのスパを体験

P.116 →

プールも海も目の前！
リゾート感たっぷりの人気ホテルはこちら

全部買いたくなっちゃうかも？！　南国アイテムショッピング♪

ぜーんぶココで揃っちゃう！
巨大ショッピングセンターへ行ってみよう

P.90 →

リゾートファッションもおみやげも揃う
カラフルでかわいい雑貨店に夢中♡

P.94 →

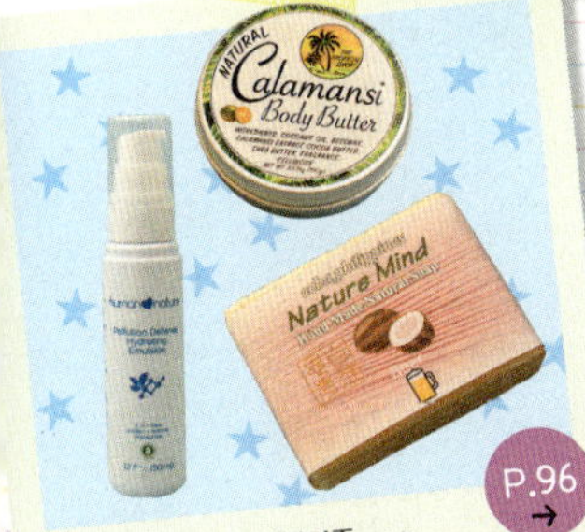

お肌が気になるお年頃……
天然素材のケアアイテムが気になる～！

P.96 →

ねえ知ってました？
実はフィリピンでカカオが取れるんです！

P.98 →

たくさんあって迷っちゃう
ドライマンゴーの選び方教えます☆

P.102 →

さらに刺激的に過ごせる離島へ！　フェリーや飛行機に乗って出発☆

全部の島に
行って
みたーい！

ぽこぽこ並ぶ小さな丘。ボホール島の
不思議なチョコレート・ヒルズを見に行こう

P.122 →

神秘の島シキホールで
スピリチュアル体験にチャレンジ☆

P.40 →
P.128 →

海面から岩がそり立つエルニド
フィリピン最後の秘境を探る旅に出発～！

P.132 →

Contents

aruco セブ ボホール エルニド

巻末
"取りはずせる"
別冊MAP
便利だね！

旅立つ前にまずチェック！

ざっくり知りたい！ セブ基本情報

お金のコト

通貨・レート **₱1＝約2.13円**（2018年11月現在）
通貨単位は₱（フィリピン・ペソ）、補助通貨はCentabo（¢）センタボ

両替 日本でも現地でも両替OK

フィリピンペソを入手するには、日本国内よりも現地で両替したほうがレートがよい。マクタン・セブ国際空港でも両替できるが、レートを重視するならショッピングセンター内に入った両替所のほうがおすすめ。また各所にATMがあるので、クレジットカードのキャッシングや国際キャッシュカードを利用して現地通貨を引き落とすこともできる。ほか一部ホテルや旅行会社でも両替に対応してくれたり、ツアー料金を日本円で支払うことができる場合も。

チップ 感謝の気持ちをさりげなく

基本的には不要だが、高級レストランではサービス料が含まれていない場合のみ食事代の10%程度を渡すのが望ましい。スパもリーズナブルな町スパなら不要だが、高級スパだと₱100くらいをチップとして渡すのがスマート。セラピストさんに直接渡す場合と、受付などにあるチップボックスに入れる場合とあるので、確認を。

物価 日本よりも割安

ローカル向けならかなりお得

お金について詳細はP.152をチェック！

ホテル代、物品、レストランでの外食などすべてにおいて日本よりも安い。ローカル向けの食堂では1食50円程度で食べられる場合も。ただし、高級リゾート内のレストランは割高で、日本の高級レストランと変わらない値段になることも。
（例：飲み物(500mL＝₱20、タクシー＝初乗り₱40くらい～、食事＝₱150～）

ベストシーズン 1月中旬～5月中旬

1年を通して温暖な「常夏の国」だが、大きく1～5月の乾季、6～12月の雨季に分かれる。ベストシーズンは天候が安定し、毎日晴天が続く1月中旬～5月中旬。7～10月は台風シーズンで、海が荒れてフェリーやツアーが欠航になることもしばしば。雨季はスコールが多いが、フルーツや花のシーズンでもある。

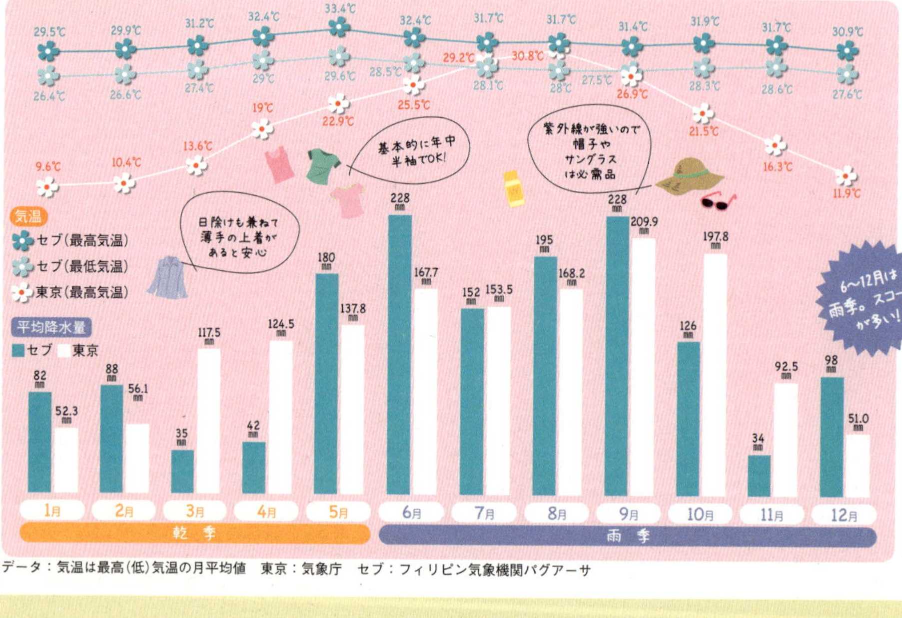

データ：気温は最高（低）気温の月平均値　東京：気象庁　セブ：フィリピン気象機関パグアーサ

日本からの飛行時間

直行便で
約**4**時間半～**5**時間半

ビザ

30日以内の観光は必要なし

パスポートの残存有効期間は
滞在日数以上あればOK。

時差

-1時間（サマータイムはない）

日本	0	1	2	3	4	5	6	7	8	9	10	11	12	13	14	15	16	17	18	19	20	21	22	23
セブ	23	0	1	2	3	4	5	6	7	8	9	10	11	12	13	14	15	16	17	18	19	20	21	22

言語

英語と
タガログ語、ビサヤ語

滞在期間

セブとボホール島なら
3泊4日以上が望ましい

シキホール島やエルニドに
行くならプラス2～3日

交通手段

タクシー、マイバス、
ジプニー

詳細は→P.150

公用語はタガログ語だけど

フィリピンの公用語は、マニラなど北部で話されているタガログ語。しかし、島やエリアごとに異なる言語が80以上もあるとされ、セブで一般的に話されているのはビサヤ語となる。エルニドはタガログ語がメイン。なお、アメリカ統治時代の名残から、英語が話せる人も多い。

年間の祝日

1月の第3日曜はセブ最大のイベント、シヌログ祭！ セブ・シティではパレードが行われ、1日中熱狂の渦と化す。

1月1日	元旦
1月下旬	シヌログ祭（セブのみ、2019年は1月20日）
2月25日	エドゥサ革命記念日
3月末～4月中旬	イースターホリデー
4月9日	武勇の日
5月1日	メーデー
6月12日	独立記念日
8月21日	ニノイ・アキノ記念日
8月下旬	国家英雄の日（2019年は8月26日）
9月9日	オスメニャ記念日（セブのみ）
11月1日	万聖節
11月30日	ボニファシオ誕生記念日
12月24日	クリスマスイブ
12月25日	クリスマス
12月30日	リサール記念日
12月31日	大晦日

フィリピンでは、地域ごとのイベントなどで休みになったり、急遽祝日となったり、変更になることもある。

詳細は→P.145

フィリピンのトイレ事情

高級ホテルを含むほとんどの場所でトイレットペーパーが流せない。使用済みのトイレットペーパーは、便器の横にあるゴミ箱に入れること。また、ホテルやレストラン以外の場所では便座が付いていない場合も多い。衛生面が心配な人は、除菌シートやトイレットペーパーを持参しよう。

祝祭日の営業

クリスチャンが多いセブでは、イースターホリデーや万聖節、クリスマスにはほとんどの店やレストランが休みとなる。大型のショッピングセンターも例外ではないので、注意すること。日本人経営の旅行会社やホテル内のレストランは年中無休なので、リゾートステイがメインなら問題ない。

セブの詳しいトラベルインフォメーションは、P.143～をチェック！

フィリピンぼうけんアイランド案内＆セブのエリアナビ

全部で7641もの島々から成るフィリピンは、島によって文化や魅力がまったく違う！ まずは4つの主要リゾートエリアをつかんだら、メインとなるセブのエリアを頭に入れよう。

1 フィリピンを代表するリゾート地
セブ
Cebu

フィリピン中央部にあるリゾートアイランド。南北に細長いセブ島とその東に寄り添うように浮かぶマクタン島のふたつがメイン。

2 自然豊かな注目アイランド
ボホール島
Bohol

→P.22,122

セブ島の東にある楕円形の島で、中央には絶景スポットのチョコレート・ヒルズがある。リゾートエリアは、南西部のアロナ・ビーチ。

セブからフェリーで約2時間

3 黒魔術とヒーリングの島
シキホール島
Siquijor

→P.40,128

セブ島の南に浮かぶ小島。古くから"魔術"や"癒やし"の島として有名で、フィリピン伝統のマッサージ、ヒロットもここが発祥。

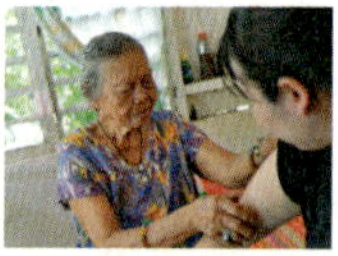

セブやマニラから飛行機とフェリーを乗り継いで3時間〜

4 奇岩が突き出す驚異の風景
エルニド
El Nido

→P.42,132

フィリピン西部のパラワン島北西部のエリア。透明度抜群の海と切り立った崖が織りなす風景は、「フィリピン最後の秘境」にふさわしい。

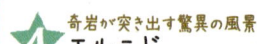

セブから飛行機で約1時間40分。マニラからは約1時間15分

セブ中心部

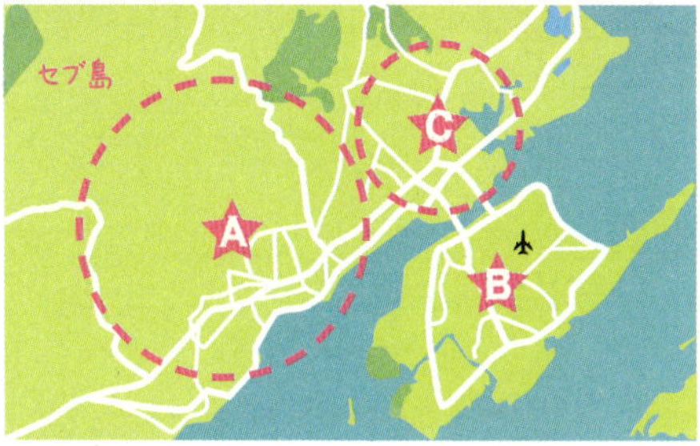

セブ内の移動について

移動はタクシーがメイン。最近ではGrabというタクシー配車アプリ（→P.36）の利用が人気。上級者なら、トライシクルやジプニー（→P.62）にチャレンジしてみては？ なお、セブ中心部の3エリア間は、かなり離れている。タクシー移動の際は以下の所要時間を参照に。

マンダウエ・シティ（Jセンター・モール）
45分
1時間
セブ・シティ（フエンテオスメニャ）
マクタン島（リゾートエリア）
1時間30分

セブ中心部は、とにかく渋滞が激しい。朝夕のラッシュタイムに移動する場合は、左記の時間に1時間くらい余計にかかることも。

A セブの中心地 セブ・シティ
Cebu City

セブ島のほぼ中央にあり、政治・経済の中心となるエリア。マニラに次ぐ国内第2の都市であり、グルメやナイトスポットも充実。

B リゾートステイならここ マクタン島
Mactan

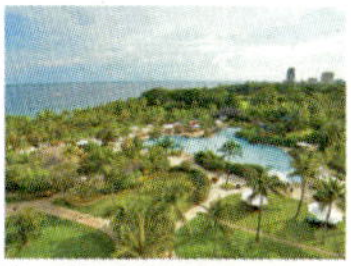

セブの玄関口であるマクタン・セブ国際空港がある。東海岸には、オン・ザ・ビーチの高級リゾートが並ぶ。セブ島とは2本の橋で結ばれている。

C 空港への通り道 マンダウエ・シティ
Mandaue Ciry

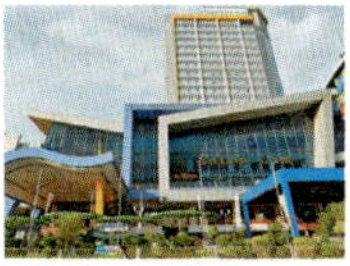

マクタン島とセブ・シティの間にある。メイン通りのA.S.フォーチュナ通りには、日本人向けのホテルやS.C.、居酒屋などが並ぶ。

セブ郊外＆離島の注目スポット

D たくさんの小島が点在 アイランドホッピング・エリア
→P.18

セブの人気No.1ツアー、アイランドホッピングで訪れる4つの島が集中。

E 自然と共存する島 カオハガン島
Caohagan
→P.32

日本人がオーナーの「何もないけど豊かな島」。究極のリラックス旅ができる。

F カキの養殖でも有名 リロアン
Liloan
→P.39

マンダウエ・シティのすぐ北。SNSで話題の海上ジップラインはここで。

G ひっそり静かな田舎町 サン・フェルナンド
San Fernando
→P.34
→P.117

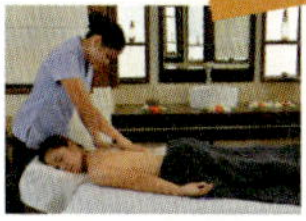

最高級リゾート、プルクラがある。セブ唯一のスパ用海上コテージも。

H 昔ながらの生活が残る カルカル
Carcar

ローカル度満点の小さな村。さまざまな伝統文化体験が楽しめる。
→P.58

I 奇跡のマリア様を祀る シマラ教会
Simala Church

セブのパワースポットといえばここ。お祈りすれば、願いが叶うとか……。
→P.28

J セブで最も有名な滝 カワサン滝
Kawasan Water Falls
→P.30

青い水をたたえる神秘的な滝。キャニオニングでアクティブに遊べる。

K ジンベエザメに出合える オスロブ
Oslob
→P.26

ジンベエザメと泳げる人気スポット。セブ・シティからは車で4時間ほど。

L 海のきれいさダントツ スミロン島
Sumilon
→P.27

セブ島の横に浮かぶ離島。セブでも海の美しさは随一と言われる。

セブ3泊4日 aruco的 究極プラン

プチぼうけんしちゃうぞ！

セブでの遊びは、ツアーに参加するのが一番！
海にジャングル、パワースポットまでさまざまなツアーを自分好みにアレンジ♪
さらにリゾートステイもシティも満喫できる、欲張り女子大満足のプランをお届け♪

Day 1 セブに到着！初日はホテルでのんびりステイ

日本を朝出発する便を選べば、当日お昼過ぎにはセブ到着！ まずはホテルを満喫するよ〜。

14:00 マクタン・セブ国際空港に到着

送迎バス 25分

15:00 マクタン島東部の「シャングリ・ラ・マクタン・リゾート＆スパ」にチェックイン P.116

ようこそ！ゆっくり過ごしてね

15:30 ホテル内のマリンショップ「スコッティーズ・アクション・スポーツ・ネットワーク」でアクティビティ三昧！ P.53

まるで鳥になった気分！

17:00 「チ・スパ」のフィリピン伝統マッサージでリラックスタイム P.110

19:00 メインダイニングの「コウリー・コーブ」で豪華シーフードディナー P.64

新鮮なシーフードがたくさん

Day 2 アイランドホッピングでエメラルドグリーンの海を満喫！

2日目は海DAY！ バンカーボートに乗って、沖に浮かぶ離島へGo！ たくさんの熱帯魚がお出迎え☆

8:30 セブの人気No.1！「アイランドホッピング」にいざ出発☆ P.18

泳がずにいられない美しさ！

ホテルから タクシー 5分

16:30 今日はプチプラスパ！「ツリー・シェイド・スパ」でリフレッシュ♪ P.112

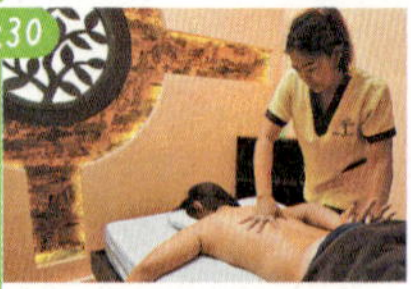

タクシー 5分

18:00 今夜はがっつり肉食！「エル・スエニョ」でローカルフードディナー P.69

タクシー 15分

20:00 ルーフトップバー「スケープ・スカイデッキ」でしっとり P.83

アレンジのヒント 1 海プランアレンジのヒント

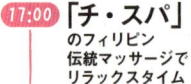

☑ **オスロブでジンベエザメと泳ぐ**

セブ島南部のオスロブでは、ジンベエザメと一緒に泳げる。帰りにカワサン滝（→P.30）やシマラ教会（→P.28）に寄るのもいい。 P.26

☑ **カオハガン島への1泊2日ツアー**

カオハガン島は、海洋保護区に囲まれた美しい島。コテージに宿泊して、「何もないけど豊かな島」を体感しよう。 P.32

Day3 お隣のボホール島へ日帰りトリップ♪ ターシャと絶景に合いに行く

セブ・シティからフェリーに乗って、ボホール島へ。
夜はセブ・シティに戻り買い物＆エンタメ三昧！

5:15 「ボホール島1日ツアー」
チョコレート・ヒルズで遊び、
ターシャに胸キュン♡ P.22

19:30

セブ港から
タクシー
20分

20:00 巨大ショッピングセンターの
「アヤラ・センター・セブ」で買い物＆グルメ P.90

タクシー
10分

22:30 「スカイ・エクスペリエンス・アドベンチャー」で
夜景の上のジップライン♪ P.38

アレンジのヒント 2 ボホール島アレンジのヒント

☑ ボホール島は1泊してもNice!

ボホール島は近年開発が進んでおり、リゾートホテルも急増中！ ホテルが集中しているのは、アロナ・ビーチ。イルカやウミガメなど、泊まらないと体験できないツアーもたくさん！ P.25,126

Day4 マクタン島の気になるスポット巡り

帰国の飛行機は午後。午前中にマクタン島のスポットを回ったら、早めに空港へ行こう。

10:00 「マクタン・シュライン」で
ラプラプ様にさようなら～ P.56

タクシー
45分

11:00 アプリ"Grab"でタクシーを呼び出し
「10,000 ローズカフェ＆モア」で休憩 P.37,81

タクシー
45分

13:00 マクタン・セブ国際空港到着

15:00 セブ出発、日本到着は20:30頃

こんなおみやげ買っちゃいました

バナナチップスはオウル・ツリーのものが一番おいしい！₱60～ P.142

ボーズ・コーヒーで見つけたフィリピン産チョコ各₱140 P.98

トライバル柄のリゾートワンピ。サニー・サイド・アップにて ₱855 P.90

エコストアで今注目のモリンガのソープ ₱200 P.96

日焼けしたので、ボディバターでケア。こちらもエコストア ₱199 P.96

会社用のバラマキはドライマンゴーで決まり₱80 P.102

アレンジプランも！

セブ＋1島周遊アレンジプラン

セブでの3泊4日プランに＋2〜3日で行けるアレンジプランをご紹介！
ほれ薬や奇岩の中のカヤックなど、世界でもここしかできない特別な体験が盛りだくさん！

シキホール島1泊2日

Day1 伝説のほれ薬“ラブポーション”をゲット

今も魔術が伝わるといわれる神秘的な島へ、ラブポーションを探しに行こう！

10:40 セブを早朝に出発、飛行機とフェリーを乗り継ぎシキホール島着 P.128

港からトライシクルで25分

11:30 ラブポーションを求めて有名ヒーラー「アニーさんの家」へ P.40

島内のみやげもの屋でも買える

17:00 ヒーラーさん宅を回ったあと、日本人経営の宿「ヴィラ・マーマリン」に泊まる P.130

Day2 シキホール島1日周遊

樹齢400年超えの大樹や泉、滝など、自然豊かな島をぐるりと一周してみよう。

9:00 トライシクルで島を1周 P.128

泉の中に魚もいるよ

サクサクピザもある

15:50 シキホール港発、フェリーと飛行機でセブへ

ドゥマゲッティ発セブ行きの飛行機が18:40発なので、シキホール15:50発のフェリーで間に合う

エルニド2泊3日

Day1 セブから飛行機でエルニド・タウンへ

セブから1時間40分、飛行機に乗ると真っ青な海と黒い岩がそり立つエルニドへ到着！

12:55 セブからエア・スウィフトでエルニド着 P.132

空港からタウンへトライシクルで25分

14:00 ホテルにチェックイン後エルニド・タウンを散策 P.132

買い物も楽しんで

Day2 アイランドホッピングツアーで海を満喫

4種類のツアーから選んで出発！

8:45 1日アイランドホッピングツアーに出発！ P.42

エルニド・タウンからトライシクルで10分

17:00 コロン・コロンで夕日を見ながらロマンティックディナー P.136

Day3 朝イチのフライトでセブへ

ごはんもおいしい

8:55 エルニド空港出発、セブへ

15:00 セブ空港出発。日本到着は20:30頃

アレンジのヒント3 エルニドアレンジのヒント

☑ エルニド・リゾーツに宿泊

沖に浮かぶ、贅沢な1アイランド1リゾートに宿泊し、エルニドの島々を回る。個性的な4つのリゾートがあり、水上コテージからフォレストルームまで客室タイプも多彩。

P.44,140

朝イチの便に乗れば、当日日本に帰ることができる。午後便だとセブで1泊しないといけない

わくわくが
止まらない♪

多彩な魅力あふれる
楽園アイランズへ
プチぼうけん☆

エメラルドグリーンの海に山、ジャングルに滝、
ジンベエザメやターシャなど世界でここだけの体験まで
自然を舞台にした遊びが盛りだくさんのセブと周辺の島々。
胸高鳴る、わくわくの冒険旅へ、いざ出発☆

LET'S GO!

プチぼうけん 1

魅惑の島々で感動体験☆アイランドホッピングへGo!

真っ青な海の上に小さな島々が点在しているセブ。
島ごとの異なる魅力が楽しめるアイランドホッピングは、
セブの定番アクティビティ！ 小島巡りの船旅に出発進行♪

アイランドホッピング TOTAL 7時間

オススメ時間 午前中～夕方　予算 ₱5600～

コミコミツアーが楽ちん！
ランチや飲み物、スノーケリングセットやタオルはツアー料金に含まれている場合が多いが、催行会社によりけりなので申し込み前にしっかりと確認を。ランチはビーチサイドでのBBQ！

Let's Try! スノーケリング
海の中は色とりどりの熱帯魚の世界！ ライフジャケットを着れば、泳ぎが苦手な人でも安心。

海に潜るとたくさんの熱帯魚がお出迎え！

海がガラスみたいにキラキラ～！

青く透き通ったセブの海へ！

マクタン島の周辺に点在する島をボートで巡って、透明度抜群の海の中で色とりどりの魚たちと一緒に泳いだり、白い砂浜が広がるビーチでのんびり過ごそう。

これを持って行こう！
日差しが強いので、日焼け止めやサングラス、帽子は必須。サンダルも忘れずに。ビニール製のバッグや防水バッグに荷物を入れておくと安心。

TIME SCHEDULE

8:30	ホテルでピックアップ
9:00	オフィスで予定を確認
10:00	マクタン島の桟橋から出発
11:00	ナルスアン島上陸&スノーケリング
11:45	ナルスアン島出発
12:30	カオハガン島でランチ&フリータイム
14:30	カオハガン島出発
15:30	マクタン島到着、各ホテルへ

ここで参加しました！

わがままプランを叶えてくれる
JRエクスプレス JR Express

代表の前野さんを含む3名の日本人スタッフの親切な対応が評判。車&日本語サポートが22:00まで使える「まるごとパック」が人気。

Map 別冊P.5-C2　マクタン島

Sitio Ka Maria, Lapu-Lapu City
(032)505-2882/0917-624-8877（携帯）
(050)3136-8177（携帯）　9:00～18:00
なし　Card 不可　URL www.jrexpress.net

●ツアーinfo
アイランドホッピング
ナルスアン島+カオハガン島
大人₱5600～、子供（6～12歳）₱3700～（スノーケルセット、各入場料、ランチ代込み）

Tour Start

Good Morning!

1 8:30 ホテルでピックアップ

マクタン島の宿泊ホテルに運転手が車でお迎えに来る。セブ・シティ泊の場合はもう少し早い時間になる。

船の上だってシャッターチャンス！

2 9:00 ツアー会社で予定を確認

JRエクスプレスの事務所で1日の予定を確認。説明を聞いて同意書にサインし、料金をお支払い。

質問ありますか〜？

3 10:00 バンカーボートで マクタン島から出発

ムーベンピック・ホテル・マクタン・アイランド・セブ（→別冊P.18）横の桟橋から出発！

Let's Try! 2 長〜い桟橋でパチリ☆

船が泊まる沖とナルスアン島の間にかかる長い橋はフォトスポット！潜る前に1枚パチリ☆

人がいないスキを狙えるとベスト！

4 11:00 ナルスアン島（→P.20）到着 写真を撮ったら海へGo！

ライフジャケットとスノーケリングマスクを装着したら、さっそく海へ飛び込もう！数え切れないほどの魚たちとのひとときを楽しんで。

こんな格好で潜るよ！

素朴な雰囲気の村だね〜

5 12:30 カオハガン島（→P.21）到着 村を歩いてビーチを目指す

スノーケリング後は、カオハガン島へ移動。島の裏手に到着したら、散策しながらビーチ（ポントク）へ。

6 12:45 お待ちかねランチタイム

にぎやかなビーチに到着！シーフード市場やおみやげ屋台をチェックしたり、海で遊んでいる間にスタッフがBBQを用意してくれる。

Let's Try! 3 ビーチの市場で食材探し

市場では島の人が新鮮なシーフードを販売。買ったものはBBQで焼いてもらえる♪

デザートは南国フルーツ☆

エビや貝、カニなど種類も豊富

BBQは甘めの味付けでご飯が進む〜！

最初に石を並べてイメージしてみるといい

7 13:30 フリータイムを満喫♪

フリータイムは約1時間。ビーチでのんびりもいいし、島主催のアクティビティに参加するのも◎。

世界でひとつのブレスレットが完成☆

Let's Try! 4 オリジナルアクセ作り

オリジナルのネックレスやブレスレット作りにチャレンジ！㊎各₱300 ◷所要30分〜1時間

8 14:30 カオハガン島を出発

9 15:30 マクタン島に到着 各ホテルへ

Finish!

Let's Jump!

ビーチで写真を撮るのも忘れずに！

どこに行こうかな？人気の島はこの4つ！

アイランドホッピングで行く島はツアー会社によりさまざま。そのなかでも特に人気の4つの島をピックアップ！島ごとの特色をチェックしておこう。

Map 別冊P.2-B2～P.3-C2

島の周囲が遠浅になっており、船が停泊できる沖まで延びる長い桟橋が有名な無人島。海洋保護区に指定された海は、遠浅でスノーケリング初心者でも安心。島自体は30分ほどで一周できる大きさで、桟橋の反対側にはビーチが広がる。

Island Data

場所	マクタン島から船で約40分
透明度	★★★☆☆
アクティブ	★ーーーー のんびり

水中カメラを忘れずに！

数え切れないほどたくさんの魚が泳いでいる

透き通った海で楽しもう

4つの島のなかで最もマクタン島に近い。周辺の海は、ナルスアン島と同じく海洋保護区に指定されているが、魚の多さと種類の豊富さでは、断然こちら。そのためか、スノーケリングだけでなくダイビングスポットとしても人気。

Island Data

場所	マクタン島から船で約30分
透明度	★★★★☆
アクティブ	★ーーーー のんびり

Point
魚の種類の多さはピカイチ！
カラフルな熱帯魚から少し大きな魚まで種類はダントツ。サンゴよりお魚派におすすめ。

人気急上昇中の島
パンダノン島 Pandanon Island

アイランドホッピングへGo！

OPTION

事前に予約しておけば、パンダノン島でジェットスキーやバナナボートを楽しめる。ツアーの申し込み時に相談しよう。

催行：JRエクスプレス（→P.18）
㊎バナナボート₱7000～（6人～）、ジェットスキー1時間₱5500

Point
細長いビーチでのんびり

島の東にあるビーチでのんびりステイが人気。事前手配でマリンアクティビティも楽しめる。

「天国に一番近い島」との別名を持つ美しい島。ホワイトサンドが広がるビーチは遠浅でスノーケリングには向かないが、ゆっくりと過ごしたい人に人気。ボール（₱200別途）を借りれば、ビーチバレーも楽しめる。

Island Data

場所	マクタン島から船で約1時間30分
透明度	★★☆☆☆
アクティブ	―――★――― のんびり

コテージの裏手に真っ白な教会がある

大きな流木は人気の撮影スポット！

遠浅のビーチで写真撮影タイム♪

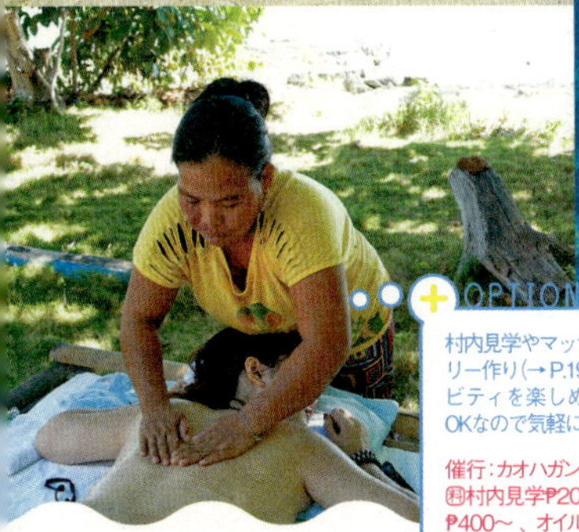

OPTION

村内見学やマッサージ、アクセサリー作り（→P.19）などのアクティビティを楽しめる。当日受付もOKなので気軽に参加してみて！

催行：カオハガン島
㊎村内見学₱200、ボディマッサージ₱400～、オイルマッサージ₱200～

自然とともに生きる島
カオハガン島 Caohagan Island

日本人がオーナーになっていることで有名な島。自給自足を基本とした生活を営んでおり、島では彼らの素朴な生活を垣間見ることもできる。島の南側がサンゴ礁保護区となっており、スノーケリングでもきれいなサンゴが見られる。

カオハガンの宿泊施設 → P.32

Island Data

場所	マクタン島から船で1時間
透明度	★★★★★
アクティブ	――――――★ のんびり

島オリジナルのみやげ物もある

Point
サンゴ礁の海で泳ぐ

保護区の美しいサンゴを眺めながらのスノーケリングが楽しめる。1人₱600、所要約1時間。

プチぼうけん 2

世界でココだけの絶景や動物に出合う！ 不思議の島ボホールをアクティブに満喫

小さな丘が無数に連なるチョコレート・ヒルズが有名なボホール島。ただ眺めるだけなんてもったいない！ もっとアクティブにボホール島を楽しもう☆ メガネザルのターシャも忘れずに！

ボホール島1日ツアー

TOTAL 14時間15分

オススメ時間 午前中〜夜

予算 ₱6000〜

フェリーも車もコミコミ

見どころは島内に点在しているので、セブ発着のツアーで回るのが効率的。会社により寄る場所が違うので、事前に確認を。CHAPに寄らないツアーも多い。

セブ島
マクタン島
2時間
ボホール島

Map 別冊P.3-C1〜2

アクセスなどエリア情報は → P.122

LOOK! 眼下にはチョコレート・ヒルズの景色が広がる！
LOOK! なんと両手をハンズアップ！ 勇者はチャレンジ！
Yeaaaaaah!
私のバランス感覚天才すぎ!!
LOOK! 細いワイヤーにタイヤが乗る絶妙なバランス☆

見どころ①

チョコレート・ヒルズ・アドベンチャー・パーク

さまざまなアクティビティが楽しめる。人気No.1はバイク・ジップライン。

詳細は → P.24

チョコレート・ヒルズをバックに空飛ぶ自転車！

チョコレート・ヒルズを眺めながらアクティビティが楽しめる、チョコレート・ヒルズ・アドベンチャー・パーク（CHAP）が人気沸騰中！ 空中でチョコヒルをバックに写真撮影にレッツトライ！

やっほー

見どころ②

チョコレート・ヒルズ

乾季の茶色い姿がチョコのようだと名付けられた無数の石灰岩の丘。

詳細は → P.122

LOOK! 乾季になりチョコ色に色づいてきたチョコヒル

見どころ③

ターシャ保護区

くりくりお目々のターシャを観察！ 木陰に隠れたターシャを探そう。

詳細は → P.24

LOOK! いつも木々の間にひっそりと隠れている

不思議の島ボホールをアクティブに満喫

TIME SCHEDULE

5:15	ホテルでピックアップ
7:00	フェリーに乗船し出発
9:00	ボホール島到着
9:30	血盟記念碑&バクラヨン教会
11:30	ロボック川ランチ&クルーズ
12:30	ターシャ保護区
13:15	チョコレート・ヒルズ・アドベンチャー・パーク
17:40	ボホール島出発
19:30	セブ港到着、ホテルへ

ここで参加しました！

JRエクスプレス
JR Express

詳細は → P.18

●ツアーinfo

ボホール島観光+アドベンチャーパーク・ツアー

料大人₱6000～、子供（6～12歳）₱4000～、子供（3～5歳）₱1700（フェリー代、CHAP以外の各見どころ入場料、ランチ代込み）
※道路の渋滞状況や時期により、順番は前後することもある

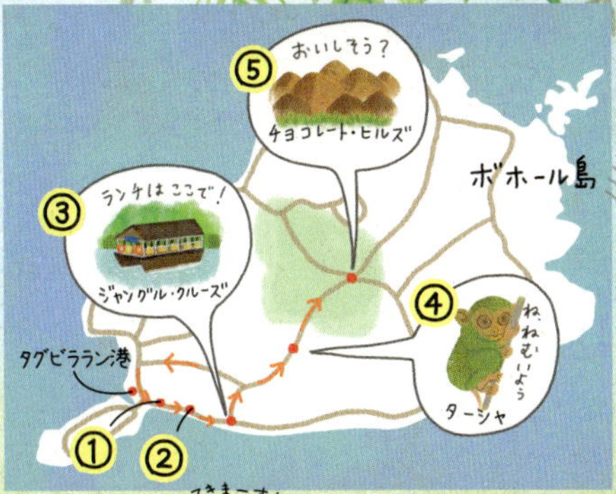
おいしそう？
チョコレート・ヒルズ
ボホール島
ランチはここで！
ジャングル・クルーズ
ね、ねむいよう
ターシャ
タグビララン港
①
②
③
④
⑤

Tour Start!

5:15 朝は早め！

ホテルでピックアップ

送迎車がホテルまでお迎えに来てくれる。日本語ガイドも一緒なので心強い！

オハヨウゴザイマス～

7:00 タグビララン港行き

フェリーに乗船☆

セブ・シティのセブ港からフェリーに乗船。船内は肌寒いぐらいクーラーがガンガンに効いている。

いってきまーす！

しゅっぱーつ☆

9:00 あっという間にボホール島到着！

2時間の船旅を終えるとボホール島に到着！ ガイドさんが車と一緒に待っているので合流しよう。

乗ってくかい?!
1150

港のトライシクル乗り場はにぎやか

11:30 ロボック川の景色をランチと一緒に楽しむ

ロボック川の下流、ロアイ発のクルーズへ！生演奏やビュッフェランチのほか、パナイ島の人々のパフォーマンスを楽しめる島へも立ち寄る。

両岸にヤシの木が生い茂る緑豊かなロボック川

9:30 ①血盟記念碑で島の歴史を知る

→P.123

島のリーダーとスペインの総督が友好を誓った様子を再現した記念碑を見学。互いの血を入れたワインを飲んで誓いを立てたという。

一緒に乾杯しちゃおう

敬虔な信者が祈りを捧げている

9:45 カラフルでかわいい②バクラヨン教会

→P.123

フィリピン最古の教会のひとつ。色鮮やかに装飾された聖堂は荘厳な雰囲気。スペイン統治時代の遺品を収めた博物館もある。

一緒に写真撮影もOK！

ランチはフィリピン料理がメイン

③ロボック川ランチ&クルーズ

Loboc River Lunch & Cruise

Map 別冊P.3-C2 ボホール島

🏠Valladolid, Loboc
☎0921-337-9076（携帯）
🕘11:00～13:00 休なし
料大人₱550、子供₱500

俺が歌って盛り上げるぜ～

13:15
チョコレート・ヒルズ・アドベンチャー・パーク（CHAP）で遊ぶ！

チョコレート・ヒルズのそばにあるアクティビティ施設で、通称チャップ（CHAP）。ジップラインなど30種類以上のアクティビティが楽しめる。

⑤チョコレート・ヒルズ・アドベンチャー・パーク
Chocolate Hills Adventure Park（CHAP）
Map 別冊P.3-C2　ボホール島

Camanayon, Barangay, Buenos Aires, Carmen　☎0932-667-7098（携帯）　8:30～17:30　休なし
料₱60（アクティビティ料金は別途）
URL chocolatehillsadventurepark.com

チョコレート・ヒルズを見ながら空中サイクリング

バイク・ジップライン ₱450
地上約45m、長さ275mのロープの上を自転車で往復する、スリル満点のアクティビティ！

スーパーマン・ジップライン ₱450
チョコレート・ヒルズを眺めながらうつぶせで滑り降りる！

こんなアクティビティにも Let's Try!

スパイダーマン・ウォール・クライミング ₱300
全身を使ってそり立つ壁を登って頂点を目指せ☆

サーフ・ジップライン ₱450
サーフボードに乗って滑るユニークなジップライン

12:30
木陰の合間に隠れている小さなターシャを探そう

体長12cmほどの世界最小のメガネザル、ターシャを保護している。10匹前後のターシャが見られる。写真撮影時はフラッシュ厳禁。

④ターシャ保護区
Tarsier Conservation Area
Map 別冊P.3-C2
ボホール島

Villa Aurora Bilar
☎0919-845-8720（携帯）　8:30～16:00
休なし　料₱60

看板に従って歩こう

ガイドさんがいる場所を教えてくれる

ターシャは夜行性なので昼間は寝ていることが多い

小銭入れにぴったりなミニポーチ

ながーい尻尾がキュートなターシャマグネット

17:40
ボホール島を出発

ボホール島内を巡るツアーはこれにておしまい。おみやげなど忘れ物がないことを確認したら、フェリーに乗り込んでセブ島へ向かって出発。

観光客でにぎわうタグビララン港

19:30
セブ港到着 各ホテルへ

セブ港でお迎えの運転手と車が待っているので、合流してホテルへ向かい、解散。

Finish!

ボホール島に泊まる人向け！人気ツアーはこちら

ホテル情報は→P.126

ボホール島の南西部にあるパングラオ島に1泊するのもおすすめ！ リゾート地なのでホテルやレストランも種類豊富。宿泊した人だけが楽しめる人気アクティビティも要チェック☆

意外とハイスピードで泳いで行くウミガメ

真っ青な世界をウミガメと泳ぐ

バリカサグ島&アイランドツアー

Balicasag Island & Island Tour　Map 別冊P.3-D2

パングラオ島の南西にある離島、バリカサグ島でウミガメとのスノーケリングを楽しんだあと、真っ白な砂浜が広がるヴァージン島を見に行くツアー。バリカサグ島は海洋保護区なので海の美しさはお墨付き。

きれい〜〜〜
カメさん待って〜

まるでプールのように真っ青な海に感動！

海面をぴょんぴょんと跳ねるイルカたち

かわいすぎる姿にめろめろ！

イルカウオッチング

Dolphin Watching　Map 別冊P.3-D2

パングラオ島の南東にある、パミラカン島周辺に生息するイルカを見に行くツアー。イルカたちはあちこちに出没するため、ボートで追いかけて探しに行く。ボートからの観察のみで、スノーケリングは含まれない。

飛ぶぜ！跳ねるぜ！
いたいた〜！！

ボートと並ぶように群れて泳ぐことも

ここで体験できます！

日本人直営ダイブショップ

エメラルド・グリーン・ダイビング・センター ボホール店

Emerald Green Diving Center Bohol　Map 別冊P.9-D3　ボホール島

エメラルド・グリーン・ダイビング・センター（→P.27）のボホール支店。バリカサグ島&アイランドツアーとイルカウオッチングがセットになったコース（料₱6000（2人））もある。

住 Danao, Panglao Is.（ブルーウオーター・パングラオ・ビーチ・リゾート内）
電 0998-983-8387（携帯）
時 7:30〜17:30　休 なし　Card 不可
URL www.bluewater.emeraldgreen-bohol.com

●ツアーinfo

バリカサグ島&アイランドツアー
時 8:30発（所要約5時間）
料 ₱4600（2人）、3人以降は1人追加ごとに+₱2300

イルカウオッチング
時 6:00発（所要2〜3時間）
料 ₱3600〜（2人）、3人以降は1人追加ごとに+₱1800

プチ ぼうけん 3

一生に一度の夢体験☆ 大迫力の「ジンベエザメ」スイムに挑戦！

セブ島南部のオスロブでは、なんとジンベエザメと泳げちゃう！ 気は優しくて力持ち。そんな理想の男子みたいなジンベエザメと、水中デートを楽しんで。

ジンベエザメと泳ぐ　TOTAL 13時間30分

オススメ時間 午前中〜夜　予算 ₱8000

コンビネーションツアーで攻略！
ジンベエザメが集まるオスロブまでセブ・シティから車で片道4時間かかるので、出発は早朝。オスロブにプラス1ヵ所立ち寄るコースがほとんど。

泳げなくてもOKだよ！

2018年11月現在、ジンベエザメを眺めるときはガイドが持つ浮き輪につかまり見学する。

成体の大きさは10〜20mと魚類最大級。オスロブに来るジンベエザメは子供が多い。

主食はオキアミやプランクトン。穏やかな性格で、人間が近づいても逃げようとしない。

美しいサンゴ礁とジンベエザメのコラボが楽しめる。

これで子供なの!?

お楽しみポイント①
オスロブでジンベエザメスノーケリング

ジンベエザメは、潜ったり、時にはすぐそばにまで寄ってくることも！ ストレスを与えないため、一緒に泳げる夢の時間はわずか30分！

Map 別冊P.3-D3

1日スノーケリング☆

世界最大の魚ジンベエザメ 遭遇率はほぼ100％！

オスロブの沖に集まってくるジンベエザメのところまでは、おなじみのバンカーボートで。ジンベエザメと泳いだあとは、すぐにそばにあるスミロン島へ移動。さらにスノーケリングを楽しむアクティブな1日を過ごそう。

海へ向かう前に説明があるのでしっかり聞いておこう

勢いよく海水を吸い込む様子を見られるかも！

どこまでも見渡せる透明度の高い海を堪能！
海底までくっきり見える！
※通常はライフジャケットを着用する
左を向いても右を向いてもお魚だらけ

プチぼうけん3

大迫力の「ジンベエザメ」スイムに挑戦

お楽しみポイント②
スミロン島スノーケリング

サンゴと白砂のビーチに囲まれたスミロン島。色とりどりの熱帯魚と泳いだり、砂州に寝そべって記念撮影したりと、思い思いに過ごそう。

Map 別冊P.3-D3

きれいな海にテンションあがるー!!
Jump!!

ゆったりと泳ぐ色とりどりの熱帯魚
beautiful....

気分はマーメイド
mermaid...♡

海を見ながらのんびりランチ

ランチタイムはサンタンダーにあるリゾート内のビーチで♪ ドリンクも1本付いてくる

OPTION

キャニオニングとトレッキングから選べる

スミロンをカワサン滝にチェンジ！

オスロブに組み合わせられるツアーは、旅行会社によりさまざま。CSPトラベル＆ツアーズでは、カワサン滝とも組み合わせ可能！

ここで体験できます！

CSPトラベル＆ツアーズ → P.31

TIME SCHEDULE

- 4:30 ホテルでピックアップ
- 8:30 オスロブ到着。ボートでポイントへ
- 10:30 ジンベエザメスノーケリング
- 11:30 スミロン島スノーケリング＆上陸
- 12:30 ショップ到着、ランチタイム
- 14:00 ショップ出発
- 18:00 セブ・シティ到着、ホテルへ

ここで参加しました！

きめ細やかな対応が評判

Emerald Green Diving Center

エメラルド・グリーン・ダイビング・センター

セブ在住25年以上の竹谷さんが代表。マクタン島のほかモアルボアルやボホール島（→P.25）など、6ヵ所に支店がある。ダイビング＆スノーケリングにおける経験値＆安全性は、セブでもピカイチ。

Map 別冊P.5-D3 マクタン島

(c/o) Bruewater Maribago, Maribago, Lapu-Lapu City（ブルーウオーター・マリバゴ・ビーチ・リゾート内） (032)495-7728/0917-321-6349（携帯） 8:00～17:00 休なし Card A.D.J.M.V. URL www.emeraldgreen.info

●ツアーinfo

ジンベエザメウオッチングツアー・スノーケリング

料 大人₱8000、子供（5～12歳）₱5600（スノーケルセット、朝食&ランチ代込み）+入海料₱1500別途

※海況や交通状況により時間は前後することもある

プチぼうけん 4

願いが叶う！ セブの最強パワスポ シマラ教会でマリア様にお祈り

願いを叶えてくれるというマリア様が祀られたシマラ教会。あまりの評判の高さにフィリピン全土から参拝者があとを絶たない人気ぶり。これは行くしかなーい！

涙を流すマリア様に願いごとを伝えよう

聖母マリア生誕祭の頃に、涙をこぼすといわれるシマラ教会のマリア様。そんな神秘的なマリア様へのお参り方法をチェック！ お守りも忘れずにゲット☆

シマラ教会へお参り TOTAL 5時間～

オススメ時間 午前中　予算 ₱4000～

ほかの見どころと一緒に行こう

セブ・シティから車で2時間と離れているため、南部の見どころと一緒に行くのがカシコイ。JRエクスプレスではカルカルと合わせたツアー（→P.58）を催行。

聖なるマリア様を祀る

シマラ教会 Simala Church

セブ島南部のシボンガの山の上に立つ教会で、近年願いが叶うパワスポとして大人気！ まるで城のような建物は、信者の寄付で現在も増築中。

Map 別冊P.3-C3　セブ島南部 シボンガ

Marian Hills, Lindogon, Simala, Sibonga　☎なし　🕘8:00～18:00　休なし　料無料　Card不可　交セブ・シティから車で2時間

巻き布₱20を教会の外で借りられる

ショートパンツやキャミソールはNG

タンクトップなど露出が激しい格好では入場不可。外でおばちゃんに巻き布を借りて入る。

ここに注目☆

1

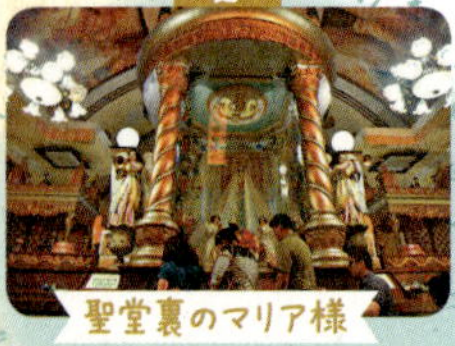

聖堂裏のマリア様

聖堂には堂内から見られる表のマリア像と、その裏にあるマリア像がある。願いを叶えてくれるのは、裏にあるマリア様。

2

願いが叶った人々の手紙

室内には、実際に願いが叶ったという人からの手紙のほか、不要になった松葉杖や車イスがたくさん展示されている。

3

世界各国のマリア様

世界各国の衣装をまとったマリア様の像が見られる。アジアやアフリカ風のものもあり、表情も国ごとに異なりおもしろい。

外にはこんなところも！

聖書の再現

イエス・キリストの磔刑の話をシーンごとに再現した像がある。

中庭

中庭はきれいに手入れされているが中に入ることはできない。

荘厳な雰囲気が漂う聖堂

to do 1 聖堂裏のマリア様へお参り

シマラ教会のメインは聖堂裏のマリア様へのお参り！ 神聖な雰囲気のなか、ひとりずつのお祈りになるから少しドキドキだけど、やり方は簡単なので先にチェックしておこう。

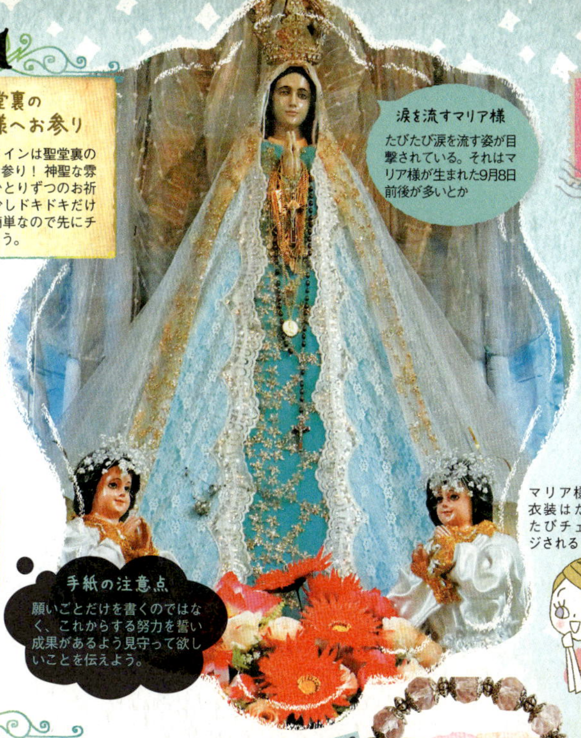

涙を流すマリア様
たびたび涙を流す姿が目撃されている。それはマリア様が生まれた9月8日前後が多いとか

マリア様の衣装はたびたびチェンジされる

プチぼうけん 4

シマラ教会でマリア様にお祈り

カンタン5STEP♪

1 **ガラス&メダルをタッチ**
マリア様のケースを触りながらあいさつし、下のメダルにタッチ。

2 **寄付&お祈り**
₱5～10ほどの寄付を入れ、しっかりと心を込めてお祈りする。

3 **もう一度お祈り**
マリア様の前でお祈りしたあと、階段を下りた場所でもう一度お祈り。

4 **祈りの手紙を書く**
お祈りを終えたら、マリア様への手紙を書こう。

5 **投函箱に入れる**
書き終えたら投函箱に手紙を入れておしまい。

手紙の注意点
願いごとだけを書くのではなく、これからする努力を誓い成果があるよう見守って欲しいことを伝えよう。

to do 2 願いの色のロウソクに火を灯す

さらにお願いしたいことがあるなら、ロウソクに火を灯して願いごとを伝えよう。ロウソクの色ごとに願いごとの種類が異なるので、購入前に左の表をしっかりチェックしておいて！

ロウソクの色ごとの願いごと

- 健康回復、一族繁栄
- 試験や勉学の成功
- 忍耐力、昇進
- 努力の達成、旅の安全祈願
- 愛（友情、結婚、家族など）
- 平和
- 正しい道への導き、悟り
- 恋人や家族との和解
- 幸福への感謝
- 魂への許し
- 使命（夫婦、聖職者、独身者）
- 悪しき道や魂からの救い
- 改宗・信頼

カンタン3STEP♪

1 **ロウソクを購入**
まずは売店でロウソクを購入しよう。どの色も1本₱35で現金のみ。

2 **ロウソクに火を灯す**
すでに供えられているロウソクから火をもらい、自分のロウソクを灯す。

3 **祈りを捧げる**
火が灯ったローソクを燭台に立てて願いごとをお祈りしよう。

誕生月ごとに色違いも

1. 8月誕生石のペリドットカラー　2. 10月誕生石のピンクローズカラー

マリア様のチャーム付き！

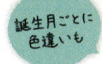

to do 3 マリア様お守りをGET！

教会の売店ではたくさんのお守りが販売されている。カラフルなブレストレットから、ネックレスなどおしゃれなアイテムも♪ 身につけてマリア様のご加護を祈ろう。

シンプルな色のロザリオもある

カラフルなガラス玉を使ったロザリオ

ステキな出会いがありますように…

マリア様やサント・ニーニョの像なども扱っている

万能オイルに変身?!
謎のオイルの真実
教会の入口で売られている謎のオイル。これは、お祈りの際に願いを込めると、マリア様のご加護により、体の悪いところに効く万能オイルになるのだそう。1個₱20で購入できる

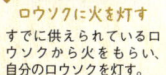

プチぼうけん 5

歩いて泳いで滝にダーイブ！カワサン滝でキャニオニングにトライ！

セブ島で最も有名な滝といえば、カワサン滝！ そのカワサン滝を目指して滝に飛び込む冒険に出てみない？ 滝を見に行くだけよりずっと特別な思い出になること間違いなし！

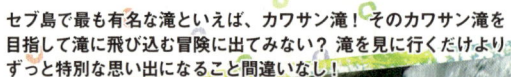

カワサン滝キャニオニング TOTAL 14時間

オススメ時間 午前中～夜　予算 ₱7200

ツアーが楽ちん！
カワサン滝まではセブ・シティから車で片道3時間かかるので、出発は早朝。約4時間歩いたり泳いだりと全身を使うので、ツアーで行くのが便利。

SPLASH!
激流のなかに飛び込めー！
canyoning

キャニオニングって？
山道をトレッキングしたり、川を泳いだり、滝つぼへ飛び込んだりして、目的地を目指して渓谷を下っていくスポーツのこと。

緑豊かな自然と滝を全身で感じる☆

緑深いジャングルの山道を歩き、滝つぼへ飛び込んだり、滝を使った天然のスライダーで滑ったりしながら、カワサン滝を目指す。日本語ガイド＆経験豊富な現地ガイドが一緒の心強いチームで出発！

エメラルドグリーンの大きな滝

カワサン滝 Kawasan Water Falls

セブ島南部のバディアンにある大きな滝。全部で3つ滝があるが、最も大きくにぎやかなのは第1の滝。

Map 別冊P.3-C3
セブ島南部 バディアン
☎なし　🕘6:00～17:00
休なし　料₱45　Card不可

Tour Start! 5:00

ホテルでピックアップ！
日本語ガイドがホテルへお迎えに来てくれる。車は貸切なのでリラックスできる♪

オハヨーゴザイマース☆

飛び込むときはここをつかむんだ

ショップで準備＆ブリーフィング
説明や注意事項を聞き、ヘルメットやライフジャケットを装着する。

バイクに乗って出発地点へGO！
バイクに乗って出発地点へ行こう！ バイクは最大ふたりまで一緒に乗れる。

何人乗り!?

山道をどんどん進んでいくと…

足元気をつけてね～
GO☆GO☆

キャニオニングに出発☆
出発地点で観光省の人の説明を聞いたら、キャニオニングへGO！

しゅっぱーつ！

TIME SCHEDULE

- 5:00 ホテルでピックアップ
- 8:00 ショップで準備&ブリーフィング
- 9:15 キャニオニングへ出発
- 13:00 カワサン滝に到着
- 13:30 ショップに戻ってランチタイム
- 14:15 ランブグ・ビーチに到着
- 15:30 ランブグ・ビーチ出発
- 19:00 セブ・シティ到着、各ホテルへ

キャニオニング後はこちら!

地元の人に人気の美しい隠れ家ビーチ!

ここで参加しました!

ツアーはすべて貸切でご案内♪

CSPトラベル&ツアーズ

CSP Travel & Tours

すべてのツアーで、日本語堪能なガイドと貸切車が利用できると評判。さらにGoProの無料レンタルなどうれしいサービスも!

Map 別冊P.4-A1 マクタン島

Ace Penzionne Bldg., M. L. Quezon National Hwy., Pajo, Lapu-Lapu City ☎(032)262-6227 日本語(050)5578-7045 9:00〜23:00 休なし Card A.D.J.M.V. URL www.csp-cebu.com

●ツアーinfo

カワサン滝キャニオニングツアー

料大人₱7200(キャニオニング参加料、各入場料、ランチ代込み)

プチぼうけん5

カワサン滝でキャニオニングにトライ!

ハラハラするよ〜!

天然スライダー

canyoning spot スライダー

全部で3〜4回の天然スライダーができる。鼻をつまむのを忘れずに!

ガイドさんが助けてくれるよ!

水の流れが早い場所では現地ガイドさんがサポートしてくれる。

canyoning spot 1st ジャンプ

最初は力試しの3m級のジャンプポイント。息を整えたら行ってらっしゃい!

高さ約3m

いっきまーす!

canyoning spot 3rd ジャンプ

慣れてきた頃に、5mオーバー! 高さは選べるし、怖ければ回避もOK。

高さ約7.6m or 5m

冒険感すごい!
洞窟も進み…

canyoning spot 2nd ジャンプ

次は1mのジャンプポイント! 怖がりさんでも楽々飛べちゃう♪

高さ約1m

canyoning spot 4th ジャンプ

さらにジャンプ! 想像以上に体力を使うので軽食を持っていくのもあり。

高さ約5m

またまた飛ぶよ!
ひと休み

canyoning spot 6th ジャンプ

カワサン滝キャニオニングで最も高いポイント! 勇気を出して跳びだそう!

高さ約14m

canyoning spot 5th ジャンプ

ちょっと高くなって7m! この頃には飛び込むのも慣れてくる♪

高さ約7m

たかい〜

13:00 カワサン滝に到着! ショップに戻ってランチだ☆

カワサン滝に着いたらキャニオニング終了。ショップに戻ってランチタイム!

to be continued! ランチのあとはランブグ・ビーチへ行くよー!

Map 別冊P.3-C3

カワサン滝に着いた!

プチぼうけん 6

醍醐味は「何もしない！」幸せな島"カオハガン島"でスローステイ

何もないのに豊かな島として注目されている島。自然や島民と触れ合いながら、島の魅力にどっぷり浸かろう！ 昔ながらの島の暮らしを体験したら、人生観まで変わっちゃうかも！？

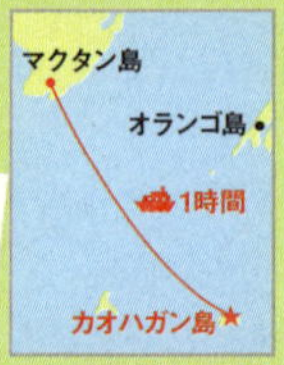

Map 別冊P.3-C2

何もしないをとことん楽しむ！

特別なことはないけれど、心がホッと安らぐ不思議な島。恵まれた島の自然とフレンドリーな島の人たちと触れ合って、ステキな思い出を作ろう！

竹やニッパヤシを使った手作りのロッジ

カオハガン島での滞在

TOTA 1泊2

オススメ時間 1日中　予算 ₱5250～

カオハガン・ハウスに泊まろう！

島には日本人が経営するゲストハウスがひとつある。島民が手作りしたコテージやロッジタイプの客室に宿泊できる。テレビはなく電気も最小限だが、昔ながらの暮らしを体験できる！

何もなくて豊かな島

カオハガン島

Caohagan Island

セブ島とボホール島の間にある小島。オーナーは、日本人の崎山克彦さん。現地の男性と結婚した女性ふたりと共に宿を運営しながら、島の自然を守り続けている。

日問合アイランズブルー(04)6637-2525　料コテージ₱3400～、マスタールーム₱3400～、ロッジ（シャワー・トイレ共同）₱2000～（別途朝食₱350、昼食・夕食各₱450）Card不可（日本円可）日　交空港から港（マリゴンドン・ビーチ）まで車で40分。港から船で1時間。空港からの送迎は片道1人₱2500～、2人以上₱1500～、マリゴンドンからは片道1人₱1500～、2人以上₱1000～※別途手配手数料3000円 URL caohagan.com

左からエラミル嘉恵さん家族、リピーターの宿泊ゲストの方、崎山さん、ナノイ佑子さん家族

カオハガン★スタディ

オーナーの崎山さんに気になることをインタビュー！ 著者本『何もなくて豊かな島―南海の小島カオハガンに暮らす』も必読！

Q1. なぜカオハガン島を買ったのか？

早期退職してよくセブ島に来ていた崎山さん。親しくなった現地の人に、いい島があると教えてもらい訪問。すっかり島が気に入り、ちょうど売りに出ていたため購入することに。

Q2. 電気や水はどうしているの？

昔ながらの暮らしを守っているため、資源は最低限。電気は、17:00～22:00の間だけ使用可能。飲料水は購入しているが、生活用水は雨水を使用。

Q3. カオハガンキルトの始まりは？

崎山さんの奥さん、吉川順子さんは元々キルトの先生。島に来て島民にキルトを教えると、自由でのびのびとした独自の「カオハガンキルト」が誕生した。

A共同トイレ・シャワー棟　Bロッジ　Cボントク(砂洲)　Dキルト小屋　E母屋
F小学校　Gコテージ　H村　I教会　J闘鶏の森　Kクラフトハウス

slow stay keyword

豊かな自然

いちばんの魅力はなんといっても、恵まれた自然。写真を撮るのも大事だけど、たまには目の前の自然に溶け込んでじっくり美しさを感じてみよう。

世界でも有数の熱帯サンゴ礁保護区

一切手を加えていないサンゴには、カラフルな魚がたくさん！ 島の周りに36万㎡のサンゴ礁が生息している

ほとんど灯りのないカオハガン島だからこそ見られる満点の星空

宝石のように輝く星が一面に広がる

聞けたらLucky! トッケイの鳴き声

「トッケイ」と鳴くことから名付けられた、少し大きめのトカゲ。この鳴き声を連続7回聞けると幸せになれるとか。よく耳を澄まして聞いてみよう！

やさしい光が差し込む

カラフルな花やココ椰子、ニームなどの木々が自生する。お茶や薬などに活用する

細長い砂洲、ポントク

真っ白な砂浜と海の青さがどこまでも続く。観光客が上陸できる唯一のエリアで、市場や小さなカフェがある

ヒトデがいたよ！

ハイ、ポーズ★

元気ですか？
Kumusta Ka?
クムスタ カ

おいしい
Lami
ラミ

カオハガンキルト作りを見学

slow stay keyword

フレンドリーな島民

子供から大人までみんなとっても気さく。勇気を出して話してみたら、あっという間に仲良くなれちゃう！

こんにちは（正午）
Maayong Udto
マアヨン ウット

早朝から島民みんなでそうじするのが日課

こんにちは（午後）
Maayong Hapon
マアヨン ハーポン

おはよう
Maayong Buntag
マアヨン ブンタン

クラフト作りにトライ！

島民が教えてくれるクラフト作りに挑戦してみよう！ 時間と手間をかけて作った自分だけのクラフトはおみやげにぴったり♪

ココナッツオイル作り

ココナッツの実を削ってオイルにするまでを体験できる。スキンケアか食用かが選べる。
㊫1人₱400
◷所要1時間30分

折れサンゴのアクセサリー作り

サンゴやビーズを組み合わせてブレスレットかネックレスが作れる。
㊫₱300
◷所要1時間

ロムロムコースター作り

ロムロム（パンダナス）という植物の葉を使って作る。
㊫1人₱300
◷所要1時間30分～2時間

ホウキ作り

島の人たちが掃除をする時に使っている、ヤシの葉のホウキ。
㊫₱500
◷所要2時間30分

その他の体験

ヨガ

ポントクでヨガインストラクターでもある嘉恵さんがレクチャーしてくれる。㊫1人₱350◷所要45分

マッサージ

地元の人によるオリジナルマッサージ。オイルマッサージなどがある。㊫ボディマッサージ₱400～◷所要45分～

カオハガン島グッズ

1. カオハガン島モチーフのアップリケTシャツ₱1200（大人サイズ） 2. カラフルな魚がキュートなキルトコースター各₱200 3. 持ち手にもこだわった手彫りのスタンプ₱200～

プチぼうけん 7

波音に包まれて極上トリートメント 隠れ家スパへ半日ご褒美TRIP☆

セブ・シティから離れた閑静なスパへひと足延ばして、海上コテージでスペシャルなマッサージはいかが？ さざめく波の音のなか、心も体もリラックスしてじっくり癒やされちゃおう。

髪の毛から足先まで 体まるまるケアしちゃおう

日焼けで痛んだ髪の毛から、歩き疲れた足先までじっくりゆっくり贅沢トリートメントを堪能！ オーガニックメニューのヘルシーランチで、体の中もすっきり♡

ココが Special
海上に立つコテージで施術
海上のコテージで、波音を聞きながらリラックスして贅沢トリートメントを満喫しちゃおう。

さざめく波の音が響く静かな空間

1 Special Treatment ヒロットマッサージ

西洋と東洋のマッサージを組み合わせたフィリピン伝統のマッサージ。全身をやさしく揉みほぐしながら代謝を高めていく。

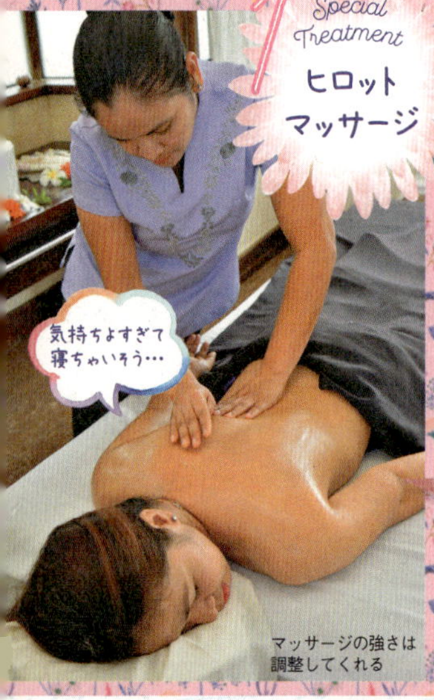

気持ちよすぎて寝ちゃいそう…

マッサージの強さは調整してくれる

マッサージしたらバナナの葉を置きます

ココが Special
使うココナッツオイルはホテルメイド
ブルクラ内で収穫したココナッツで作ったバージンココナッツオイルを使用している。

2 Special Treatment フェイシャルトリートメント

こだわりのオーガニックコスメで顔からデコルテをマッサージし、血行促進をうながす。

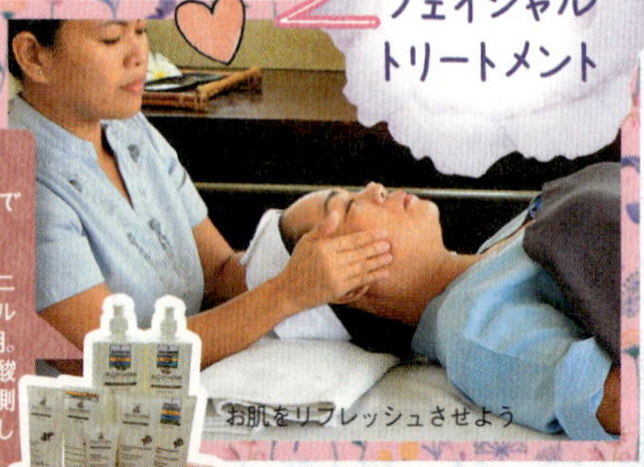

お肌をリフレッシュさせよう

ココが Special
オーガニックコスメでスキンケア
海藻由来のオーガニックブランド「アルゴテルム」を採用。ビタミンやアミノ酸を含んだ成分が内側からも肌を健康にしてくれる。

3 Special Treatment リラックスヘッドマッサージ

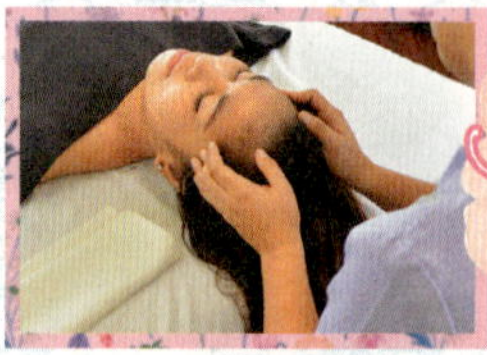

エッセンシャルオイルを使って、ほどよい指圧で頭皮をゆっくりとマッサージ。不眠症や頭痛持ちの人にも効果があるのだとか。

4 Special Treatment アロマ＆アロエ ヘアーリペアトリートメント

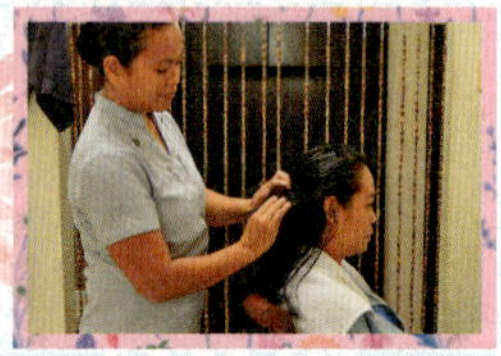

抜け毛防止などの効能を持つアロエを配合したトリートメントを髪に塗布。頭皮マッサージと30分のラップパックで浸透させる。

隠れ家スパでトリートメント

TOTAL 6時間～

オススメ時間 午前中～夕方　予算 ₱9000～

スパだけでも利用できる

宿泊してゆっくりとトリートメントを楽しむのが一番だが、事前予約でスパだけの利用も可能。プールや客室が利用できるデイユースプランもある。

自然の恵みに癒やされる

ウンディーナ・スパ Undina Spa

日本人経営のホテル、プルクラ（→P.117）内のスパ。セラピストは全員フィリピン人だが経験豊富で、予約は日本人が対応してくれる。セブ島で海上コテージを持つスパはここだけ。

Map 別冊P.3-C2

セブ島中部 サン・フェルナンド

San Isidro, San Fernando（プルクラ内） (032)232-0815、0824～25 10:00～22:00 休なし Card A.D.J.M.V. 予要予約 日 交セブ・シティから車で1時間 URL www.pulchraresorts.com

トリートメントを受けられるコテージはふたつ

海上 ルータオ

たった3室の海上コテージ。もちろん窓から海を眺めながら施術を楽しめる。

◆おすすめMENU◆
クム・ウンディーナ
4時間 ₱8854～
（税・サービス料別）
最初から最後まで、海上コテージで施術を受けられる人気のコース。

受けられるトリートメント ❶❷❸❻&ランチ

陸上 サパ

シャワーやバスを備えた2室の陸上コテージ。庭には滝も流れている。

◆おすすめMENU◆
ウンディーナ×ウンディーナ
5時間 ₱1万1590～
（税・サービス料別）
空いていればマッサージは海上コテージでも対応可能。事前に相談を。

受けられるトリートメント ❶❷❸❹❺❻&ランチ

どのメニューを受けようかな♪
Cottage Spa

Special Lunch

オーガニックヘルシープレート

オーガニック食材を使ったヘルシーランチ。素材のおいしさを感じられるよう、味付けはシンプル。4時間以上のスペシャルパッケージでのみ食べられる。

ココがSpecial

目の前に海が広がる特等席！

ランチの場所は海上にあるラナイ。海風に吹かれながらのランチをゆっくりと楽しんで。

ラナイはウエディングチャペルとしても利用される

5 Special Treatment

フラワージャクージバス

すっごい癒やされる～

水面いっぱいの花びらにテンションアップ！

色とりどりの花びらが浮かぶ、憧れのフラワーバスで贅沢バスタイム♪フラワーバスができるのは陸上のコテージのみ。

ココがSpecial

季節の花がバスタブ一面に

水面に浮かぶ花はハイビスカスやプルメリア、ブーゲンビリアなど、季節によりさまざま。

水面に花が浮いてる！

マッサージの前に行うことが多い

6 Special Treatment

フットバス

ボディ系のトリートメント前に行うフットバス。セラピストさんが軽くマッサージしながらていねいに洗ってくれる。

プチぼうけん 8

セブのSNS映えスポットを スマホアプリ Grab（グラブ）で巡る！

セブの移動は、タクシーが必須！ タクシー配車アプリ「Grab」を使えば、簡単に手配できて、超☆らくちん。流しのタクシーが拾えない場所にあるスポットも、スイスイ行けちゃう！

簡単に呼べるの？

Grabを使って観光

TOTAL 7時間

オススメ時間 朝夕の渋滞を除く時間　予算 ₱2000〜

Grabを使いこなそう！

地元の人はおもにジプニー（→P.62）を使うが、乗りこなすのはかなり難しく、ほとんどの観光客はタクシーを使う。スマホアプリのGrabなら、英語を話せなくてもタクシーの手配が簡単にできる。

GrabでSNS映えスポットへ！

Grabでタクシーを手配して、SNS映えスポットに行ってみよう！ アプリですぐに呼べるから、効率よく観光できるのもイイ★

Grabで行く
SNS映えスポット6

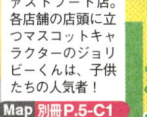

グラブタクシー
グラブカー

ツアーでは中々行けないディープなSNS映えスポットを時系列でご紹介★

ジョリビーくんと一緒に記念撮影☆
HI!

ナミさんcheck! ジョリビーくんのおもちゃにも注目してね！

1 11:00 #Jollibee ジョリビー

フィリピン発のファストフード店。各店舗の店頭に立つマスコットキャラクターのジョリビーくんは、子供たちの人気者！

Map 別冊P.5-C1

DATA→P.73

5分 ₱92〜 ₱84〜

※上記はGrabの料金目安

エントランスの看板も映え！

ビーチバーで飲むお酒はいつもの倍おいしい

ナミさんcheck! カラフルな色がたくさんあって、気分があがるっ！

2 11:30 #Mactan Newtown Beach マクタン・ニュータウン・ビーチ

訪れる人の多くが地元っ子というローカルビーチ。青い海によく映えるパステルカラーで塗られた看板や建物があり、撮影スポットがたくさん！

Map 別冊P.5-D1 マクタン島

☎(032)316-2715 ⏰6:00〜22:00 ₱150（土・日₱200）

35分 ₱250〜 ₱327〜

ナミさんcheck! 夜はライトアップされてさらにロマンティック

壁中ぎっしりにたくさんのワインが！

6 18:00 #La Vie Parisienne ラ・ヴィ・パリジェンヌ

ワインを豊富に揃えるカフェバー。夜になるとライトアップする中庭の席でハイチーズ♪

Map 別冊P.8-A1 セブ・シティ

371 Gorordo Ave., Cebu City ☎(032)505-0274 URL www.lavieparisienne.ph

5分 ₱89〜 ₱80〜

白いバラが海風に吹かれてユラユラ

ナミさんcheck! 夜のライトアップしたバラもキレイです★

3 13:00 #10,000 Roses Cafe & More 10,000 ローズカフェ&モア

カフェの目の前に、1万本もの造花のバラが広がる。すべてにLEDライトが組み込まれており、夜には真っ白なバラが光って幻想的な雰囲気に♪

DATA→P.81

カップルに人気のハートのベンチ

80分 ₱394〜 ₱589〜

セブの文字は絶対撮りたい♪

TREE SHADE SPA

ナミさんcheck! ラブリーなインスタ映えスポットだよ！

マクタン島店→P.112

25分 ₱183〜 ₱204〜

5 17:00 #Tree Shade Spa ツリー・シェイド・スパ（ラホッグ店）

人気のスパ。フロントや併設のカフェに、つい写真を撮りたくなっちゃう、かわいいスポットあり！

Map 別冊P.6-B2 セブ・シティ

4 15:30 #Temple of Leah テンプル・オブ・レア

愛する奥さんの死を悼むために旦那さんが建てた、ローマ神殿風の建築物。セブとは思えないデザインもイイし、高台にあるから見晴らしもGood！

DATA→P.61

ちょっとゴージャスでしょ〜

まるでヨーロッパに来たみたい！
セブ・シティも一望♪

ナミさんcheck! セブとは思えない風景がインパクト大！

プチぼうけん 9

海とシティ、両方で楽しめちゃう！2大絶景ジップラインに夢中

景色を眺めながら空中を移動する人気アクティビティ、ジップライン。ビルが並ぶ街なかと、真っ青なラグーンの上、異なるセブの風景を空から観察してみよう♪

往復するので２回この景色が楽しめる

セブ・シティの空を飛ぶ！

タワー・ジップ

ホテルの屋上と近くのビルとを結ぶ、往復約152mのジップライン。地上約144mからフエンテ・オスメニャを眺める空の旅を楽しんで♪

夜景もGood!

Spot 1

絶景×スリルでドキドキが止まらない！

地上約144mにかけられたワイヤーを滑り降りるジップラインのほか、37階に設けられた空中遊歩道など、セブ・シティの風景とスリルが同時に楽しめるアトラクションに挑戦！

Here!

セブ・シティ有数の超高層ビルの上にある

スカイ・エクスペリエンス・アドベンチャー　TOTAL 1時間～

オススメ時間　午後～夜　予算　₱600～

昼間も夜景も楽しい！

はっきりと遠くまで景色が見える昼はもちろん、夜にはきらきら輝くセブ・シティの夜景が眼下に広がる。夜でもアクティビティを体験できるので、夜景を眺めながらの空中散歩だって楽しめる。

なんと床がガラス張りになっている部分も！

た、立てないです…

風が吹く度に体が揺れる

スカイ・ウオーク・エクストリーム

37階の外に作られた空中遊歩道。手すりや壁はなく、命綱1本でゆっくり進んで行く。ハラハラだけどスタッフが先導してくれるので安心。

最初は自動的に45度まで傾くので気をつけて！

上半身はなんとフリー！

エッジ・コースター

屋上の38階から外に突き出したレールを一周するライド系アトラクション。座席は最大55度まで傾き、角度は自分で調整できる。

高層ビルの人気アクティビティ

スカイ・エクスペリエンス・アドベンチャー

Sky Experience Adventure

38階建てのクラウン・リージェンシー・ホテル&タワーズ（→別冊P.19）内にある。スリル満点のアトラクションのほか展望エリアもある。

Map 別冊P.8-A2　セブ・シティ

住 Tower 1, Fuente Towers, Fuente Osmeña Blvd., Cebu City（クラウン・リージェンシー・ホテル&タワーズ内）
電 (032)418-8888
時 14:00～24:00（土・日10:00～翌1:00）　休 なし
料 コンボ１（乗り物１回）₱600、コンボ２（乗り物２回）₱900、コンボ３（乗り物３回）₱1150（すべて入場料込み）　Card A.M.V.
URL www.skyexperienceadventure.com

飛び出すまでは怖いけど走り出すと爽快！
Yeaaaaah!!

広大なラグーンの上をびゅーん！

ジップライン

ラグーンの向こう岸へ向かって出発！うつぶせの体勢で飛ぶスーパーマンスタイルはスリル感がよりUPするので、ぜひ挑戦してみて。

Spot 2

海の上を飛ぶ爽快アクティビティ

全長800mとセブ島内最長クラスを誇るジップラインが架けられているのは、なんとラグーンの上！さわやかな風と景色を楽しめると人気で、SNSにアップする人も多数！

スリル感はこっちが上！

スーパーマンスタイルは₱400で体験できる

パパ・キッツ・マリーナ・アンド・フィッシング　TOTAL 3時間～

オススメ時間　午前中～夕方　予算　₱250～

1日楽しいアドベンチャーパーク

名物の海上ジップラインのほか、10種類前後のアトラクションが楽しめる。各アトラクションの値段はリーズナブルなため、地元の人にも人気が高い。敷地は広大なので、シャトルバスを活用して。

自然豊かなアトラクションパーク

パパ・キッツ・マリーナ・アンド・フィッシング

Papa Kit's Marina and Fishing

定番のジップラインのほか、乗馬やウオーターパークなど自然を満喫できるアクティビティが揃う。セブ・シティからは車で1時間ほど。

Map 別冊P.2-B2 セブ島中部 リロアン

Silot Bay Liloan　☎(032)505-4595　9:00～18:00　㊡なし　㊮入場料₱30、ジップライン₱200～、乗馬₱75、ウェイクボード₱400～、アクア・クアトロ・ウオーター・パーク₱400～、ストレスウオール₱100
Card 不可　URL papakitsmarina.com

LUNCHはここで☆

釣り堀の近くにあるフィリピン料理のレストランが人気。
9:00～21:00

ボリューム満点のフィリピン料理

おいしいの作るね～♪

広ーい園内はカシコク移動しよう

無料シャトルバスが園内を走っている。使いたいときはスタッフに声をかけて呼んでもらう。

エアコンはないけど風が気持ちいいよ！

まだある！

パパ・キッツの人気アクティビティ

たくさんあるアクティビティのなかでも、特に人気のアクティビティがこちら！

のんびり散策♪

乗馬

15分の乗馬体験。スタッフがついてくれるので、初めての人でも安心して楽しめる。

水上を駆け巡る！

ウェイクボード

ボードに乗ってラグーンの海上を疾走！1時間乗り放題なので練習にもぴったり。

地元の人にも大人気！

アクア・クアトロ・ウオーター・パーク

ラグーン上の水上アトラクション。滑り台やジャンプ台もある。
8:00～18:00　URL aquaquattro.com

日頃の不満をぶつける

ストレスウオール

空きビンを5～6m先の壁に向かって全力でぶん投げる。勢いよく割ってストレス発散！

プチぼうけん 10

神秘の島シキホールで癒やし体験&噂のラブポーション ほれ薬 をGet！

一度は使ってみたいラブポーション（ほれ薬）がシキホール島にあるとのウワサを入手！ これは買いに行くっきゃない！ 評判のヒーリングも体験しちゃおう。

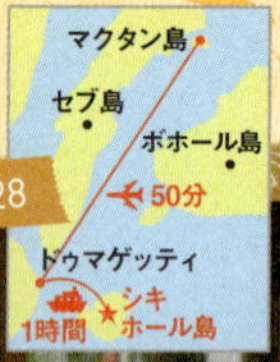

アクセスなどエリア情報は→P.128

Map 別冊P.3-D3

ラブポーションをGet！

TOTAL 3時間～

オススメ時間 午前中～夕方　予算 ₱1700～

トライシクルで島内を回る

セブ発着で1泊2日あればシキホール島を十分に楽しめる（→P.16）。島内の移動手段はトライシクルのみ。港にいるので1日チャーターしよう。ヒーラーさんは自宅にいる。不在の場合があるので注意。

コレがラブポーション！使い方まで徹底調査☆

ヒーラー（魔術師）が作る、"縁"を引き寄せてくれるラブポーション。恋愛だけでなく、仕事にも効果あり。「ほれ薬」といっても誰かに飲ませるのではなく、お守りのように自分で使う。

check! 祖父から受け継いだ秘伝のレシピで、アニーさんが調合したラブポーション₱500。20種類以上の薬草をブレンドしている

ヒーラーさんProfile

アニー・ポンセさん（49）

ヒーラーの祖父や父のもとで育ち、13歳頃からヒーリングを開始。ラブポーション作りは12年目のベテラン。

ふふふ…私のラブポーションは効くわよ

憧れのほれ薬?! ラブポーション

島内にあるおみやげ店でも買えるが、より強力なラブポーションならアニーさん作がおすすめ。偉大なヒーラーだった祖父のレシピで作っている。

アニーさんの家 Map 別冊P.10-B1 サン・アントニオ

San Antonio　0926-365-7025（携帯）※英語は通じるが、夜間の連絡は控えよう。　早朝～深夜　休 なし　Card 不可　交 シキホール港からトライシクルで25分

ラブポーションの使い方

step 1 普段から使っている香水を注ぎ、ふたを閉める → **step 2** バッグなどにラブポーションを忍ばせておく → **check!** 他人に見られたり、持っていることがわかると効力がなくなるので注意！ → → **step 3** ここぞ！という時は、瓶内の香水を普通に使ってみよう！

どこで手に入るの？

特にヒーラーが多く住んでおり、神聖な地域といわれるサン・アントニオで作られている。アニーさんの家もここにある。

トライシクルを乗りこなす☆

これがトライシクル！

バイクの横にサイドカーがついた乗り物。客はサイドカーやバイクの後部座席に座る。乗る前に値段交渉を。

1 トライシクルの運転手に声をかけよう

2 行きたい所を伝え、行けるか確認する

3 値段を交渉。1日貸切で₱1000が相場

4 互いに料金に納得したら乗車。支払いは降車時

＼一度は体験してみたい！／
シキホール島のヒーリング体験

今でもヒーラーたちが暮らすシキホール島では、不思議なヒーリング体験ができる。ここでしかできないレアな体験をぜひ。

まるで魔法みたい！ ボロボロ

きれいな水が入った瓶を気になる場所にあて、ヒーラーがストローで息を吹き込むと体内の悪いものが出て水が濁る。砂や木くずなど、出てくるものはさまざま。料金は寄付（₱50～100）程度。

ゲレルモさんの家 Map 別冊P.10-B1 ラレーナ

Bintagan, Larena　なし
17:00～深夜（日は早朝～）　休なし　Card不可
シキホール港からトライシクルで30分

ヒーラーさんProfile
ゲレルモさん（54）
島で評判のボロボロ師。46歳の時に夢でボロボロを行うようにとのお告げを聞いたのがきっかけ。

体験してみました！
1度目のボロボロを終えると水の中に木くずのようなものが出てびっくり！

check!
石を入れた透明な水を、ぶくぶくとストローを吹きながら患部へ当てていく。施術時間は5～10分

なぜ石を入れるの？

ボロボロを行う際には石を入れるのがしきたりなのだそうだ。

見た目は何の変哲もないただの石

数回繰り返すと水の汚れは少なくなっていく

木くずは皮膚トラブルの人によく出るよ

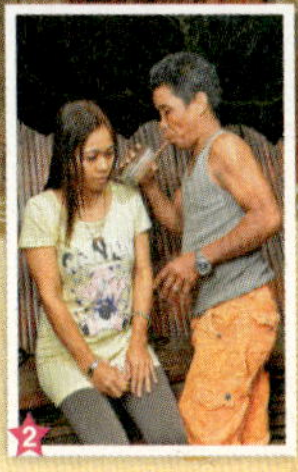

1.家の玄関先で施術してくれる 2.評判を聞いてフィリピン各地から人が訪れる

このあたりが悪いのかしらね

ヒーラーさんProfile
カルメンさん（80）
島で最も経験豊かなヒーラー。夢の中でお告げを聞き、なんと7歳からヒロットを開始したという。

体験してみました！
ソフトタッチでまったく痛くないのに、終わると痛かった場所がスッキリ！

check!
祈りの言葉をつぶやきながら、とてもやさしいタッチで施術する。施術時間は人によりけり

痛いところは鍵で開く

痛む場所を伝えると、最初にそこへ鍵をあてる。この鍵が悪いところを開いてくれるとか。

そっと患部に添えるように置くだけ

伝統ある民間療法 ヒロット

体内の気が滞っている場所を探し出し、ゆっくりとほぐしていく。血流をうながして、体の免疫を向上させるという。マッサージのヒロットと同じ名前だが、まったく別もの。料金は寄付（₱50～100）。

カルメンさんの家 Map 別冊P.10-B1 エンリケ・ヴィジャヌエバ

Tulapos, Talingting　なし　早朝～深夜
休なし　Card不可　シキホール港からトライシクルで35分

1.目印はないが「ヒーラーのカルメンさん宅へ」とドライバーに伝えれば着く 2.寄付金はテレビ横のボックスへ。手渡しはだめ 3.カルメンさんの鍵は気づいたらすでに持っていたという

プチぼうけん 11

セブから飛行機で100分!

“フィリピン最後の秘境”エルニドで奇岩に囲まれた美しすぎる楽園を探検

宝石のようなブルーグリーンの海から真っ黒な岸壁がそり立つ様子は、まさに奇観。“フィリピン最後の秘境”を旅する船旅に出かけよう! セブ発着で2泊3日あればエルニドを十分に楽しめる(→P.16)。

エルニド・タウン発 アイランドホッピング

TOTAL 7時間40分

オススメ時間 午前中〜夕方　予算 ₱1200〜

ツアー内容は要チェック

行き先や値段は統一だが、ツアー会社によって含まれるサービスが異なる。予約前に、ランチ代やタオル、スノーケルセットなどが含まれるのか確認を。

PLAN 01

エルニド・タウンからいざ出発!

アイランドホッピングは全4ルート

エルニド・タウン発のアイランドホッピングは全部で4種類。最も人気があるのはビッグ・ラグーンやスモール・ラグーンに行くツアーA。

深いグリーンの海をカヤックで進む

上空から眺めたスモール・ラグーン

最奥への入口はすれ違うのもやっとの幅

HIGH LIGHT 1

スモール・ラグーン
Small Lagoon

狭いラグーン内をカヤックで巡る。自分の手で進む感覚が冒険感たっぷり! カヤックは1台₱300でツアー代には含まれていない。

Map 別冊P.3-D1

アクセスなどエリア情報は P.132

自社バンカーボートもある

エル・バクイット・トラベル&ツアーズ
El Bacuit Travel & Tours

エルニド・ビーチのほぼ中央にあるツアー催行会社。自社のボートでアイランドホッピングツアーを催行しており、備品の整備もていねいという評判。

Map 別冊P.11-C2 エルニド・タウン

住 Rizal St., Buena Suerte ☎0907-333-0012(携帯)
営 6:00〜20:00
休 なし　Card 不可
交 エルニド・ビーチ(→P.132)そば

前日までに予約してね!

スタッフのリオさん

●ツアーinfo

アイランドホッピング Island hopping ツアーA

料 ₱1200
(スノーケルセット、各入場料、ランチ代込み)

TIME SCHEDULE

8:45	店舗前に集合
10:10	セブン・コマンド・ビーチでフリータイム
11:30	ビッグ・ラグーン到着
12:00	ランチ
12:50	スモール・ラグーン到着
14:15	ミニロック島沖でスノーケリング開始
14:45	ミニロック島沖出発
14:50	シークレット・ラグーン到着
16:25	エルニド・ビーチ到着

※青字はP.44〜47に掲載

Map 別冊P.11-C1〜D1

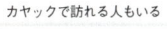

両側には巨大な岸壁がそり立つ

ガラスのような海面を
ゆっくりと進む

HIGH LIGHT 2 ビッグ・ラグーン
Big Lagoon

バンカーボートで進む広いラグーン。これぞエルニド！な写真が撮れる人気スポットだ。海底は浅くスタッフが船を押す場面も。

カヤックで訪れる人もいる

HIGH LIGHT 3 セブン・コマンド・ビーチ
Seven Commandos Beach

ヤシの木に囲まれた南国感たっぷりのビーチ。スノーケルを楽しんだら、ビーチバーやレストランで休憩しよう(メニューは別料金)。

スノーケルを楽しむもよし、砂浜でリラックスするもよし☆

浜辺にヤシの木が並んで
トロピカルさ満点！

シークレット・ラグーン発見！

頭上に気をつけて！

先は長いぞ〜

出入口がひとつしかないので大渋滞。小さな穴をくぐると…！

HIGH LIGHT 4 シークレット・ラグーン
Secret Lagoon

岩と岩の間を体をかがめて入ると、驚くほど広い空間が広がる。360度岩壁に囲まれた静かなラグーンだが、天井だけはぽっかり空いている。

その他のツアーはこちら！ EL NIDO TOUR PLANS

洞窟＆入江へ行く ツアーB

白砂が蛇行するスネーク・アイランド（→P.46）

巨大な大聖堂のような形からその名が付いたカテドラルケイブや、干潮時にのみ現れる白砂の道、スネーク・アイランドなどを回るツアー。
㊊P1300

美しいビーチを巡る ツアーC

美しいコーラルリーフもたくさん

ヘリコプター島やコーラルリーフでのスノーケリングや、泳いでたどり着くヒドゥン・ビーチなど、とにかく泳ぐツアー。スノーケリング好きにおすすめ。
㊊P1400

のんびりリラックス ツアーD

カドラオ島にあるカドラオ・ラグーン

カドラオ・ラグーンやパラダイス・ビーチなど、エルニド・タウンの北西にあるカドラオ島周りを巡る。近場なので人気は低いがそのぶんのんびり過ごせる。
㊊P1200

PLAN 02

リゾートアイランドに泊まって

プチリッチなアイランドホッピング!

もっと贅沢なリゾートステイを楽しみたい人は、エルニドの沖に浮かぶ1アイランド1リゾートへ! 島が丸ごとリゾートになっているから、いつでもアクティビティし放題!

エルニド・リゾーツ滞在型アイランドホッピング

TOTAL 2泊3日

オススメ時間 1日中

予算 ₱7万7000〜

リゾートアイランドのアイランドホッピング

エルニド・リゾーツ経営のリゾートに宿泊すれば、アイランドホッピングをはじめさまざまなアクティビティがインクルーシブ(一部有料)! ホテルゲスト専用ビーチもある。

大自然を思いっきり楽しめる!

ラゲン・アイランド

Lagen Island

4ヘクタールの熱帯雨林と大理石に囲まれた島で、海と森どちらも楽しめるのが魅力。客室は、ラグーンを囲むように並ぶ水上コテージと森の近くのフォレストルームの2種類がある。

Map 別冊P.11-D1 エルニド

Lagen Island, El Nido, Palawan
(02)902-5980 日問合 M.A.Eプランニング(03)5304-5814 料 フォレストルーム₱3万4700〜、ビーチフロントコテージ₱3万7200〜、ウオーターコテージ₱3万9200〜、フォレストスイート₱4万2200〜(税・サービス料・朝食込み。3食付きパッケージもあり、ハイシーズンは3食付きでプラス1泊₱3800〜) Card A.J.M.V. 室 51 Wi-Fi あり URL www.elnidoresorts.com

ホテルまでのアクセス

エルニド空港からホテルまでは船で向かう。空港でホテル名の書かれたスタッフについていき、近くの港へ移動。そこからホテルまでは船で約50分。

海に浮かぶ、ゆったりとした造りのウオーターコテージ

ecoなアメニティ

エルニド・リゾーツは環境に配慮した取り組みを積極的に行っている。植物の葉で作った動物の飾りやエコバッグなど、再生可能な資源を使ったアメニティが置かれている。

エルニド・リゾーツとは?

パラワン島にある離島を丸ごとリゾートアイランドにした、高級ホテルグループ。エルニドのラゲン島、パングラシアン島、ミニロック島、そしてタイタイのアプリット島にある。

- パングラシアン・アイランド(→P.140)
- アプリット・アイランド(→P.140)
- ミニロック・アイランド(→P.140)

ホテル周辺でもマリンアクティビティが楽しめちゃう!

24時間オープンしている開放的なプール

2泊3日の旅 Start!

DAY 1

ハイライトはコチラ！

- マリンアクティビティ
- サンセットクルーズ

1日目は、リゾート前のラグーンで楽しめるマリンアクティビティとサンセットクルーズに参加！

11:30 ホテル到着

注1：P.47下部参照

港から出発して約50分でホテルに到着。船から降りると、スタッフによるウエルカムソングとネックレスで歓迎のお出迎え♪

ひとりずつ手作りネックレスをかけてもらえる

心地よいテラス席がおすすめです♪

12:00 ランチタイム

荷物を預けたら、まずは腹ごしらえ！食事はすべてビュッフェスタイル。料理のバラエティが豊富で何度もおかわりしたくなっちゃう！

ホテル周辺でマリンアクティビティ

ホテル周辺では、カヤックやパドルなどのマリンアクティビティがいつでもやり放題♪ 島をぐるっと一周して探検してみるのもおすすめ！

ここがGood!

スノーケルマスクやフィンなどマリンアクティビティで必要な道具はすべて無料でレンタルできる。パドルやカヤックも自由に使ってOK！

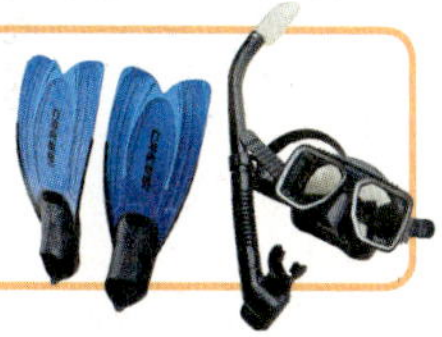

サンセットクルーズに参加

本日のハイライト、サンセットクルーズへ。船でビュースポットに行き、オレンジ色に染まるロマンティックな海にうっとり♪

19:00 ディナータイム

ホテルに戻ってディナータイム！ 体を動かしたあとにうれしい肉や魚料理がたくさん！ライブ演奏が雰囲気を演出してくれる。

スタッフによる生演奏が毎晩行われる

20:30 ナイトプールで乾杯★

ライトアップされたプールサイドで、トロピカルなカクテル片手にリラックス。昼間とは違う自然の音に耳を澄ませてみて。

ブルー・ラグーン（左）とラゲン・クーラー（右）各₱300

DAY 2

ハイライトはコチラ！

- アイランドホッピング（スネーク・アイランド）
- スパでリフレッシュ！

ラゲン・アイランドが催行するアイランドホッピングツアー、Tour 1に参加。ホテルに戻ったら、疲れた体をスパでリセット！

9:00 アイランドホッピングに出発

船に乗って出発！ バスタオルなどの必要なグッズは用意してくれる

僕が今日のガイドです！よろしくね★

ツバメの巣が集まる場所としても有名

Island 1 カテドラルケイブ

最初のスポット、カテドラルケイブへ。船に乗ったまま洞窟の入口をのぞくと名前のとおり、大聖堂のような大きな空間が出現！

自然にできた天井の穴から差し込む光が奇岩を照らす

Island 2 クドゥグノンケイブ

次の洞窟は船を降りて、内部へ潜入！ 薄暗い道を進むと長い年月を経てできた、丸や曲線がおりなす不思議な空間が広がる。

入口はここ！かがんで中へ入るよ

HIGHLIGHT
砂浜の道がヘビみたい！！

Island 3 スネーク・アイランド

反対側もキレイ！

ツアーのハイライトは、海を挟んでふたつの島を結ぶ真っ白な砂浜の道！ その姿がヘビのように見えることから名づけられた。

砂道を歩いて渡ってみよう！

船上の売店を発見！

ジュースやスナック菓子を買ってひと休み

ほかにもある！ アイランドホッピングツアー

ラゲン・アイランドでは、Tour 2という別のアイランドホッピングツアーがある。こちらは、スモール・ラグーンやビッグ・ラグーンなどを巡る。また、アイランドホッピングツアーのほか、さまざまなツアー（一部有料）を行っている。

- マングローブツアー
- サンライズクルーズ
- バードウオッチング

EL NIDO TOUR PLANS

Island 4

エンタルーラ・ビーチでランチ&アクティビティ

ホテル専用のビーチで優雅なランチタイム♪ おなかを満たしたら、スノーケリングやカヤックなどをして思いっきり遊ぼう！

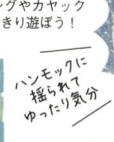

ハンモックに揺られてゆったり気分

気持ちいい〜★

ここがGood! ホテルゲスト専用のビーチなので、ほかのツアー会社がいなくてのんびりできるのがいい。休憩スペースやお手洗いもある。

ピクニックランチを手配することも可能

16:00 スパで疲れた体を癒やす

ホテルに戻ったらスパで疲れた体をほぐそう。ラベンダー、ユーカリ、オレンジのオイルから好きな香りを選んでマッサージしてもらえる。

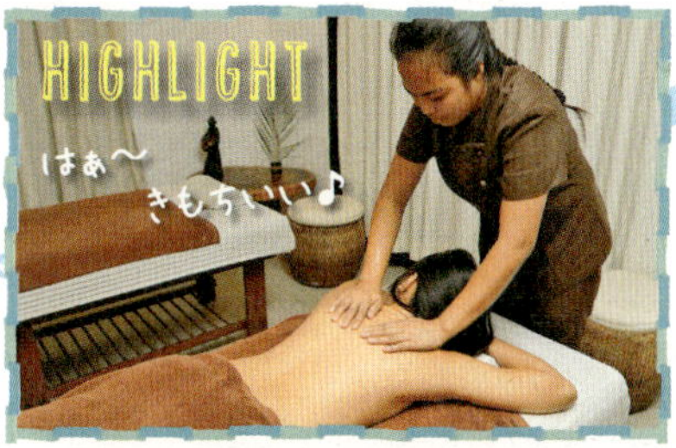
HIGHLIGHT
はあ〜 きもちいい♪

DAY 3

ハイライトはコチラ！
- ハイキング
- プールでのんびり

ハイキングに参加して、早朝からアクティブに！ その後は、プールでのんびりリラックスタイム。

6:30 朝ご飯

今日は最終日。悔いのないように朝ご飯もたっぷりいただきます〜！ デザートは南国フルーツできまり★

できたてのオムレツです！

見たことない植物や木がいっぱい！
HIGHLIGHT

7:30 フォレストガイドツアーへ

ホテルの裏にある熱帯林を進むハイキングツアー。ガイドさんが木々や植物の解説をしてくれる。運がよければサルに出合えるかも！

木のブランコがあったよ！

HIGHLIGHT
海を見ながら贅沢なスイミング

9:00 プールでまったり

チェックアウトの時間まで、スイミングタイム★ 森と海が見えるプールで泳いで気分爽快！ 疲れたらプールサイドでジュースをごくり。

おみやげも忘れずに！

小さなショップも併設。手作りの雑貨や食品などの商品を扱う。
5:00〜22:00

12:00 チェックアウト

受付でチェックアウト。最後もスタッフ総出でお見送り。エルニド空港まで送ってくれる。

注2：左下参照

注1〜2：DAY1と3のホテル発着時刻はマニラ発着のAir Swiftを利用した場合の目安です。セブ発着の場合はお昼過ぎ着、午前発となります。
※スケジュールはあくまでも目安です。時期や天候などにより時刻は変更する場合があります。

セブ周辺で見られる

トロピカルなおさかな図鑑

セブの周辺の海の中には、色とりどりの魚がいっぱい！
どんな魚が見られるか予習して、より海中の世界を
楽しもう♪

レア度 ★★☆☆☆

スパインチーク・アネモネフィッシュ

クマノミの一種で、頬にトゲがある。写真はオス、メスは黒い体

レア度 ★☆☆☆☆

カクレクマノミ

アニメのモデルになった魚。オレンジ色の体に3本の白いラインが特徴

レア度 ★☆☆☆☆

ハナミノカサゴ

カサゴの一種。美しいが背びれのトゲには毒があるので注意して

レア度 ★☆☆☆☆

メラネシアン・アンティアス

サンゴ周辺でよく見かける魚。オスは頬に赤い線が入っている

レア度 ★★☆☆☆

スプリンガーズ・ダムゼル

濃い青色の体に黒い模様の魚。生息地により模様は異なる

レア度 ★★★★★

フィリピン・ブレニー

黒とオレンジの模様が特徴的なギンポ。フィリピンのみに棲息

レア度 ★★★☆☆

ナンヨウツバメウオ

縞模様を持つ灰色の体に、ヒレは黄色。集団で壁のように泳ぐ

レア度 ★★☆☆☆

ニチリンダテハゼ

背ビレに黒い斑点があるハゼ。セブでは水深15m前後で見られる

レア度 ★★★☆☆

ウミガメ

水中を優雅に泳ぐ大型のカメ。見られるのは写真のアオウミガメが多い

レア度 ★★★★☆

セグロチョウチョウウオ

背中に大きな黒色の班がある。2匹ペアで泳いでいることが多い

こんなことも
できるんだ！

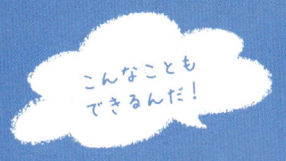

定番からツウなものまで アクティブに セブの魅力を満喫！

セブの遊びのバリエーションは、無限大！
アクティブ女子からカメラ女子まで大満足の
厳選ツアー＆アクティビティが勢揃い。
ツアーでは行かない穴場スポットも教えちゃいます。

ACTIVITY

南国リゾートセブを遊び尽くす！
人気ツアー&アクティビティ完全☆NAVI

ツアーやアクティビティが多すぎて選べない！
なんて人に、人気ツアーをランキング形式でご案内。
本誌スタッフの体験談も参考に、どれに参加するか決めよう。

海で遊ぶぞ〜！

スタッフ体験談付き！
人気ツアーベスト5

1位

真っ青な海を眺めながら出発！

アイランドホッピング

詳細は → P.18

ビーチがほとんどないセブでは、ボートで沖へ出てスノーケルを楽しむのが普通。こちらのツアーなら、2〜3ヵ所の島を回ってくれるので、満足度高し。島で楽しめるフィリピン式BBQランチもおいしい。（編集T）

2位

予想以上の近さに大興奮間違いなし☆

ジンベエザメスノーケリング

詳細は → P.26

ジンベエザメとほぼ確実に泳げるのは、なににも変えられない魅力。子供って聞いていたけど、予想以上に大きくて大興奮でした。セブ・シティから片道4時間と長いけど、それだけの価値は絶対にあります！（編集K）

3位

無数の丘が並ぶチョコレート・ヒルズは必見

ボホール島

詳細は → P.22

ジャングルを楽しむならこのツアー！ メインのチョコレート・ヒルズでは、CHAPでアクティブに楽しむプランが絶対おすすめ！（編集K）

4位

カラフルな熱帯魚たちを探しに行こう！

体験ダイビング

詳細は → P.54

サンゴ礁の中をたくさんの熱帯魚が泳ぐ様子は、まるでリアル水族館！ インストラクターがつきっきりなので、安心できます。（編集S）

5位

最後は一番大きな滝でのんびり♪

カワサン滝キャニオニング

詳細は → P.30

セブのツアーのなかではもっともハード！ 川を歩いたり、滝からすべったり、飛んだり……。友達同士ワイワイするなら、断然コレ！（編集T）

アクティビティNAVI

アクティビティを申し込む前にこちらをチェック！ さくっと疑問を解決しちゃおう♪

① 申し込み時はここをチェック！

まずは、送迎の有無。マクタン島内なら無料でも、セブ・シティは有料ということもあるので、予約時に相談を。次に、ツアー代に込みのものをチェック。ランチはたいてい込みだが、水中カメラ、入園料、環境税は別途の場合も多い。

② 予約はどこでできるの？

現地でも申し込めるが、できれば日本からホームページやメールで予約しておきたい。日本語対応のツアー会社なら、予約も日本語でできる。ハイシーズンにあたる2〜3月や年末年始、G.W.は特に混雑するので、早めの予約を。

③ ベストな移動方法って？

さまざまなツアー会社があるが、日本人経営の会社が安心。予約や問い合わせが日本語でできるのに加え、ガイドも日本語可。万が一のトラブル時も日本語で対応OK。本誌掲載のツアー会社は、すべて日本人経営（セブのみ）。

④ 何を持ってけばいい？

どんなツアーでも、日焼け止めは必携。海ツアーの場合は、UVカットのラッシュガード、携帯用防水パック、防水バッグがあるといい。足下はビーチサンダルでもいいが、岩場を歩くなら、アウトドアサンダルやマリンシューズが便利。

アイランドホッピングツアーに参加する予定でしたが、海が荒れて欠航に。代替のプランも考えておくべきでした。（岐阜県・れん）

ひとめでわかる！

Cebu Popular Tour

セブ人気ツアー早わかり一覧リスト

ここでツアーをチェック！

	テーマ		ツアー内容	ツアー名	ページ	催行時間	料金	催行会社
海遊び	アイランドホッピング		ボートに乗ってマクタン島周辺の島々を回り、スノーケリングを楽しむツアー。ランチ付き。	アイランドホッピング ナルスアン島+カオハガン島	P.18	8:30〜15:30	₱5600〜	A B C D E F
海遊び	ジンベエザメスノーケリング		セブ南部のオスロブへ遠征し、ジンベエザメと一緒に泳ぐ。出発は早朝で、朝食&ランチ付き。	ジンベエザメウオッチングツアー・スノーケリング	P.26	4:30〜18:00	₱8000	B C F
海遊び	体験ダイビング		ダイビングライセンスのいらない体験ダイビング。水中なので、雨でも変わらず楽しめる。	体験ダイビング（マクタン島周辺）	P.54	8:30〜12:30、13:30〜17:30	₱4000〜	B C E F
海遊び	サンセットクルージング		サンセットに合わせて出航するクルーズ船。新婚さんに人気のツアー。軽食付き。	サンセット・クルーズ	P.58	17:00〜19:00	₱3500	E F
海遊び	マーメイドフォト		人魚の格好になって、プールサイドやビーチでポーズ！ SNS映え間違いなしの人気ツアー。	マーメイドフォト	P.59	随時、所要約1時間	₱2000	D
大自然で遊ぶ	ボホール島		お隣の島、ボホール島に渡る。チョコレート・ヒルズでは、CHAPと展望台の2プランがある。	ボホール島観光+アドベンチャーパーク・ツアー	P.22	5:15〜19:30	₱6000〜	A C
				ボホール島+ビーチツアー		4:15〜19:30	₱8000〜	
大自然で遊ぶ	カワサン滝キャニオニング		セブ島南部のカワサン滝へ行き、キャニオニングを楽しむ。体力のある人向けのツアー。	カワサン滝キャニオニングツアー	P.30	5:00〜19:00	₱7200	C
大自然で遊ぶ	乗馬		セブの山奥を、馬に乗って探検する。初心者でも、馬場内でなくアウトドア乗馬を楽しめる。	外乗体験	P.58	随時、所要約1時間30分	US$85〜	G
パワスポ	シマラ教会&伝統文化		人気No.1パワースポット、シマラ教会を訪れる。カルカルでの伝統文化体験と一緒の1日ツアー。	奇跡の教会シマラ&セブ田舎体験ツアー+SM SEASIDE付き	P.28,58	8:00〜18:00	₱5000〜	A
絶景フライト	セスナ遊覧飛行		セスナに乗って、ボホール島の上空をひとっ飛び！オプションでセスナの操縦体験もできる。	チョコレート・ヒルズ遊覧飛行	P.59	随時、所要約45分	₱6000	H
				シキホール島ボロボロ体験ツアー		随時、所要約6時間	₱1万8000	
市内観光	セブ市内観光		ミニバンでマクタン島内とセブ・シティの見どころを回る。セブ・シティから出発でもOK。	セブ島市内観光	P.56	10:00〜15:00	₱2800〜	A

A JRエクスプレス（→p.18）　B エメラルド・グリーン・ダイビング・センター（→p.27）　C CSPトラベル&ツアーズ（→p.31）
D アクアマリン・オーシャンツアーズ（→p.53）　E スコッティーズ・アクション・スポーツ・ネットワーク（→p.53）　F P.C.ダイバーズ（→p.53）
G セブ・ライディング・クラブ（→p.58）　H セブトップ（→p.59）　※赤色は本誌で紹介している催行会社。

…初心者オススメ　…リピーター向け　…友達向け　…カップル向け　…ファミリー向け

＼とことん海をエンジョイ♥／

人気マリンアクティビティ ベスト5

セブなら、定番のマリンアクティビティが勢揃い！ホテル併設のダイブショップで申し込むのが一般的。

1位 空から海上を見渡そう♪ パラセイリング

無理せず安全に楽しんでね

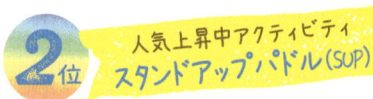

Parasailing
まるで鳥になった気分！

©AQUAMARINE Ocean tours

ひとりで乗ることもできる

ハラハラ ★—— のんびり

ここで体験可能！
- A ₱3000（15分）
- B ₱2500（飛行15分）
- C ₱3000（飛行10分）～
- D ₱2300（15分）

美しいセブの海を、上空から眺められるエキサイティングなアクティビティ。スピードもあって気分爽快♪ タンデム（2人）フライトもOK。

2位 人気上昇中アクティビティ スタンドアップパドル（SUP）

近年人気急上昇中！ サーフボードの上に立って、オールを使って前へと進む。意外と簡単だけど、波にゆられて転覆しないように。

ここで体験可能！
- A ₱1000（30分）
- B ₱1000（1時間）
- C ₱500（30分）～

ハラハラ ——★— のんびり

個人のペースでゆっくり進んでOK

©AQUAMARINE Ocean tours

Standup paddle
海風が気持ちいい～♥

3位 超お手軽！ 海中散歩 シーウオーカー

特殊なヘルメットをかぶって、海の底へ！ チューブで地上とつながっているので、水中でも息ができる。

ハラハラ ———★ のんびり

Sea walker
お化粧も落ちないから楽ちん～♥

©AQUAMARINE Ocean tours

メガネやコンタクトもそのままでOK

ここで体験可能！
- A ₱2500（海底滞在20分）
- C ₱2000（海底滞在15分）

4位 マリンアクティビティの鉄板☆ バナナボート

ど定番の人気アクティビティ。スピードボートが引っ張るバナナ型のボートに乗って、海上を疾走☆

©AQUAMARINE Ocean tours

ハラハラ —★—— のんびり

Banana boat
誰が最後まで残れるかな!?

大人数になればなるほど楽しい

ここで体験可能！
- A ₱1000（15分）
- B ₱400（15分）
- C ₱1350（15分）～
- D ₱2500（20分）

5位 息を合わせて前へ進め！ シーカヤック

海のカヌーが、シーカヤック。息を合わせてオールを漕いで、海の上を進もう。シングルカヤックもある。

ハラハラ —★—— のんびり

Sea kayak
すいすい進むよー♪

舵は後部座席の人が取る

ここで体験可能！
- A ₱700（30分）
- B ₱500（1時間）
- E ₱200（1時間）

アクアマリン・オーシャンツアーズには、いくつかのアクティビティがセットになったパッケージがあります。私はパラセイリング＆バナナボートで₱5000でした。スノーケルやSUPも含まれていました。（石川県・りり）

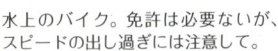

文字どおり空を飛ぶ！ フライフィッシュ

飛ぶように跳ねるボートに乗る、刺激度MAXのアクティビティ。

ここで体験可能！
- A ₱1300（15分）
- B ₱750（15分）
- C ₱1800（15分）～

ライフジャケットの着用はしっかりと

ハラハラ ─★──── のんびり

セブの海を激走！ ジェットスキー

©AQUAMARINE Ocean tours

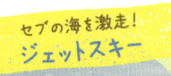

水上のバイク。免許は必要ないが、スピードの出し過ぎには注意して。

1人でも乗ることができる

ここで体験可能！
- A ₱3000（30分）
- B ₱1750（30分）～
- C ₱2600（30分）～
- D ₱2400（20分）～

ハラハラ ★───── のんびり

体のバランスが大事 ウェイクボード

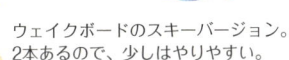

猛スピードのボートに引っ張られたボードの上に立つ。初心者には難しい。

ここで体験可能！
- A ₱3500（30分）
- C ₱4500（30分）
- E ₱400（1時間）～

慣れたら水上でジャンプなどもできる

ハラハラ ─★──── のんびり

南の海で楽しむスキー 水上スキー

©AQUAMARINE Ocean tours

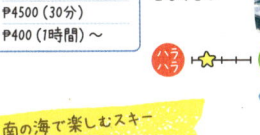

ウェイクボードのスキーバージョン。2本あるので、少しはやりやすい。

両足のバランスをしっかりと

ここで体験可能！
- A ₱3500（30分）
- C ₱4500（30分）

ハラハラ ★───── のんびり

マイペースでOK♪ ペダルボート

©AQUAMARINE Ocean tours

ほのぼの系ならこれ。水上からでも、海の底がはっきり見える。

ここで体験可能！
- A ₱500（30分）

泳げない人でも安心

ハラハラ ─────★ のんびり

＼申し込み先はこちら！／

ここで体験できます！

A アクアマリン・オーシャンツアーズ
Aquamarine Oceantours

フレンドリーなスタッフがお出迎え！

マリンアクティビティ専門店。マクタン島リゾートエリアのほぼ中央にある。定番のほか、マーメイドフォト（→P.59）などユニークなツアーも。

©AQUAMARINE Ocean tours

Map 別冊P.5-D2 マクタン島

Tambuli Seaside Residence, Buyong, Maribago, Lapu-Lapu City ☎0917-814-6988（携帯） 8:00～17:00 休なし Card A.D.J.M.V. URL www.aquamarineoceantours.com

B P.C.ダイバーズ
P.C. Divers

日本語が上手なスタッフが多い

パシフィック・セブ・リゾート（→別冊P.18）にあるダイブショップ。スタッフは日本語が得意で、マリンアクティビティのほかアイランドホッピングもある。

Map 別冊P.4-A3 マクタン島

Suba-Basbas, Lapu-Lapu City（パシフィック・セブ・リゾート内） ☎(032)495-6003/0917-329-7047（携帯） 7:00～21:00 休なし Card A.J.M.V. URL pcdivers.com

C スコッティーズ・アクション・スポーツ・ネットワーク
Scotty's Action Sports Network

手厚いサービスが魅力的

日本人スタッフ常駐のダイビング&マリンアクティビティサービス会社。ダイビングやアイランドホッピングなどさまざまなツアーを催行。

Map 別冊P.5-D1 マクタン島

Punta Engaño Rd., Lapu-Lapu City（シャングリ・ラ マクタン・リゾート&スパ内） ☎0917-631-2960（携帯、日本人直通）/(032)231-5060 7:00～22:00 休なし Card A.D.J.M.V. URL jp.divescotty.com

ここでも体験できる！

D CSPトラベル&ツアーズ
→P.31

E パパ・キッツ・マリーナ・アンド・フィッシング
→P.39

サカナ
イマスヨ〜
HAVE A GOOD TIME.

初心者でも安心！「お姫様ダイブ」で憧れのセブの海を探検♪

美しいセブの海は、ダイビングで楽しむのがおすすめ！
体験ダイビングなら、ライセンスなしでも参加できる。
セブならではの圧倒的コスパも大きな魅力♪

お姫様ダイブって何？

インストラクターが手とり足とり教えてくれる「お姫様ダイブ」。水中でも、まるで執事のようにそばにいてくれる。

体験ダイビングだと、水中にいるのはだいたい30分くらい

色とりどりの熱帯魚がすぐそばに！

人気の魚がいそうなポイントを教えてくれる

マクタン島周辺の海

ここで参加しました！

エメラルド・グリーン・ダイビング・センター

Emerald Green Diving Center

→P.27

●ツアーinfo

体験ダイビング（マクタン島周辺）

8:30〜、13:30〜
料₱4000〜（レンタル器材代込み）
所要時間：約4時間
※海況や交通状況により時間は前後することもある

体験ダイビングのスポットは3ヵ所！

マクタン島周辺

マクタン島からボートで10分ほどでダイビングポイントに到着する。マクタン発だと最もお手軽で参加しやすいコース。

→P.20

ヒルトゥガン島

マクタン島周辺では最も海がきれいで、魚もたくさんいると言われるヒルトゥガン島でのダイブ。ランチ付きのツアーもある。

料₱5500〜（レンタル器材代込み）

→P.27

スミロン島

セブ島の南東に浮かぶスミロン島での1日ツアー。マクタン島からはサンタンダーまで車で移動し、そこからボートで約15分で到着。

料₱8500〜（レンタル器材代、朝食、ランチ代込み）

雨の日にダイビングしましたが、海の中は変わらずきれいで感動しました！（栃木県・うなぎ犬）

体験ダイビングツアーの流れ

初心者でも安心！お姫様ダイブ

通常の体験ダイビングはボートからの1ダイブの半日コース。こちらはマクタン島半日ツアーの場合のタイムスケジュール（目安）。

体験ダイビングQ&A

Q1 ベストシーズンはいつですか？
A 1年中OKですが、乾期の3〜5月がベスト。連日天気がよく、海の透明度も最高です。

Q2 必要な持ち物を教えて！
A 器材はすべて貸し出すので、水着と着替え、サンダルだけ用意いただければ十分です。

Q3 その他、気をつけるべきことは？
A ダイビング後は、18時間おかないと飛行機に乗れません。帰国前日は避けてください。

\ Start /

8:30 ショップ到着、講習を受ける

ホテルからピックアップ後、マクタン島にあるショップに行き講習を受ける。装備一式もここで借りる。

基礎知識や器材について教えてもらえる

こんな格好で体験します！

9:30 プールに移動して実践練習

ホテル内のプールに移動して、実践練習！ マスククリアや耳抜きの仕方のほか、緊急時の対応についても教えてくれる。

ここでしっかりと学んでおけば、安心

しっかり勉強しましょう

10:30 船に乗って沖へ出発！

いよいよボートに乗り込む！ 危険なので、タンクなどの重い装備の移送はインストラクターにおまかせ。

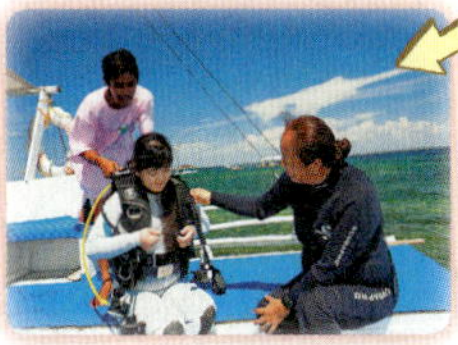

装備が揃っているか確認しておくこと

10:45 いざ、ボートから海へ飛び込む！

ポイントに着いたら、海へ！ 船から直接エントリーし、潮の流れに沿って移動するドリフトダイビングが基本。

思い切って飛び込もう！
よっと！

うわー きれいー！
AMAZING!!

11:00 憧れの水中散歩を楽しむ☆

海の中も、インストラクターと一緒だから安心！ 習ったサインなどを思い出して、焦らずに泳ごう。

サンゴや熱帯魚の世界に思わずうっとり

11:30 ロープを伝って船へ戻る

船から降ろされたロープを伝って、船上に戻る。オプションで1ダイブ追加（₱2000）もできる。

\ finish /

もうおしまい〜？

上まで行くとスタッフがサポートしてくれる

＋OPTION

ヒルトゥガン島（→P.20）はアイランドピクニック付きツアーも！

ダイビングのあと、マクタン島周辺の島に上陸し、BBQを楽しむツアー。マクタン島に戻るのは15:00頃。

●ツアーinfo
体験ダイビング
（海洋保護区ヒルトゥガン島＋アイランドピクニックBBQランチ付）
料₱7500〜（レンタル器材代込み）

ローカル文化＆歴史がさくっとわかる！
ラクラク♪半日観光ツアーへ

荘厳なたたずまいのマゼラン記念碑

**日本語ガイドさんと一緒に、文化と歴史を学ぶ市内ツアーへ☆
現地のことを知っていれば、旅はより楽しくなるはず。**

おいらがラプラプさ。イケメンだろ？

フィリピン歴史ガイド → P.145

裏手の川は、マゼランとラプラプが戦った場所

Start
1 10:40
ラプラプ様にごあいさつ！

朝一番は、セブの英雄であるラプラプの像が立つ、マクタン・シュラインへ。マゼラン記念碑や周辺のおみやげ屋台も忘れずチェック！

ラプラプ・シティの中心
マゼラン記念碑＆ラプラプ像
Magellan's Marker & Lapu Lapu Monument

Map 別冊P.5-C1　マクタン島

Mactan Shrine, Lapu-Lapu City
24時間　休なし　料無料

2 11:30
ギター工場で大人の社会見学

マクタン島は、ギターの名産地だとか。島で最も有名な工場を見学。全部手作業で作っているのにびっくり！

作っている様子が見られるよ

1. 工場に併設してショップがある　2. ギターは安いものなら3000円くらいから

マクタン最大のギター工場
アレグレ・ギター・ファクトリー
Alegre Guiter Factory

Map 別冊P.5-C3　マクタン島

Abuno, Lapu-Lapu City
(032)495-3167　7:30～18:30（日～18:00）　休なし

フィリピンっ子のソウルフード

ランチはファストフードに立ち寄り♪

ジョリビー or マン・イナサル
Jollibee or Mang Inasal

詳細は → P.73

3 13:00
森と海に囲まれたセブを一望♪

橋を渡りセブ島へ。まずは高台にある道教の寺院。キリスト教徒が多いけど、寺院もあるそう。眺めもビューティホー☆

1. 華橋の寄進で建てられた　2. セブ市街を一望できる展望スポット

高台にある宗教施設
道教寺院 Taoist Temple

Map 別冊P.6-B1　セブ・シティ

Beverly Hills, Cebu City
(032)254-6503　7:00～17:30
休なし　料無料

覚えておきたい！セブの人物図鑑

ラプラプ
マクタン島の元領主。1521年にマゼランと対決し、討ち取った。民族の誇りを守った英雄。

マゼラン
ポルトガルの冒険家。世界を航海した果てにフィリピンへ。ラプラプとの決戦の末、命を落とす。

サント・ニーニョ
幼き日のイエスの姿をした、フィリピンの守護聖人。マゼランから送られた像が起源。

マクタン・シュライン（記念公園）の横はフィッシュマーケット。新鮮な魚を買って、その場で調理してもらえます。（熊本県・まあみ）

4 14:00 教会詣でパワーチャージ!

お次は、セブ・シティの聖地！祭壇裏手のサント・ニーニョ像にお祈りして、しっかりパワーチャージ♪

1. 石造りの教会 **2.** マゼランから送られたサント・ニーニョ像 **3.** 教会の外にはロウソクを供える場所がある

セブ・シティ最大の観光名所

サント・ニーニョ教会
Santo Niño Church

Map 別冊P.8-B3 セブ・シティ

Osmeña Blvd., Cebu City
(032)255-6699 5:00～19:00（金・日4:30～22:00） 休なし
料無料（博物館は₱30）

5 14:15 セブの歴史をちょこっとStudy☆

セブに来たマゼランさんの目的は、キリスト教布教のため。この十字架は、マゼランさんが作ったんだそう。

天井には布教の様子が描かれている。なかにはマゼランの姿も

病が治る聖なる十字架

マゼラン・クロス Magellan's Cross

Map 別冊P.8-B3 セブ・シティ

Magellan St., Cebu City
6:00～18:00 休なし 料無料

6 14:30 遺跡公園でまったり

石造りの立派な要塞は、海賊からの襲撃に備えたもの。今は緑いっぱいの公園で、ひと休みにぴったり。

スペイン統治時代の1738年に完成

かつては日本軍も占拠していた

フィリピン最古の要塞跡

サン・ペドロ要塞 Fort San Pedro

Map 別冊P.8-B3 セブ・シティ

Legaspi Ext., Cebu City
(032)256-2284 8:00～19:00
休なし 料₱30

Finish 7 15:00 庶民派マーケットでお買い物

ラストは、庶民派マーケットへ！通常は車窓からの見学だが、希望すれば下りて見学も可能。屋台フードにトライしてみよう♪

治安はよくないので、注意して

セブ・シティ市民の台所

カルボン・マーケット
Carbon Market

Map 別冊P.8-B3
セブ・シティ

Quezon Blvd., Cebu City
早朝～日没 休なし

ここで参加しました！

JRエクスプレス JR Express
→P.18

●ツアーinfo
セブ島市内観光
10:00頃発 料大人₱2800～、子供（6～12歳）₱1900～（各見どころ入場、ランチ代込み）
所要時間：約5時間

＋OPTION

Map 別冊P.6-B1外

セブ最高地点の展望台で夜景観賞

セブで最も高い山の上にある山頂展望台トップスへは、追加料金で行ける。
料大人₱950 所要約3時間

JRエクスプレスではルートの途中に事務所で予定の確認を行う。相談があればここで聞いておこう。

馬に乗って山道を探検☆

乗馬

アクティブ　US$85～　約1時間30分

馬の背中に揺られながら、ジャングルを進む。そんなスペシャルな体験も、セブなら可能！ 舞台となるのは、セブ・シティ北部の山の中。イギリス人オーナーのセブ・ライディング・クラブでは、初心者でも外乗乗馬が楽しめる。

セブ唯一の乗馬施設

セブ・ライディング・クラブ Cebu Riding Club

Map 別冊P.7-C1外 セブ・シティ郊外

(032)512-1635　携帯080-1155-4878
6:00～18:00　休なし　Card不可　予要予約
URL www.ikutas.co.jp/cebu

日本語で解説します

●ツアーinfo
外乗体験
営業時間中随時
料US$85～
所要時間：約1時間30分

乗るのに慣れてきたら、いざ森の中へ！ 木々をかき分けながら、進んでいく

いつもよりも高く見えるよ～

ツアーの流れ

まずは1時間ほど馬場内でならし。乗り降りや馬の扱い方を教えてくれる

コースの途中数ヵ所で止まって、休憩&写真撮影

ツアーが終わる頃には、馬が大好きになっているはず！

ロマンティックな気分に浸れる

スコッティーズ・アクション・スポーツ・ネットワーク
Scotty's Action Sports Network 詳細は→P.53

●ツアーinfo
サンセット・クルーズ
17:00頃発　料大人₱3500
所要時間：約2時間

まだまだある！
タイプ別☆セブのおもしろ体験ツアー

定番以外にも、セブではさまざまなツアーが楽しめる！
アクティブからのんびり、ロマンティックなど
タイプで選べるおすすめツアーはこちら！

フィリピンの伝統文化を学ぶ

伝統文化体験

のんびり　₱5000～　10時間～

カラフルなフルーツがいっぱい！

セブ島中部のカルカル（Map 別冊P.3-C3）は、伝統文化が残る素朴な村。青空市場をのぞいたり、民芸品を作ったり、牛車に乗ったり、トゥバという伝統酒を試飲したりと盛りだくさん！ シマラ教会（→P.28）とセットでの1日ツアー。

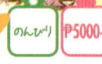

JRエクスプレス JR Express 詳細は→P.18

●ツアーinfo
奇跡の教会シマラ&セブ田舎体験ツアー+SM SEASIDE付き
8:00発　料大人₱5000～、子供（6～12歳）₱3000～（レンタカー代、各入場料、各体験料、ランチ代込み）　所要時間：約10時間～

セブの伝統料理

これが完成形！

ココナッツバスケット作り
ココナッツの葉の芯を編んで、バスケットを作るクラフト体験。バスケットは持って帰れる

牛車ライド
農作業で使われていた牛車を体験！ かわいい水牛さんは、最大10人を運べるほど力持ち

よじ登って取ってくるのさ

トゥバの試飲
トゥバとは、ココナッツの樹液を発酵させたアルコール。発酵させる前のトゥバを飲める

乗馬初体験の私だったけど、日本語で解説が聞けたうえ、馬もおとなしくて安心でした。（奈良県・トモミ）

マーメイドポーズ研究所！

水着の上から着ていきます

これが定番♪

私はか弱き人魚……

岩場を利用した上級ポーズ☆

マーメイドにへ〜んしん！

マーメイドフォト

ラブリー　₱2000〜　約1時間

最近、SNSを中心に話題を呼んでいるのが、こちら。かわいい人魚に変身して、プールサイドやビーチでハイ、チーズ！ 友達みんなで相談しながら、おもしろフォーメーションを考えてみて！

アクアマリン・オーシャンツアーズ Aquamarine Oceantours 詳細は→P.53

©AQUAMARINE Ocean tours
髪飾りとかも貸してもらえるよ
足、きっつ〜

●ツアーinfo
マーメイドフォト
営業時間中随時
料大人₱2000
所要時間：約1時間

ロマンティック　₱3500　約2時間

サンセットクルージング

カップルに圧倒的人気のツアー。クルーザーに乗って沖へ行き、夕日を眺めながらアルコールや軽食を味わえる。青から紫、赤と、時間により移ろいゆく空の色に、思わずうっとり。

夕日でハートシルエット♡

ワインが1本付いてくるよ

恥ずかしいのは一瞬だけ！

空から見る海の色に感激！

セスナ遊覧飛行

絶景　₱6000〜　約45分

マクタン・セブ国際空港からテイクオフしたセスナは、約15分でボホール島の上空へ。サンゴ礁の海は、ため息ものの美しさ。チョコレート・ヒルズの丘も、空からなら一目瞭然。

ボホール島までひとっ飛び♪

セスナは4〜6人乗り（パイロット含む）

日本人経営のセスナ会社
セブトップ Cebutop
Map 別冊P.4-A2　マクタン島

マクタン・セブ国際空港内　☎(032)495-1840/0917-319-0311（携帯、日本人直通）　8:00〜17:00　休なし　Card D.M.V.　予要予約　URL www.cebutop.jp

●ツアーinfo
チョコレート・ヒルズ遊覧飛行
営業時間中随時　料₱6000
所要時間：約45分

OPTION

日帰りデイツアー

セブ島北部や南部の島に上陸する日帰りトリップもある。バンタヤン島では、上陸後にビーチでランチ＆スノーケリングが楽しめる。ほかシキホール島（→P.40、128）へのツアーもある。

●ツアーinfo
バンタヤン島ビーチランチ
料₱1万5000
所要時間：約4時間
シキホール島ボロボロ体験ツアー
料₱1万8000
所要時間：約6時間

操縦体験

見晴らしバツグン！

ツアーの最中に、オプションとしてセスナの操縦探検がある。自分で飛行機を動かすのは、かなりレアな体験。
料₱2500（ツアーに追加の場合。体験操縦のみなら₱1万2500）

マーメイドフォトには、足ヒレはもちろん小物もいろいろ揃っている。

盛り上がったら
ハイタッチ！
セブの夜は
オカマショー
アンタモ
スキネェ
一緒に
踊りましょ！

ディープ度★★★

かわいいオカマちゃんに釘付け！

Viva Las Vegas

ビバ・ラス・ベガス

セブにもあります！ オカマショー！ きらびやかな衣装のダンサーたちが、歌って踊って寸劇して……。うっとりするものから笑えるものまで多彩。食事はビュッフェ。

Map 別冊P.4-A2　マクタン島

Basak , Lapu-Lapu City　☎0922-213-3348（携帯）　1部18:00～（入場は17:00～）、2部20:00～（入場は19:30～）　休日　料₱2800（ビュッフェ付き）　Card A.J.M.V.　交セブ・シティから車で1時間　URL viva-lasvegas.net

ステージは1日2回で、1ステージ1時間15分くらい

ナンカ、アタマ
オモイネ
名物の
犬と女王様
オヒネリ
チョウダイ

ツアーでは知られざるセブのディープ

せっかくのセブ旅行、ありき
そんな人におすすめの
タクシーやGrab（→P.36）

ダンサーさんと
はい、チーズ！

1. ビュッフェはフィリピン料理がメイン　2. ショーの最後にはお気に入りのダンサーさんと記念撮影できる

こ～んな
動物たちが
待っています！

ディープ度★★

2017年ニューオープン！

Cebu Safari & Adventure Park

セブ・サファリ＆アドベンチャー・パーク

2017年にオープンした、ホットスポット。セブでは唯一の本格的なサファリパークで、サファリカーに乗って園内を巡り、動物たちを観察できる。

1. 面積323ヘクタールのなかに、1000頭以上が飼育されている　2. サファリカーで移動も楽々

Map 別冊P.2-B2　セブ島北部 カルメン

Toril, Carmen　☎0928-475-5718（携帯）　8:00～17:00（最終入場14:00）　休月・火　料大人₱800、子供（身長91cm以下）₱400　Card 不可　交セブ・シティから車で2時間10分　URL www.cebusafari.ph

セブ・サファリに行ってきました！ 動物もたくさんいて、思わず大興奮。動物たちはまだまだ増えるみたいですよ。（東京都・シズエ）

行かない
穴場へ♪
スポット案内

たりだけではもの足りない！
ディープスポット。
を使って自力でGo！

手づかみで豪快に食べよう

注文方法

STEP 01 食べたい食材を指さして注文する

STEP 02 中央のBBQスペースで焼いてもらう

STEP 03 席まで持ってきてもらい、お金を払う

ディープ度★★★

セブっ子御用達の屋外食堂

Larsian

ラルシャン

セブ・シティの中心、フエンテ・オスメニャのすぐそばにある屋台村。周囲にぐるりと並んだ屋台でオーダーし、中央のテーブルで食べる。

Map 別冊P.8-A2　セブ・シティ

Fuente Osmeña, Cebu City　☎なし
24時間（にぎわうのは17:00～）
休なし　Card不可

人気メニュー

鶏の胸肉₱70と串焼き1本₱5（上）とミルクフィッシュと野菜のバター焼き₱130（右）

ディープ度★★★★★

フォトジェニックなフラワーガーデン

Sirao Pictorial Garden

シラオ・ピクトリアル・ガーデン

咲き誇るカラフルな花々のなかに、ユニークなモニュメントがあるガーデン。写真映えすると地元の人々に人気の撮影スポットだ。

Map 別冊P.6-B1外
セブ・シティ郊外

Barangay, Sirao, Cebu City
☎0922-986-5823（携帯）　6:00～20:00　休なし　料₱50　Card不可　交セブ・シティから車で1時間

1. 山の斜面が花畑になっている　2. 女性に人気のハート型モニュメント　3. フォトジェニックなスポットがたくさん！

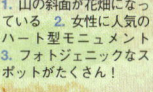

周辺はトウモロコシの産地！

こちらが奥さんのレアさん

眺めもステキ！

ディープ度★★

セブ版タージマハール!?

Temple of Leah

テンプル・オブ・レア

非常に見晴らしのよい景色が楽しめる、高台に立つローマ神殿風の建物。フィリピン人実業家が亡くなった妻のレアさんを悼んで建てたという。

Map 別冊P.6-B1外　セブ・シティ郊外

Roosevert, Busay, Cebu City　☎なし
6:00～22:00　休なし　料₱50　Card不可
交セブ・シティから車で40分
URL templeofleah.com

まるで神殿のような見た目

ラルシャンでは、海藻サラダなどの生ものは避けたほうが無難。

カラフル車体のニクイヤツ

フィリピンならではの乗り物 ジプニー

SIDE
ルートはここで確認可能

Jeepney

市内を疾走するカラフルなジープ。人が乗り込んでいるし、お金も払ってる。あれっていったい何？

FRONT
行き先はここでCheck!

これがジプニー！

古いジープを再利用した、循環バス。セブ・シティとマクタン島をくまなく走っている。通るルートが決まっていて、どこでも乗り降り自由。地元の人の利用が主だが、観光客でも利用できる。

ジプニーの駐車場でシャッターチャンス！

山頂展望台トップス（→P.57）に行く途中の道には、たくさんのジプニーが並ぶ一帯が。ジプニーの駐車場で、出番でない車が停車しているのだ。

Colorful! ジプニーコレクション Jeepney

RED

インパクト抜群の赤いジプニー

GREEN

渋めカラーの緑ジプニー

WHITE

シンプルな白の車体。行き先も確認しやすい

YELLOW

オールドタイプのジープを改装したもの。後ろは黄と白のツートンカラー

BLUE

シックな色合いだけど、ペイントは派手

RASTA

派手にペイントされ、町でもひと際目立つ

ジプニーに乗ってみよう！

ジプニー利用にチャレンジ！ 難易度高めだけど、慣れると快適♪ 混んでいる車内ではスリに気をつけて。

step1

フロントガラスで行き先を確認したら、手を挙げて車を止める

step2

後方に回り、乗り込む。空いていればどこでも座ってOK

step3

目的地に近づいたら、コインで天井をたたき降りたい旨を知らせる

step4

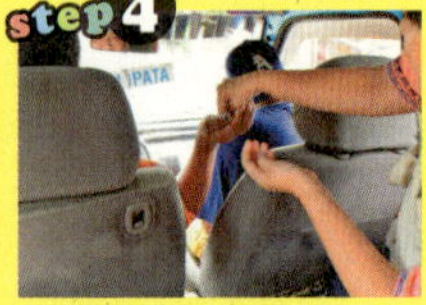

ドライバーに料金を支払う。距離によって値段が変わり、₱6～

おいしいゴハンで
元気をチャージ！

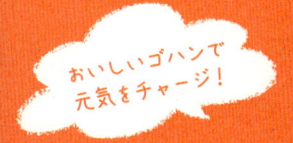

世界の味が大集合！フィリピングルメをいただきまーす♪

実はフィリピンって、ご飯がとってもおいしいのです。
魚に肉、野菜をバランスよく使ったローカル料理はもちろん、
世界各国のグルメが揃うおしゃれレストランも増加中！
暑いセブだけに、冷たいスイーツとフルーツも忘れずに。

G U R M E T

食べたいワガママを叶える

セブで食べたいものNo.1といえば、新鮮なシーフード！ でもひと口にシーフードと言っても、

ワガママ01

海を見ながら高級なシーフードが食べたい！

生ガキ 6個 ₱320
セブで取れたフレッシュなカキ
ハタの煮付け 600g ₱1500
白身に醤油ベースのタレが染みてベストマッチ！
マンゴーとコリアンダーサルサのロブスターグリル1kg ₱1万1000～
マンゴーのほのかな甘さがロブスターの味をさらに引き立てる

ちょっぴり贅沢したいときに

THE COVE

ザ・コーブ

夕日もキレイに見えますよ♪

スタッフのジネイルさん

ブルーウオーター・マリバゴ・ビーチ・リゾート(→別冊P.18)内にある海上レストラン。ロブスターなどの高級魚介を、上品な味付けで調理。盛り付けもフォトジェニック♪

Map 別冊P.5-D3 マクタン島

Maribago, Buyong, Lapu-Lapu City（ブルーウオーター・マリバゴ・ビーチ・リゾート内） ☎(032)517-1600 10:00～15:00/18:00～22:00 休なし 料₱3000～ Card A.D.J.M.V. URL www.bluewatermaribago.com.ph/dining/the-cove

全席オーシャンビュー！

シェフのアンドレイさん

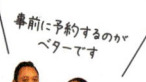

高級シーフードレストラン

COWRIE COVE

コウリー・コーブ

事前に予約するのがベターです

スタッフのダーウィンさんとジェニーさん

シャングリ・ラ・マクタン・リゾート&スパ（→P.116）のダイニング。オーダーしてから、生きた魚介を調理してくれる。味はもちろん、店内の雰囲気も一流！

Map 別冊P.5-D1 マクタン島

Punta Engaño Rd., Lapu-Lapu City（シャングリ・ラ・マクタン・リゾート&スパ内） ☎(032)231-0288 18:00～22:00 休なし 料₱1500～ Card A.D.J.M.V. URL www.shangri-la.com

漁師のセレクションプラッター ₱2800
イカやムール貝、エビがてんこもり！
カレー風味のロックロブスターニンジンピューレ添え₱900～
ぷりぷりロブスターにテンションUP！

オーシャンビューが見渡せるテラス席

シックで落ち着いた印象の店内

ザ・コーブに行った時、天井の大きなランプがすべて貝で作られていて、美しさと迫力に圧巻でした！（東京都・ゆか）

シーフードの名店コンシェルジュ

種類はさまざま。あなたの「食べたい！」ワガママにぴったりの名店をarucoが一発回答！

ワガママ02
やっぱり海鮮は生がイイ！

フレッシュシーフード天国
OYSTER BAY SEAFOOD RESTAURANT
オイスター・ベイ・シーフード

生ガキやエビの刺身など、鮮度が重要な料理が評判。シーフードは毎日生きたまま直送されており、注文を受けてから店の外にある生けすから取り出して調理するので、とっても新鮮！

Map 別冊P.7-D1　マンダウエ・シティ

143 Plaridel St., Alang-alang, Mandaue City
(032)344-7038　11:00～14:00/17:00～22:00　休なし　料₱800～　Card A.J.M.V.
URL www.oysterbayseafoodrestaurant.com

テラス席は暗めで落ち着いた雰囲気

生けすには新鮮な魚貝がたくさん！

ワガママ03
マグロだけ欲張りたい！

バラエティに富んだマグロ料理
PILAR TUNA GRILLE
ピラー・ツナ・グリル

オーナー自らが漁へ出て取ったマグロを使った料理が自慢。フィリピン風刺身からグリル、スープ、ローカルフードのシシグまで、これでもか！というほどのマグロ尽くし。

Map 別冊P.7-C1　マンダウエ・シティ

881 A.S. Fortuna St., Mandaue City　(032)267-7115
10:00～14:00/17:00～22:00　休なし　料₱800～
Card A.D.J.M.V.

店内は吹き抜けになっている

大通りに面した場所にある

魚のスープ2人前 ₱170
だしが効いたスープは野菜も
豊富で体にやさしい味
マグロのグリル ₱185
マグロの腹部をぶつ切り！
シンプルだけど食べ応え◎
マグロを食べるなら
うちのレストランで！
スタッフの
ジャヌレイさん、
ジェインさん、
ルザルさん
マグロのマリネ ₱170
酢でしめたマグロに玉ねぎや
カラマンシーが入ってさっぱり

知っておきたい
セブのシーフード

おもにセブで取れるシーフードをご紹介！

ラプラプ Lapu Lapu フィリピンを代表する高級魚。身は淡泊な味

カキ Oyster ボホール島などで養殖されている。ビサヤ語では「タラバ」という

ムール貝 Mussel 白ワイン蒸しなどさまざまな調理法で親しまれている

ホタテ Scallop 身が少し小さい。ホタテのバター焼きはよく目にするメニュー

ワガママ04

エビを思う存分食べたい！

食べ出したらとまらない！

BUCKET SHRIMPS

バケット・シュリンプ

豪快にかぶりついて食べてね♪

スタッフのアニーさん

手づかみでバケツいっぱいのエビを食べる、ユニークなスタイルが人気の店。味付けはガーリックバター、ケイジャン、カリーの3種類から選べる。

Map 別冊P.8-A2 セブ・シティ

11 Orchid St., Capitol Site, Cebu City ☎0922-426-0659（携帯） 10:00～22:00 休なし 料₱400～ Card不可 URL bucketshrimps.com

地元の人にも人気が高い

ポップなエビの看板が目印

ムール貝₱250
ガーリックバターソースがぴったり！
サウジー・クラブ₱300
甲羅にほぐしたカニの身がぎっしり詰まっている
シュリンプ500g₱390
ボリュームたっぷりなので2～3人でシェアするのがおすすめ

ワガママ05

ビュッフェスタイルで好きなだけ食べたい！

お好みの調理法をお申しつけください♪

スタッフのシスニーさん、ロクサンさんとマネージャーのロメルさん

シーフード好きにはたまらない

SEAFOOD CITY ISLA SUGBU

シーフード・シティ・イスラ・スグボ

ビュッフェから好きな魚介と調理法を選んでオーダーする、食べ放題の店。シーフードのほか、野菜や肉など食材は30種類以上で、ひとり₱749（一部追加料金あり）。

Map 別冊P.8-B1 セブ・シティ

Archbishop Reyes Ave., Cebu City（グランド・コンベンション・センター・オブ・セブ内） ☎(032)260-8000 11:00～14:00/17:00～22:00 休なし 料₱749～ Card A.D.J.M.V. URL www.thegrandcon.com

さまざまな種類の魚がずらり

高級感あふれる店内

STK タ・ベイ！ サ・パオリトス・シーフード・ハウスの店員さんが、料理を肩に乗せて運んでいて、驚きました。（北海道・はこちゃん）

カニ Crab

ブルークラブやキングクラブなどがある。グラムにより値段が決まる

ロブスター Lobster

高級食材なので格安で食べることは難しいが、少し奮発すれば手が届く

小エビ Shrimp

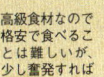

小さなエビ。ガーリック炒めでよく使われている

大エビ Prawn

クルマエビなどの大きめのエビは食べ応え抜群！

ワガママ06

グリルシーフードじゃなきゃイヤ！

店頭のバーベキューが目玉！

STK TA BAY! SA PAOLITO'S SEAFOOD HOUSE

STK タ・ベイ！ サ・パオリトス・シーフード・ハウス

多くの著名人が訪れる人気店。名物は、店頭でバーベキューした魚介料理。ほかに、その日に取れた魚介をグリルや煮込み、刺身など好みの調理法でオーダーできる。

Map 別冊P.8-A2 セブ・シティ

6 Orchid St., Capitol Site, Cebu City (032)256-2700
9:00〜15:00/17:00〜21:00 休なし 予₱1000〜 Card M.V.

オーダーが入ってから店頭でグリルする

アンティーク好きのオーナーが集めた品が飾られている

ワガママ07

フィリピン風じゃないシーフードがイイ！

本格的な中華料理もご用意してます

スタッフのローズマリーさんとマレッサさん

リーズナブルで味もグッド！

TAO YUAN SEAFOOD RESTAURANT

タオ・ユアン・シーフード（太皇魚翅海鮮酒家）

Jセンター・モール（→P.93）の2階にある中華レストラン。フィリピン近海産の魚介を使った本格中華を味わえる。日本ではあり得ない、圧倒的なコスパにも注目。

Map 別冊P.7-C1 マンダウエ・シティ

2F, 165 A.S. Fortuna St., Bakilid, Mandaue City（Jセンター・モール内） (032)266-0505 11:00〜22:00 休なし 予₱1000〜 Card A.D.J.M.V.

大きな円卓がいくつも並ぶ

ショッピングモールの2階の端にある

バケット・シュリンプで渡される紙エプロンには、スタッフが描いたかわいいイラストが書いてあって、SNS映えする。

一度食べたらやみつきに！
ローカルフードコレクション

日本であまりなじみのないフィリピン料理だけど、醤油を使ったり煮込んだり、実は日本食とよく似た特色の料理が多くて、口に合う！お気に入りのフィリピン料理を見つけてみて☆

フィリピン料理図鑑 → 別冊P.20

フィリピン料理豆知識

・カトラリー
フォークとスプーンを使って食べるのがフィリピン流。ナイフ代わりのスプーンを右手、フォークは左手に持つ。

・主食
フィリピン料理の主食は米なので、日本人の口になじみやすい。パラパラとしたインディカ米がよく食べられている。

・つけ合わせ
カレカレのつけ合わせ、小エビの塩漬けバゴオンBagoongや、肉料理のつけ合わせ、パパイヤなどの漬物アチャラAtcharaなどがある。

MEAT

豚や鶏肉を使った肉料理が豊富。炒め物や揚げ物、煮込み料理が多く、ご飯がどんどん進んじゃう！

ポークシシグ Pork Sisig （A）
豚のコマ切り肉や玉ねぎなどをオイスターソースで味付け。卵を混ぜて食べる

チキンパンダン Chicken Pandan （D）
パンダンリーフで鶏肉を包んで揚げた一品。やわらかくてジューシー

ガーリックチキン Garlic Chicken （A）
カリカリのチキンに、染みた醤油ベースのタレがたまらない！ビールのお供にぴったり

牛タンシシグ Gyu-Tongue Sisig （B）
店オリジナルの牛タンを使った珍しいシシグ。コリコリ食感がアクセント

ポークアドボ Pork Adobo （B）
アドボとは醤油や酢などのソースで炒めた料理のこと。野菜を使ったアドボもある

クリスピーパタ Crispy Pata （B）
茹でた豚を二度揚げしているので、カリカリ！通常は豚足を使うが、ここではモモ肉を使用

SOUP

暑い気候で飲むスープは、バテた体に染みる！あっさりからこってり、さらには酸っぱいなど、味はさまざま。

ポチェロ（ブラロ） Pochero (Bulalo) （E）
牛骨のうま味が体に染みわたる。マニラではポチェロをブラロと呼ぶ

シニガン Sinigang （G）
タマリンドの酸味が効いて◎。エビや魚、豚肉など具は店によってさまざま

ランタウ・フローティング・ネイティブは、人気の夕日＆夜景スポット。どちらの景色も必見です！（埼玉県・はるな）

VEGETABLE

野菜を使った炒め物や揚げ物メニューも豊富！ 旅先で不足しがちな野菜補給に◎。

D チッチャロンカンコン Chicharon Kangkong
空芯菜をからりと揚げたクリスピーカンコン

A トルタンタロン Tortang Talong
平らにつぶしたナスを卵と焼いたシンプルな一品

F アドボタロン Adobong Talong
タロン（ナス）をアドボソースで炒めた料理。甘いアドボソースとナスの相性が抜群！

E チョプスイ Chopsuey
八宝菜に似ている料理。とろみがついた野菜がたっぷり！

SEAFOOD

シーフード料理も充実！ 日本で食べられる魚でも、味や見た目が違っておもしろい。

F ホタテのバター焼き Baked Scallops
バターと一緒に焼いたホタテは、独特な甘さが特徴。クリーミーな味わいがクセになる

B 海ぶどうサラダ Umibudou Salad
フィリピンでも海ぶどうが取れる。こちらはマクタン島で水揚げされたもの

OTHER

ほかにも、麺類やミルク煮込みなど、さまざまなテイストのローカルフードが楽しめる。

C パンシットカントン Pancit Canton
あっさり味の中華風焼きそば。葉野菜や豚肉などの具材が盛りだくさん

D カレカレ Karekare
ピーナッツバターが効いた牛テールと野菜の煮込み。見た目も名前もカレーそっくりだが、まったくの別物

C ビコールエクスプレス（コルドバエクスプレス） Bicol Express (Cordova Express)
ココナッツの実や海鮮、スパイス入りのミルク煮込み。これは店オリジナルの味付けで辛くない

A 昔ながらの食堂メニュー Orange Karenderia
オレンジ・カレンデリア

パーク・モール（→P.93）にあるローカル食堂。リーズナブルかつ質の高いフィリピン料理が味わえる。

Map 別冊P.7-C2 マンダウエ・シティ

住 Ouano Ave., North Reclamation Area, Mandaue City（パーク・モール内） ☎(032)520-1029 ⏰11:00～22:00 休なし 予₱500～ Card M.V.

B フィリピン料理と和食どっちも欲張る！ El Sueño
エル・スエニョ

日本人経営のレストラン。日本の味にアレンジした、フィリピンの家庭料理を提供する。

Map 別冊P.5-C2 マクタン島

住 Seabreeze, Barangay Mactan, Lapu-Lapu City ☎(032)354-2397（日本語） ⏰12:00～14:00/17:00～翌3:00 休なし 予₱1000～ Card A.J.M.V.

C オーシャンビューが自慢 Lantaw Floating Native Restaurant
ランタウ・フローティング・ネイティブ

海の上に浮かぶ人気レストラン。吹き抜けの店内で、海風を感じながら食事を楽しめる。

Map 別冊P.4-A3 マクタン島

住 Day-as, Tulay, Cordova ☎(032)514-2959 ⏰10:00～23:00 休なし 予₱400～ Card A.D.J.M.V.（要パスポート）

D セブ料理の老舗レストラン Lighthouse
ライトハウス

セブならではの郷土料理が豊富な老舗。船内をイメージした店内は、明るくおしゃれ。

Map 別冊P.6-B1 セブ・シティ

住 Vanilad, Cebu City（ガイサノ・カントリー・モール内） ☎(032)232-5028 ⏰10:30～14:30/17:00～22:30 休なし 予₱400～ Card A.D.J.M.V.

E セブっ子行きつけのローカルレストラン Kuya J
クーヤJ

国内全土に支店をもつ、フィリピン料理のチェーン店。リーズナブルで足を運びやすい雰囲気。

Map 別冊P.8-B1 セブ・シティ

住 Lot 3 Escario St., Barangay Camputham, Cebu City ☎0919-911-2098（携帯） ⏰11:00～22:00 休なし 予₱800～ Card A.M.V. URL www.kuyaj.ph

F ローカルに人気の老舗店 Golden Cowrie
ゴールデン・カウリー

30年以上も地元で愛され続けている老舗店。レチョンもボンレスタイプ₱260/250gで提供する。

Map 別冊P.6-B2 セブ・シティ

住 Salinas Dr., Lahug, Cebu City ☎(032)233-4243 ⏰11:00～14:00/17:00～22:00 休なし 予₱350～ Card A.D.J.M.V.

G 自然に囲まれていただきます！ Maribago Grill & Restaurant
マリバゴ・グリル

バナナの葉にのせた皿で提供される、伝統的な料理が楽しめる。コテージや東屋で食事ができる。

Map 別冊P.5-D3 マクタン島

住 Bagumbayyan 1, Maribago, Lapu-Lapu City ☎(032)495-8187 ⏰10:00～23:00（日14:00～22:00） 休なし 予₱500～ Card A.J.M.V.

エル・スエニョでは、スーパーフードとして注目を集めているモリンガ（→P.114）をすべての料理に添えている。

かわいくレチョンを食べる

ハウス・オブ・レチョン
House of Lechon

伝統的な味付けのレチョンを、ブタの顔の形をしたキュートなお皿で提供。肉汁のソースもついて、濃厚な味わいが楽しめる。

Map 別冊P.6-B3 セブ・シティ

Veranda Ground Floor, General Maxilom Ave. Ext., Cebu City（ロビンソンズ・ガレリア・セブ内） ☎(032)340-1752 10:00～22:00 休なし 予₱255～ Card A.D.M.V. URL www.pages.com.ph/houseoflechon

店内は青を基調としたさわやかな雰囲気

カルカル・スペシャル（500g）₱415

ココがおいしい！
部位が選べる！
残っていればベリーやリブなど好きな部位のオーダーOK。豚足と頭部は別売り。

スタッフさんに聞いた どこの部位が好き？

ベリー派	リブ派
6人	1人

人気No.3
スキン（皮）
醤油を塗ってパリパリに焼きあげる。皮下のコラーゲンは美肌効果も期待できる！

おなかに香草がたっぷり！
腹部にタマネギやレモングラス、ニンニクなどを混ぜて詰め、焼きあげる。

aruco調査隊が行く!! ①
フィリピン米
レチョンをと

セブアノ（セブっ子）たち大好物といえば、
フィリピンの伝統料理だ。そんなレチョンを人気

オリジナル（500g）₱350

ベリー好きにはたまらない

レチョン・ベリー
Lechon Belly

ベリーだけのレチョン専門店。人気はレチョン100gとポソが2個のバジェットミール₱95。レチョンロールなどサイドメニューも豊富。

Map 別冊P.7-C2 セブ・シティ

2nd Floor, North Reclamation Area, Cebu Port Center, Mabolo, Cebu City（SMシティ・セブ内） ☎(032)268-3828 10:00～21:00（金・土～22:00） 休なし 予₱95～ Card 不可 URL www.cebuslechonbelly.com

ぱかっと割って食べてね！

米をココナッツの葉に入れて茹でたポソは1個₱8

ショッピングモール内にあり行きやすい

ココがおいしい！
どこを食べてもベリー
肉のうま味と香草スパイスがほどよく効いた、ジューシーなベリーをたっぷり味わえる。

スタッフさんに聞いた どこの部位が好き？

ベリー派	スキン派	全身派
1人	2人	1人

ローカルの人に人気！
スパイシー・レチョン（500g）₱410

地元の人でにぎわう店内。2階席もある

地元の人も足繁く通う

リコス・レチョン
Rico's Lechon

お昼時を過ぎてもにぎわう人気店。オーガニックのエサで育てたブタを使っている。テイクアウトはなんと朝6:00からOK。

Map 別冊P.4-B1 マクタン島

Mactan Promenade Airport Rd., Lapu-Lapu City ☎(032)383-1498 10:00～22:00（テイクアウトは6:00～） 休なし 予₱235～ Card A.D.J.M.V. URL ricoslechon.com

レチョン・ベリーは手づかみでビックリ！ ビニール手袋をはめておいしくいただきました。（和歌山県・NiKa）

eCheck!

non

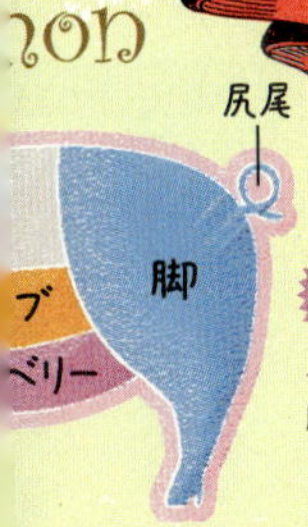

人気 No.2
リブ（肋骨回りの肉）
腹部に詰めた香草スパイスが強く染み込み、骨から染み出てくるうま味も一緒に楽しめる。

人気 No.1
ベリー（ばら肉）
脂身からあふれ出るジューシーな味わいが魅力的。豚肉のうま味とスパイスが絶妙なバランス。

レチョンってなーに？
炭火で焼いた子豚の丸焼き。腹部に香草を詰め、皮に醤油ダレを塗り、数時間焼く。

理の代表格！
とんリサーチ☆

ョン！ パーティやお祭りなど特別な日に食べる
とに食べ比べ！ 自分好みのレチョンはど〜れ♪

キッチンの中が見えるオープンキッチンタイプ

有機栽培のエサで育てた豚を使用

ズブチョン

Zubuchon

セブに9店舗を展開するチェーン店。自社の養豚場で育てたブタを使っている。レチョン以外のフィリピン料理も多く揃える。

Map 別冊P.4-A2　マクタン島

Unit 28 Bldg., Brgy. Basak, Pueblo Verde, Lapu-Lapu City（アウトレット・アット・プエブロ・ヴェルデ内）
(032)232-1680　10:00〜22:00　休なし
料₱290〜　Card A.J.M.V.　URL zubuchon.com
SMシティ・セブ（→P.92）内

皮パリ度 ★★★★☆

ズブチョン・オリジナル（ミディアム）₱570

こってり／あっさり／マイルド／スパイシー（☆：中央やや下）

ココがおいしい！
皮が薄くてパリッパリ！
ココナッツジュースをかけて焼く皮は、非常に薄くパリッパリ！ まるでスナックのよう。

スタッフさんに聞いた　どこの部位が好き？

ベリー派	リブ派
7人	3人

サイ（太もも肉）派1人

スタッフさんに聞いた　どこの部位が好き？

ベリー派	リブ派	豚足派
8人	3人	1人

ショルダー派1人

まるまる1頭焼きあげるよ！

レチョン・レギュラー（500g）₱340

ココがおいしい！
絶妙な塩加減！
レチョンだけで食べても飽きのこない、絶妙な塩加減。もちろんご飯やビールとも◎。

こってり／あっさり／マイルド／スパイシー（☆：こってり寄り）

ココがおいしい！
スパイシーでご飯が進む
秘密のレシピの香草が効いたスパイシー味。オリジナルのビネガーソースも一緒にぜひ。

皮パリ度 ★★☆☆☆

こってり／あっさり／マイルド／スパイシー（☆：スパイシー寄り）

スタッフさんに聞いた　どこの部位が好き？

ベリー派	リブ派
5人	1人

皮パリ度 ★★★★☆

オリジナル・レチョン（500g）₱380

深夜も営業しているレチョン店

エイヤーズ・レチョン

Ayer's Lechon

夜にぎやかなマンゴー地区にあるレチョン専門店。香辛料が効いたこってり味のレチョンが味わえる。残っていたら希望部位の指定可。

Map 別冊P.8-A2　セブ・シティ

Mango Square Mall, Gen. Maxilom Ave., Kamputhaw, Cebu City（マンゴー・スクエア・モール内）
(032)266-5705　11:00〜翌2:00（金・土〜翌5:00）
休なし　料₱175〜　Card不可　URL www.ayerlechon.com

カラフルなペインティングが描かれた2階席

レチョンのソースは、テーブルにある醤油とビネガーに、唐辛子やカラマンシーを足して好みの味に調整する。

国民的愛され♡ファストフード
ジョリビーの人気のヒミツに迫る！

ジョリビーくんの笑顔がよく目立つ！

フィリピンを代表するファストフードといえば、真っ赤な看板のジョリビー！ そんなジョリビーを筆頭に、地元で人気のファストフードを3店をご紹介。

what is ジョリビー？

フィリピンの国民的人気を誇るファストフード店。セブ・シティでは少し歩くとすぐ看板が見つかるほど、町のあちこちにある。

愛され POINT 1 フィリピン人好みのメニュー＆味付け！

フィリピンの食文化に沿ったメニュー展開が人気の秘訣！ また、甘めの味を好むフィリピン人に合わせて、ソースは甘め。

ライス

米が主食のフィリピンではライスが基本セット。マクドナルドでさえライスメニューがあるほど！

グレイビーソース

とろりとした甘めのソース。フライドチキンにかけてもいいし、ライスにかけてもおいしい。

フライドチキン

フィリピン人はフライドチキンが大好き！ 厚めの衣で揚げたジューシーなチキンが大人気なのだ。

チキンジョイC1（チキン1ピース）
₱88

愛され POINT 2 お手頃すぎる値段設定！

お財布がさびしい時でも気軽に行ける、格安な値段設定も魅力的。バーガーセットは₱80、デザートは₱30以下！

チージー・ヤムバーガーセット
₱90

シンプルなチーズバーガーとポテト、ドリンクのセット

子供たちに大人気のジョリビーくん

ぜひ食べに来てね☆

チキンジョイC3（チキン1ピース＆ジョリー・スパゲティ
₱116

甘口のスパゲティ

甘味が強いバナナケチャップを使ったソースが子供たちに大人気。麺はソフト麺のような食感。

ジョリビー豆知識

① マスコットキャラの名前はそのまんま「ジョリビー」くん！

店の入口にも立っている真っ赤なハチが、マスコットキャラクターのジョリビーくん。

② 「Jollibee」の意味は「ゴキゲンなハチ」

Jollibeeとは、「陽気な」という意味のJollyと「ハチ」のBeeが合わさった名前なのだ。

③ フィリピンではマクドナルドより出店数が多い？！

ジョリビーが1000店舗以上、マクドナルドは500店舗以上と、圧倒的にジョリビーが多い！

路面店のほか、ほとんどのショッピングセンターにも入っている。

Map 別冊P.5-C1 マクタン島

Map 別冊P.7-C1 マンダウエ・シティ

URL jollibee.com.ph

ここで食べられる！

- ガイサノ・グランド・モール
- アイランド・セントラル・マクタン・モール
- Jセンター・モール
- ロビンソンズ・ガレリア・セブ
- SMシーサイド・シティ・セブ
- パーク・モール
- アウトレット・アット・プエブロ・ヴェルデ
- SMシティ・セブ
- アヤラ・センター・セブ

ショッピングセンター詳細 → P.90~93

And More!

愛され POINT 3

子供の頃から慣れ親しんだ味

牛肉100%のパテにグレイビーソースをかけたバーガー・ステーキ

フィリピン人は幼い頃からジョリビーをよく食べるため、もはやジョリビーがほっとする味なのだとか。子供向けのキディ・ミールはおもちゃ付き。

こんなメニューも！

- チーズ・クラシック（ホットドッグ）₱69
- ツナパイ₱89
- ジョリビー・クリスピー・フライ₱38～
- スーパー・チーズ・フライ₱42～
- バーガー・ステーキ₱60
- ガーリック・ペッパー・ビーフ₱86
- スーパーミールA（チキンジョイ、バーガー・ステーキ、ジョリースパゲティ）₱150
- チョコレート・サンデー₱29

etc…

キディ・ミールのおもちゃはジョリビーくんBOXに入れてくれる

ソフトクリームにチョコレートソースをかけたチョコレート・サンデー

ジョリビーくんのミニカーのおもちゃ

ジョリビーくん人形が付いたおままごとセット

フィリピンらしさ満点のフォトスポットだよ☆

店の外でジョリビーくんがお出迎え☆

④ ジョリビーくんに会える日がある！

店舗によってはジョリビーくんが定期的に来ることも。店舗前や中にある掲示物をチェック！

⑤ 日本にも進出するってホント？！

数年前から日本進出とのウワサがある。ジョリビーが日本で食べられる日も近いかも？！

こちらのファストフードも人気高し！

じっくり炭火で焼きあげる！

甘めのタレをつけた鶏もも肉を炭火でグリル。皮は香ばしく、中にうま味が凝縮したチキンが焼きあがる。

PM1（もも肉）₱99

緑の外観に黄色と赤の看板が目印

BBQチキンにかぶりつく！

マン・イナサル Mang Inasal

炭火で焼きあげたグリルチキンが看板メニュー。ライス食べ放題も選べるので、安い値段でおなかいっぱい食べられる。

Map 別冊P.4-B1 マクタン島

Map 別冊P.8-A3 セブ・シティ

URL www.manginasal.com

ここでも食べられる！

- ガイサノ・グランド・モール
- SMシーサイド・シティ・セブ
- SMシティ・セブ
- アヤラ・センター・セブ
- パーク・モール
- Jセンター・モール

And More!

詳細は → P.90~93

こんなメニューも！

- PM2（手羽先～胸肉）₱111（₱127）
- PM3（ポークBBQ2本）₱99（₱115）
- PM5ポークシシグ₱99（₱115）
- レチェ・フラン₱29
- ピニョイ・ハロハロ₱55～ →P.87
- クレマ・デ・レッチェ・ハロハロ₱64～

※カッコ内はライス食べ放題の場合の値段

種類豊富なメニュー展開

チャーハンのほか、パンシットカントンなどのヌードル、餃子や肉まんなどバラエティ豊か。

スイート＆サワーポーク ₱115

ポークの代わりに魚も選択できる。えびせんも付く

中華系ファストフード

チョーキン Chowking

路面店だと24時間営業のところも多い

チャーハンや餃子、酢豚など中華料理がメイン。フィリピン料理もあり、特にハロハロがおいしいと評判。

Map 別冊P.4-A1 マクタン島

Map 別冊P.7-C1 マンダウエ・シティ

URL chowking.com

ここでも食べられる！

- ガイサノ・グランド・モール
- SMシーサイド・シティ・セブ
- SMシティ・セブ
- アヤラ・センター・セブ
- パーク・モール

詳細は → P.90~93

And More!

こんなメニューも！

- 牛肉チャーハン₱75
- ビーフ・マミ₱135
- パンシット・カントン₱75
- 焼売（4個）₱50
- チョコまん₱35
- スーパー・サンカップ・ハロハロ₱55～ →P.86

今旬グルメが大集合！
おしゃれレストラン@ITパーク

セブ・シティの最旬スポットといえば、ITパーク。オフィスビルが並ぶこのエリアには、イマドキの飲食店がた〜くさん！ 地元のオシャレ女子もよく行く人気店をチェック☆

DAY TIME
カテゴリー アメリカン
オススメ お一人様、友達
値段 ★★☆

NYスタイルのダイニングカフェ

SOHO PARK A
ソーホー・パーク

NYをイメージしたカフェレストラン。メニューもNY風で、見た目もきれいかつボリューム満点。木を多用した内装もすてき。

Map 別冊P.6-B2 セブ・シティ

Ground Floor, Asia Premier Residences, Abad St., IT Park, Apas, Cebu City (032)415-7715
7:30〜24:00 休なし 料₱200〜 Card J.M.V.
URL sohopark.ph

1. ドリンクはスイカやイチゴ、カラマンシーのフレッシュジュースのアイ・ラブ・ライフ₱130とアイスラテ₱130
2. 100%牛肉のパティやベーコンを挟んだソーホー・パーク・バーガー₱450 3. モッツァレラチーズをパンですくっていただくソーホー・パーク・ピザフォンデュ₱250
4. コンセントを備えた席もある

MENU

ポーク・チョップ₱550（上）
やわらかくジューシーに焼きあげたラムの下に、ポテトや焼きトマト、ラタトゥイユが隠れている。

ソーホー・パーク・ブレックファスト₱395（下）
ベーコンやソーセージ、目玉焼き、トマト、トーストがセットでボリューミー。夜でも注文OK。

IT PARK MAP

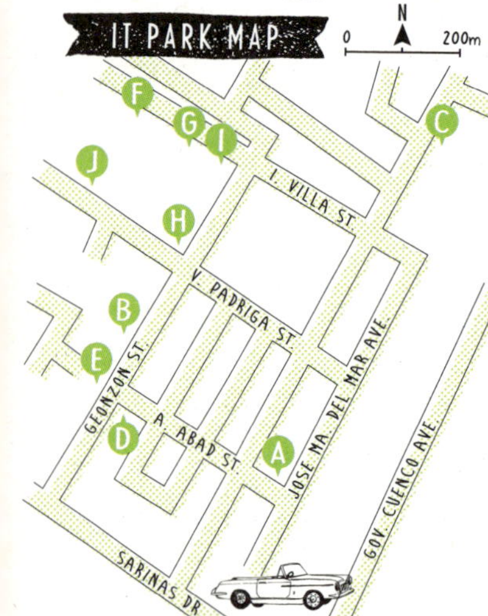

スタッフのジェラリーさんとジョーエルさん

進化形おしゃれソフトクリーム

MILKCOW B
ミルクカウ

オーガニックの牛乳で作ったソフトクリームが人気。マカロンやわたあめ、ハチミツなどユニークなトッピングは、SNS映えも◎。

Map 別冊P.6-B2 セブ・シティ

Ground Floor, Cebu Cybergate, Salinas Dr. Cor., Geonzon St., IT Park, Apas, Cebu City
(032)273-8906 10:00〜翌2:00 休不定休
料₱160〜 Card 不可 URL www.milkcow.ph

DAY TIME
カテゴリー スイーツ
オススメ 友達
値段 ★☆☆

MENU

チージー・ベリー₱160（左）
ソフトクリームにベリーソース、チーズキューブをオン。ダイスチーズの食感がユニーク！

マカオ・ドリーム₱180（右）
ソフトクリームにマカロン、スライスアーモンドをトッピング。マカロンは好きな味を選べる。

1. ソフトクリームはほのかに甘い程度なのでトッピングでちょうどいい甘さ
2. 牧場のような内装がとてもキュート

ザークス・バーガーには、パティを8枚重ねた超ビッグハンバーガーがありました！ すごい量でした……。（愛知県・あい）

お手頃価格のこだわりバーガー

ZARK'S BURGERS C
ザークス・バーガー

DAY TIME
カテゴリー ハンバーガー
オススメ お一人様、友達
値段 ★☆☆

人気のグルメバーガーも、セブなら格安♪自慢のパティはビーフ100%で、ジューシー。トッピングにもしっかり味がついて、濃厚！

MENU
サンダー・マックン・チーズポテト&ドリンクセット₱284
モッツァレラチーズ入りのチーズソースと、マカロニをたっぷり入れたバーガー。ボリューム満点！

ケチャップをつけなくてもおいしいですよ！

スタッフのマニリーさん

Map 別冊P.6-B1 セブ・シティ

G1F, JP Morgan Chase Bldg., Ebloc 1, Asiatown, IT Park, Apas, Cebu City ☎(032)272-9246 10:00〜23:00 休なし 料₱120〜 Card不可 URL www.zarksburgers.ph

1.セットドリンクはレモンアイスティーかブルーレモネードから選べる 2.店内は赤と黒のビビッドな配色

気軽に本格イタリアンが楽しめる

GUSTO URBAN CAFE + WINE BAR D
グスト・アーバン・カフェ+ワインバー

DAY TIME
カテゴリー イタリアン
オススメ お一人様、友達
値段 ★★☆

セブを代表する高級イタリアン、アンザニの直営。窯で焼きあげるピザ₱200〜や手打ちパスタ₱155〜など料理は本格的。

Map 別冊P.6-B2 セブ・シティ

Ground Level, Calyx Center Cebu, IT Park, Lahug, Cebu City ☎(032)238-8335〜7 7:00〜翌1:00 休なし 料₱200〜 Card A.J.M.V. URL www.anzani.com.ph/gusto-it-park-restaurant

MENU
ピッツァ・プロシュート₱440（上）
モッツァレラチーズや生ハム、ルッコラにチーズをのせたピッツァ。生地は薄くサクパリ食感。
ブルスケッタのフルッティ・ディ・マーレ₱330（下）
カニ肉入りのポテサラにイカをトッピングしたブルスケッタ。レモンを搾ってさっぱりいただける。

のんびり過ごしてね♪

シェフのダンさんとスタッフのアミーさん

1.写真はどれもシェアサイズ。ひとり用のソロサイズもある 2.ガラス張りで陽光が射し込む明るい店内

ワインも豊富な多国籍ダイニング

DISTRICT ON 53RD E
ディストリクト・オン・フィフティーサード

DAY & NIGHT
カテゴリー 多国籍
オススメ 友達、カップル
値段 ★★☆

カジュアルな雰囲気のワインバル。ワインは100種類以上揃い、ボトル₱1000前後〜とリーズナブル。メニューは多国籍料理。

MENU
メガ・ライフ・サラダ₱295（上）
レタスと細長くスライスしたニンジンやビーツルートに、蒸しホウレンソウや豆腐をトッピング。
フィッシュ&チップス₱220（下）
マトウダイのフライと細めのフレンチフライの黄金コンビ。タルタルソースやレモンでどうぞ。

Map 別冊P.6-B2 セブ・シティ

Ground Floor, Filinvest, Cebu Cyberzone, Salinas Dr. Cor., Geonzon, IT Park, Apas, Cebu City ☎(032)261-7212 10:00〜翌1:00 休なし 料₱300〜 Card A.J.M.V. URL district53.com

1.チリ産の赤ワインやホワイトラム、オレンジ、リンゴを加えたレッドサングリア₱250をお供に 2.ライトの下のテーブル席が写真映えすると人気

スタッフのニンニオさん、ジョファさん、レインさん

ワイン選びの相談のりますよ！

ディストリクト・オン・フィフティーサードの名前の由来は、オープン時のメニューが53品だったことから。

週末夜限定の屋台村

SUGBO MERCADO F
スグボ・メルカド

Map 別冊P.6-B1 セブ・シティ

Garden Bloc, Inez Villa St., IT Park, Apas, Cebu City
0917-772-7077（携帯）
17:00～翌1:00（店舗により異なる）
休月～水 料P50～ Card不可
URL www.sugbomercado.com

ITパークの広場で週末夜に開催。フィリピン料理やBBQ、スイーツやドリンク店までバラエティ豊富！ いろいろな屋台を見比べて回ろう♪

席もたくさんあるが混みがち。席取りにカバンを置くのは絶対NG！

観光客が多めだが、地元の人もいて非常ににぎわっている

好きなお肉を選んでね♪

スタッフのヘラさん

＼イチオシ屋台集まれ～！／

SEAFOOD
シーフードグリルならココ

SEABU
シーブ

ガーリックバター ホタテP140

シーフードの専門店。店先でホタテやカキ、イカなどを焼いており、香ばしい匂いに惹かれる人続出。

0917-775-7700（携帯）
17:00～翌1:00

1.ビールとの相性ばっちり 2.目の前で次々と焼きあげられていく

MEAT
腹ペコさんに大人気

SUGBA-SUGBA
スグバ・スグバ

ポークリブ P100

P100ぽっきりで、ジューシーなポークリブが食べられると評判。肉はカットしてくれるので食べやすい。

なし
17:00～翌1:00

1.ライスとアイスティーもセット 2.店頭にはお肉がてんこ盛り！

DRINK
搾りたての新鮮レモネード

THE LEMONBOSS
レモンボス

レモネード・クラシックP45

レモネード専門店。1杯ずつ搾りたてのレモンで作るレモネードは、酸っぱすぎず飲みやすい。

なし
17:00～翌1:30

1.注文を受けたあと目の前でレモンをプレス！ 2.さっぱりした甘さでこってり系料理との相性よし

SWEETS
プラハ生まれのスイーツ

CHIMNEY ALCHEMY
チムニー・アルケミー

ベルベット P120にトッピングP5

筒に小麦粉生地を巻いて焼きあげるトゥルデルニークをコーンにした、ソフトクリームが人気。

0995-752-1730（携帯）
17:30～翌1:00

1.焼きたてコーンにたっぷりソフトクリーム 2.コーンはひとつずつ焼きあげていく

スグボ・メルカドに行ってきました。メニューはどれも格安なので、いろいろ注文して友達とシェアするのがおすすめです。（東京都・佐藤英二）

クラフトビールで乾杯!

BAGUIO CRAFT BREWERY G

バギオ・クラフト・ブリュワリー

NIGHT TIME

カテゴリー ビール
オススメ 友達、カップル
値段 ★★☆

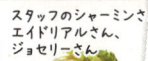

バギオで醸造されたクラフトビールが味わえる。サーバーから注ぐビールは、常時20種類前後。ビールによく合うフードも提供。

Map 別冊P.6-B1 セブ・シティ

住 Lot 1A2, Garden Bloc, Geonzon St., IT Park, Apas, Cebu City 電(032)324-7929 営17:00〜翌2:00(月〜水16:00〜翌1:00) 休なし 予₱240〜 Card A.M.V.
URL baguiocraftbrewery.com

好みのビールに合うフードも紹介しますよ☆

スタッフのシャーミンさん、エイドリアルさん、ジョセリーさん

MENU

シシグ・レタスラップ₱285(右)
シャキシャキレタスにシシグを包んでぱくり。こってり味のシシグはビールとの相性間違いなし。

プルド・ポーク₱250(左)
甘辛い豚肉のほぐし身をベイクドポテトの上にのせた一品。甘めのマヨネーズソースもよく合う。

1.壁に一直線に並んだサーバーから生ビールを注ぐ 2.6種類のビールを試せるシックス・パック・サンプラー₱560 3.店舗はこぢんまりとしている。2階は喫煙席 4.フィリピン料理をアレンジしたおつまみ系フードが中心

24時間営業の人気バー

THE PARK SOCIAL H

パーク・ソーシャル

NIGHT TIME

カテゴリー バー
オススメ 友達、カップル
値段 ★☆☆

若者でにぎわうバー。ステージでは毎晩生演奏が行われ、深夜になるほど盛り上がる！ビールやカクテルなどアルコールも充実。

Map 別冊P.6-B2 セブ・シティ

住 Lot 1-A-2, Garden Bloc, IT Park, Apas, Cebu City
電(032)344-4638 営24時間 休なし 予₱200〜
Card A.D.J.M.V. URL www.thesocial.com.ph

ビア・バケツ₱325が人気！

スタッフのローズ・アンさん

MENU

カラマリ₱230(左)
カラリと揚げたイカフライ。レモンでさっぱりもよし、ケチャマヨソースでこってりもよし。

パーク・ナショナル・ナチョス₱325(右)
ナチョスにトマトソースとチーズをのせたボリューミーなメニュー。2〜3人でシェアがいい。

1.1階席のフロアでは21:00〜24:00(金〜日は〜翌3:00)の間生演奏が響く 2.フィンガーフードからガッツリ系まで食事メニューもバラエティ豊か 3.ウオッカをグァバジュースで割ったセブ・アイランド・ガール・カクテル₱220(左)とウオッカ、ラム、ジン、テキーラを混ぜたアディオス・モフォ₱250(右) 4.外壁にはアートペイントが描かれている

まだある!

ITパーク内のレストラン

500m四方ほどのエリアに飲食店が集まるITパーク。おすすめレストランはまだまだたくさん！

I SHAKA HAWAIIAN RESTAURANT

シャカ・ハワイアン

大きな木が目印のハワイアン料理店。電飾が灯るとさらにすてきな雰囲気なので、夜がおすすめ。

1.きらきら光る木が目印だ 2.ハワイアンなメニューが揃う

詳細は → P.81

J THE PYRAMID

ピラミッド

その名のとおり、ピラミッド型をしたハイセンスなレストラン。夜のライトアップが“映える”と評判。

1.夜はライトアップされ一層美しい 2.レインボーケーキ₱160

詳細は → P.80

パーク・ソーシャルの2階にはビリヤード台もある。

話題のおしゃれレストランを次々展開中！

セブを代表するアバカグループで 世界の絶品グルメを味わう！

アメリカ人オーナーシェフ、ジェイソン・ハイアット氏率いる、アバカグループ。おしゃれ・おいしい・サービスのよさ、すべてが揃うと大人気！

QUESTION 現役シェフに聞いてみた！

おいしさをとことん追求していますよ！

アバカ・ベーキング・カンパニーとレッド・リザードの総括シェフのジョーさん

アバカグループのおいしさのヒミツ

全店舗、オーナーシェフがメニューを考えています！ 僕たちも新メニューを提案しますが、基本的には彼がレシピまで考えているんですよ。

モーニングからカフェタイムまで使い勝手がよい

1. 自家製パンやベーコン、目玉焼きなどがのったABCスキレット・ブレックファストP495 2. チキン1/2羽を使ったレモン・チキンP645の下にはマッシュポテトが隠れている 3. カスタードクリームの上に果物をのせたフルーツタルトP195などペイストリーも揃う

1. 6時間煮込んだ軟らかな食感のポークベリーP925（手前）とマルゲリータP465（奥） 2. ブイヤベースP1500はムール貝やエビ、カキなどシーフードがたくさん 3. 各テーブルに灯るキャンドルがロマンティックな雰囲気を演出する 4. 小さめのレストランなので事前予約がベスト

洗練された料理と空間

アバカ・リゾート Abacá Resort Restaurant

地中海

地元の食材を使った地中海料理が堪能できる人気店。マクタン島にあるアバカ・ブティック・リゾート（→P.117）内にある。事前予約必須。

Map 別冊P.5-D1 マクタン島

Punta Engaño Rd., Lapu-Lapu City（アバカ・ブティック・リゾート内）
(032)495-3461/(032)236-0311
7:00〜22:00 休なし 料P1000〜
Card J.M.V. URL www.abacaresort.com

1. 開放感がありながらもしっとりと落ち着いた雰囲気 2. カラブレッセP495にはイタリアから取り寄せたペペロニを使用 3. 人気のシーフード・スパゲティ・ニーロP645〜（手前）とポーク・ミラネッセP895（奥）

女子会やデートにもおすすめ

タボラータ Tavolata

イタリア

おしゃれなカジュアルイタリアン。常連客の多くが注文するシーフード・スパゲティ・ニーロは、メニューにないが常時注文OK。

Map 別冊P.7-C1 マンダウエ・シティ

A.S. Fortuna at P. Remedio St., Mandaue City（デザイン・センター・オブ・セブ内） (032)505-6211
11:30〜14:00/17:30〜22:00 休なし 料P1000〜 Card M.V. URL www.theabacagroup.com
アヤラ・センター・セブ（→P.90）内

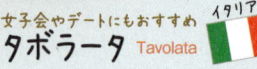

本格ベトナム料理を堪能

パット・フォー Phat Pho

ベトナム

アバカ風にアレンジしたベトナム料理店。数種のスパイスや野菜で作る自家製ペーストが辛いけどおいしい！ 人気はピリリと辛いブン・ボー・フエ。

壁に描かれたベトナムの街並みにはアバカグループの店名も多く隠れている

エビの生春巻きP249はスイートチリかピーナッツソースでどうぞ

マヤにはワンショットP8955もの超高級テキーラがありました!! びっくり！（京都府・ジョリ子）

アバカグループで世界の絶品グルメを味わう！

おしゃれ＆ボリューミー！ アメリカ

アバカ・ベーキング・カンパニー

Abaca Baking Company

ボリューム満点のアメリカンブレックファストが楽しめるカフェ。パンやケーキも種類豊富なので、小腹が減ったときにもおすすめ。

Map 別冊P.8-B1 セブ・シティ

Level 1, Ayala Terraces, Cebu Business Park, Cebu City（アヤラ・センター・セブ内） (032)410-9387 7:00～22:00 休なし 予₱500～ Card M.V. URL www.theabacagroup.com 各ショッピングセンター内

オールドアメリカン風バーガー店 アメリカ

ランチョネット

Luncheonette

1. 5オンスのパティを挟んだボリューミーなランチョネットバーガー₱259 2. ネイキッドスモークホットドッグ₱169にはピクルスと玉ねぎがたっぷり！

パティやソーセージはもちろん、パンやソースまですべてホームメイド。内装のモチーフは1960～70年代のアメリカンダイナー。

Map 別冊P.8-A2 セブ・シティ

1F, Fuente Osmeña（ロビンソンズ・サイバーゲート内） (032)238-6825 10:00～21:00 休なし 予₱500～ Card M.V. URL www.theabacagroup.com

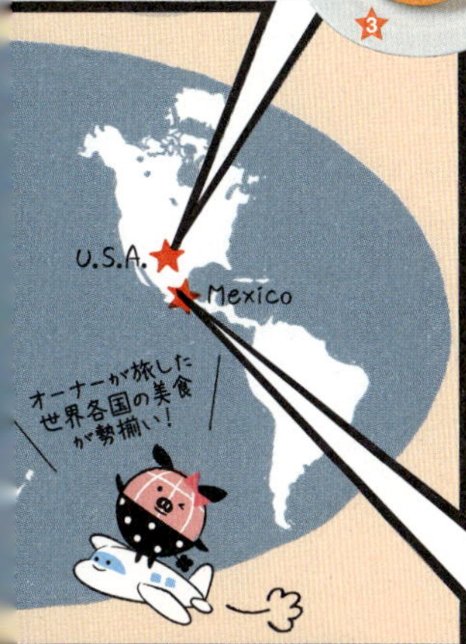

気軽に楽しむメキシカン メキシコ

レッド・リザード

Red Lizard

タコスやブリトーなどさくっと食べれるメキシコ料理が揃う。モヒート₱69～との相性も抜群！ 月～木曜の18:00～21:00は生演奏あり。

Map 別冊P.8-B1 セブ・シティ

Level 4, Cebu Business Park, Cebu City（アヤラ・センター・セブ内） (032)262-9583 11:00～21:00（金・土10:00～22:00） 休なし 予₱200～ Card M.V. URL redlizardph.com ロビンソンズ・ガレリア・セブ（→P.92）内

1. タコミート付きトレス・ディアボロス・ナチョス・マチョス₱259（手前）とブリトー（カルネ・アサーダ）₱299（奥） 2. やわらか食感のテキサス・タコス（ポーク・カルニタス）₱159 3. 入口ではレッド・リザードの人形が仁王立ち！

牛肉や豚足など具だくさんのブン・ボー・フエ₱399

Map 別冊P.8-B1 セブ・シティ

Level 1, Ayala Terraces, Cebu Business Park, Cebu City（アヤラ・センター・セブ内） (032)410-9687 11:00～22:00（土・日10:00～） 休なし 予₱500～ Card M.V. URL www.theabacagroup.com ロビンソンズ・ガレリア・セブ（→P.92）内

テキーラカクテルで乾杯♪ メキシコ

マヤ MAYA

ファヒータや、自家製サングリータのカクテル・デ・カマロネスなどの本格メキシコ料理を提供。100種類以上のテキーラカクテルで乾杯！

Map 別冊P.6-B2 セブ・シティ

Crossroads Mall, Banilad, Cebu City（クロスロード・モール内） (032)238-9552 17:00～24:30（月・火・木～24:00） 休なし 予₱800～ Card M.V. URL www.theabacagroup.com

1階と2階の両方にバーカウンターがある

1. アンガス牛をグリルしたファヒータ・カルネ・アサーダ₱695（手前）、ナチョスとチーズソースがセットのケソ・ファンディーノ₱365（左）、カクテル・デ・カマロネス₱585（右） 2. チョコレートプディング₱220には自家製のブルーベリーソースがかかる

レッド・リザードのキャラクターはレスラーがモチーフ。考案はオーナーのジェイソン・ハイアット氏。

ベストタイムを狙え！
フォトジェニックレストラン

セブでも空前のフォトジェニックブーム！ 最近では、SNS映えを狙った装飾や料理を提供するレストランが続々とオープン。「映え」のベストタイムを狙って、いいねをたくさんゲットしよう☆

best time
夜
ベストショットはライトアップされたピラミッド。店内の2階からその美しい側面が見られる。

闇夜に輝くピラミッド

4

フィリピン料理も揃ってます♪

ホスピタリティ抜群のスタッフたち

The Pyramid
ピラミッド

地元っ子に人気のレストラン。ピラミッド型の建物がインパクト大！ 夜になると斜面に施されたLEDの装飾が光り、建物全体がパープル色にライトアップ☆　料理までフォトジェニックで、ユニークなメニューが勢揃い。

Map 別冊P.6-B1 セブ・シティ

🏠E Bloc 3 Tower West Geonzon St.,Cebu City
☎(032)516-0254　🕘10:00～翌3:00　休なし
料₱300～　Card M.V.

いいね必至のカクテル☆

1

2

笑った顔になっているよ！

3

1.グラスにボトルがささったSNS映えなカクテル、レディドラゴン₱275　2.カラフルなレインボーケーキ₱160と自家製のマカロン各₱35（右）　3.サーモンのグリル₱375。よく見ると顔になってる！　4.ピラミッドの斜面を利用した店内のデコレーションもキレイ☆

✉ ピラミッドは夜中まで営業しているので、食事だけでなく飲みにくる人もたくさんいました。（鹿児島県・みか）

best time
夕方～夜
LEDライトが点灯する夜がおすすめ。白く光るバラがゆらゆら揺れる景色にうっとり。夕日スポットとしても人気。

10,000 Roses Cafe & More

10,000 ローズカフェ&モア

LEDを搭載した造花のバラが一面に広がる、話題のカフェ。夜に1万本もの造花がライトアップし、さらにロマンティックな景色に！ドリンクのほか、軽食メニューが豊富。カフェ利用や撮影だけでも入場料₱20を支払う。

Map 別冊P.4-A3 マクタン島

Day-as Barangay Rd., Cordova
☎0956-839-9427（携帯） 11:00～23:00 休なし
予₱150～ Card不可

お気に入りの撮影スポットを見つけてね♪

スタッフのクリスティーンさんとジョイさん

1.ヌテラチョコ₱145（右）とパイナップル&ココナッツ₱220（左）のフラッペ 2.モッツァレラとチェダーチーズがたっぷりかかったチーズフライ₱250

Shaka Hawaiian Restaurant

シャカ・ハワイアン

昔からこの場所に生えていた大きな木を、柱としてそのまま生かしたハワイ料理のレストラン。柱と枝には電飾とランタンが配され、夜は美しく輝く。毎日19:00からは生演奏もあり、トロピカルムード満点！

Map 別冊P.6-B1 セブ・シティ

Garden Block IT Park, Cebu City ☎(032)514-2667 12:00～翌2:00 休なし 予₱300～
Card A.D.J.M.V.

毎日19:00～20:00は生演奏がある

best time
夜
木の枝に沿わせたライトが輝く2階席が人気。枝から下がるシヌログ風のライトがセブっぽい！

1.カフク・ガーリックシュリンプ₱315（左）、スパムむすび₱195（中央下）、マグロを醤油で漬けたポキ₱260（中央上） 2.カラフルな傘が天井になったユニークな席も選べる

10,000ローズカフェ&モアにある、バラと一緒に写真が撮れるハートのベンチ（→P.37）も人気。

夜景が自慢のレストランでロマンティックディナー

キラキラと輝くセブの夜景を見ながらロマンティックなナイトタイムはいかが？
山の上にあるレストランや町なかの高層階バーなど、場所によって見える夜景もさまざま。

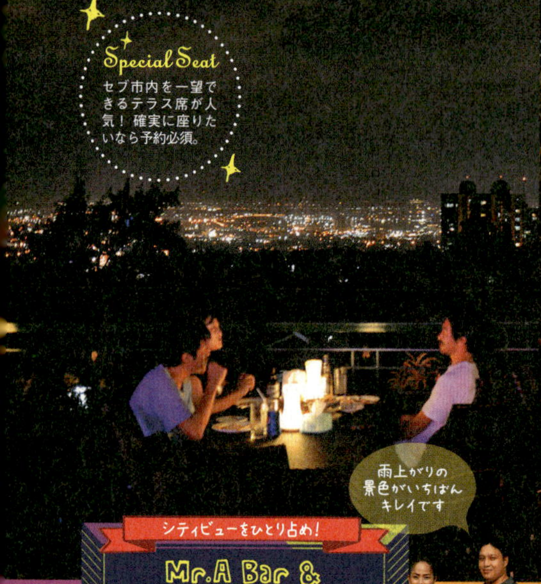

Special Seat
セブ市内を一望できるテラス席が人気！確実に座りたいなら予約必須。

Special Seat
フェンスに近いテラス席が人気。周辺の山々、セブ・シティからマクタン島までを一望できる！

シティビューをひとり占め！
Mr.A Bar & Restaurant
ミスターA バー

雨上がりの景色がいちばんキレイです

スタッフのダーウィンさんとジャネスさん

山の中腹に立つバーで、セブ・シティを見下ろしながらテラス席でお酒を堪能できる。レストランとカフェも併設しており、フィリピン料理やピザなどのメニューが揃う。メーター運賃+₱50で帰りのタクシーを手配してくれる。

Map 別冊P.6-B1　セブ・シティ郊外

Lower Busay Heights, Cebu City
(032)232-5200　12:00～翌2:00
休なし　料₱500～　Card M.V.

1.小エビの甘辛炒め、ミスターAガンバ₱210は、お酒がすすむ味　2.マリブ・リキュールベースにパイナップルジュースが入った、ピニャ・コラーダ₱130　3.ホワイトキュラソーの代わりにブルーキュラソーを使ったブルー・マルガリータ₱150

隠れ家展望レストラン
Delice Recipes
デリス・レシピ

プロポーズするカップルが多いです～！

スタッフのレスリーさんとデニスさん

こぢんまりとした隠れ家レストラン。山の中腹にあるため夜になると周囲は暗くなり、市内の灯りだけが浮かびあがる。料理はインターナショナルなメニューが中心。どれもビッグサイズなので、シェアして食べるのがおすすめ。

Map 別冊P.6-B1外　セブ・シティ郊外

Cebu Tops Rd., Cebu City　0906-425-8799(携帯)　11:00～23:00　休月
料₱1000～　Card 不可

1.3種のチーズに酸味の効いたトマトソースがのった、チキンのチーズ焼き₱280　2.テキーラにオレンジジュースをミックスした、さわやかなオレンジマルガリータ₱120　3.マンゴーピューレとバジルが入った、すっきりとした味わいのマンゴーモヒート₱100

インダストリー・スカイバー&ラウンジは、ピンポン球をカップに入れて競うゲーム、ビアポンもあります！（福島県・ぽこ）

高層ビルのナイトバー

The Industry Skybar & Lounge
インダストリー・スカイバー＆ラウンジ

Jセンター・モール(→P.93)の19階にあるバー。フロアの両側が大きな窓ガラスになっていて、窓側ならどこでも夜景ビューが楽しめる。ワインやビール、カクテルなどお酒の種類が豊富で、おつまみにぴったりなフードメニューも充実。

Map 別冊P.7-C1　マンダウエ・シティ

165 A.S. Fortuna St., Bakilid, Mandaue City（Jセンター・モール内）　0932-293-3928（携帯）　18:00～翌2:00（月～24:00）　休日　料₱1000～　Card M.V.

Special Seat
店に入って右側、窓側の海が見渡せるシート。19階からキラキラと輝く夜景を見下ろそう！
木～土曜の21:00からライブ演奏もあるよ！
Drink
Food
1
2
3

スタッフのエマノエルさんとジェイムスさん

1.ウオッカにクランベリージュースなどが入った、コスモポリタン₱200　2.テキーラベースの南国を代表するカクテル、テキーラサンライズ₱200　3.濃いめの味付けでお酒が進む、人気のシシグ₱210

マクタン島から見るセブ・シティ

Scape Skydeck
スケープ・スカイデッキ

マクタン島の高層レジデンスの屋上にあるルーフトップバー。このエリアでは、島を結ぶ橋やセブ・シティの夜景が見られる唯一のバー。17:00～19:00はハッピーアワーも開催。料理はボリューミーで食べ応えあり。

Map 別冊P.4-B1　マクタン島

Roof Deck, M.L.Quezon, National Hwy., Pusok, Lapu-Lapu City（アゾン・レジデンス内）　(032)494-0898　11:00～14:00/17:00～24:00　休なし　料₱500～　Card M.V.　URL www.scapeskydeck.com

Special Seat
テラス席からセブ・シティの夜景が見渡せる。テラス席の予約は受け付けていないので早めに！
Drink
Food
1
2
3

1.右から順にアルコール度数があがる、マスター・チューブ₱340　2.ウオッカベースのコスモポリタン₱150　3.シイタケリゾット₱495

しっぽりするならココ

Bellini
ベリーニ

高級イタリアンに隣接している、しっとりと落ち着いた雰囲気の大人バー。オープンエアの店内からはセブ・シティの夜景が楽しめる。1200種類以上のワインを揃えるほか、シャンパーニュカクテル₱320～もある。

Map 別冊P.6-B1　セブ・シティ

Panorama Heights, Nivel Hills, Lahug, Cebu City　(032)232-7375/(032)236-0097　17:30～24:00　休なし　料₱600～　Card A.D.J.M.V.　URL www.anzani.com.ph

Special Seat
特等席は、夜景側のゆったりくつろげるソファ。金・土曜の21:30からライブ演奏もある。
Food
Drink
1
2
3

1.甘口のリキュールにシトロンやクランベリージュースを加えた、ベリーニティ₱350　2.モヒート₱300　3.BBQチキンウイング₱500

ベリーニに併設するレストラン、アンザニAnzaniでは、見た目も美しい地中海料理が堪能できる。

ベーコンの塩っ気と半熟卵のまろやかさがグッド！ 朝食にぴったり

観光客に人気の朝食カフェ

Yolk Coffee & Breakfast

ヨーク・コーヒー&ブレックファースト

市内では珍しい朝食メニューを提供しており、朝カフェとして利用する観光客が多い。メニューは店名のとおり、エッグベネディクトやオムレツなどの卵料理が中心。コーヒーやスムージーなどのドリンクはテイクアウトもできる。

Map 別冊P.6-B2 セブ・シティ

80 Tres Borces St., Mabolo, Cebu City (032)231-0411
7:00～19:00（土・日～21:00）
休なし 料₱300～ Card A.M.V.
URL yolkcafeph.com

ココがおしゃれ

店内はブラウン系のカラーでまとめられている。センスよく小物が飾られていて、SNS映えしそうな席が多い。

濃厚な甘さのキャロットケーキ₱140と、ココナッツとエスプレッソの相性抜群のココナッツコーヒークーラー₱110

雰囲気もフードも

進化するおすすめ

観光途中にひと休みする
中のカフェでキマリ！イ
フードも、グッドセン

ラブリーなケーキ専門店

10 Dove Street Confectionery

10ドーベ・ストリート・コネフェクショネリー

市内に6つの支店をもつ、カフェスペース併設のケーキ専門店。おすすめは創業当時からのベストセラー、濃厚な甘さのチョコケーキ₱135～。約10種類のケーキのほか、生クリームたっぷりのスイーツドリンクも揃う。

ケーキのほかクッキーなども揃う。テイクアウトもOK

Map 別冊P.4-B1
マクタン島

MEPZ Ecozone, Mactan, Lapu-Lapu City（アイランド・セントラル・マクタン・モール内） (032)262-0312 10:00～22:00
休なし 料₱250～
Card A.D.J.M.V.

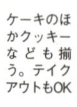

ココがおしゃれ

花柄の壁やラブリーなインテリアが置かれている。コーヒーカップや看板のデザインも凝っていてキュート♪

アイスクリームも人気メニューだよ

スタッフのライカさんとラニーさん
Menu
マンゴーヨーグルトケーキ ₱185
チッピーチョコフラッペ ₱195

ヨーグルトの酸味がさわやかなケーキと、チョコとホイップがたっぷりのフラッペ

シベット・コーヒーで、シベット・コーヒーの豆も買えました！ 事前予約必須です。（愛知県・あかね）

「おしゃれ」がイイ!

セブのカフェ4選

なら、おしゃれ度アップ
ンテリアだけじゃなくて
スなカフェはこちら☆

ココがおしゃれ
炭焼きの焙煎機やコールドブリューもあり、本格派コーヒーを楽しめると、地元のおしゃれっ子に人気！

ストロベリーチーズケーキ₱120、シナモンロール各₱65、カフェラテ₱120。ケーキやパンは少し大きめ

幻のコーヒーが飲める！

The Civet Coffee

シベット・コーヒー

世界でも珍しい、コーヒー豆を食べたジャコウネコの糞から採取した「シベット・コーヒー」が飲めるカフェ。店で提供するほとんどのコーヒーがフィリピン産の豆を使っており、水出しコーヒーやフラッペなどメニューが豊富。

Map 別冊P.5-D3 マクタン島

Shangs Island Town Center, Maribago Lapu-Lapu City
☎(032)236-2117 7:00～24:00
休なし 予₱250～ Card不可

南国定番のジュースといえば、コレ！果物のフレッシュさとひんやり感が最高

シベットのコーヒー豆を30%使用した、シベット・コーヒー₱590。50%と100%は要事前予約

心を込めておいしいコーヒーを入れます！

スタッフのアールディーさんとレイモンドさん

焼きたてのパンがずらりと並ぶ

地元に根付くベーカリーカフェ

Corner Bakery

コーナー・ベーカリー

オーナーの趣味であるパン作りがきっかけでオープンして以来、地元で愛され続けているベーカリー。毎日手作りするパンのほか、スイーツも販売。併設のカフェで、イマドキっぽくアレンジしたローカルスイーツも食べてみて！

Map 別冊P.6-B2 セブ・シティ

44 Pres. Roxas St., Villa Aurora Mabolo, Cebu City ☎(032)238-3508 9:00～21:00（日13:00～）
休なし 予₱100～ Card不可

ココがおしゃれ
ローカルの雰囲気たっぷりのエリアに忽然とかわいらしい黄色の建物が出現！ 最近カフェスペースを拡張した。

あっさり味のティラミスと、バターの塩っ気が効いたフィリピン流のシフォンケーキ

自慢のパンとスイーツをぜひ食べにきてね〜

オーナーのミシェルさん、スタッフのジェシーさんとジョウダンさん

フィリピンのおやつ、豆腐のスイーツ、タホ₱40。こちらの抹茶味は店のオリジナル

コーナー・ベーカリーのスイーツは、日本からインスピレーションを得ているため、抹茶などのフレーバーが多い。

aruco調査隊が行く!! ②

マイベストオブハロハロを探せ!

フィリピンの定番デザート、ハロハロ（Halo-Halo）。
混ぜていただきます！　各店自慢の

B

コスパ No.1

ハロハロ・ジャイアンツ
₱148
バナナやジャックフルーツ、レチェフランなどがぎっしり！

My Best
フルーツたくさんでリッチ！
（編集S）

クラシカル No.1

ハロハロ・スペシャル
₱85
ココナッツやスイートコーン、ウベジャムなど定番のトッピング。

A

My Best
意外とスイートコーンが合う～
（編集K）

C

食べやすさ No.1

グリーン・ジェラート・カップ・ハロハロ
₱190
8種類前後の味から選べるジェラートをオン。甘めで食べやすい。

H

トロピカル度 No.1

ハワイアン・ハロハロ
₱180
マンゴー、スイカ、パイナップル、ライチと南国フルーツたっぷり！

F

氷のふわふわ No.1

クーヤノ・ウベ・ハロハロ・エスペシャル
₱109
口に入れた瞬間に溶ける、ふわふわのかき氷がたまらない！

お手頃サイズ No.1

スーパー・サンカップ・ハロハロ
₱55～
ひとりでおいしく食べきれるサイズが◎。デザートにぴったり。

K

A ローカルも足繁く通う アイス・キャッスル Ice Castle

セブで5店舗を展開する、ローカル御用達のデザートショップ。アイスはウベ、マンゴーなど5種類から選べる。

Map 別冊P.7-C2　セブ・シティ

Lower Ground, North Reclamation Area, Mabolo, Cebu City（SMシティ・セブ内）
☎(032)232-0694
10:00～21:00(金・土～22:00)　休なし
料₱100～　Card不可
他アヤラ・センター・セブ(→P.90)内

B 深夜までにぎわう人気店 アイス・ジャイアンツ・デザート&スナック Ice Giants Desserts & Snacks

フルーツたっぷりのかき氷やハロハロがお手頃価格で食べられると評判。パスタなど軽食もある。

Map 別冊P.8-A1　セブ・シティ

The Strip Osmeña Blvd., Cebu City　☎(032)253-9936　12:00～23:00　休なし
料₱150～
Card A.J.M.V.

C 自家製ジェラートをオン！ ザワディ・コーヒー&カフェ Zawadi Coffee & Cafe

マンゴーやココナッツ味などの自家製ジェラートを使ったデザートが楽しめる。ケーキなどもある。

Map 別冊P.6-A3　セブ・シティ

2nd Floor, Cube Wing, South Rd., Properties, Cebu City（SMシーサイド・シティ・セブ内）　☎(032)273-6795　10:00～21:30（金・土～22:00）
休なし　料₱200～
Card不可

D テイクアウト専門店 ソルス・ハロハロ&デザート Sol's Halohalo & Deserts

ハロハロ専門のトレーラー型ショップ。サイズは小ぶりで、ひとりでも気軽に食べに行きやすい。

Map 別冊P.4-A2　マクタン島

Brgy. Basak, Pueblo Verde, Lapu-Lapu City（アウトレット・アット・プエブロ・ヴェルデ内）　☎0929-128-4044（携帯）
12:30～23:00
休なし　料₱70～
Card不可

ハロハロNo.1決定戦

タガログ語で「まぜこぜ」という意味のとおり、ハロハロを実食し、勝手にNo.1を贈呈！

優しい味わい No.1
ランタウ・ハロハロ
₱130
黒糖漬けのバナナや小豆などのやさしい味が口の中に広がる。

激安度 No.1
ピニョイ・ハロハロ
₱55～
大きめのウベアイスにタピオカやゼリー、小豆にバナナなど具だくさん！

変わりダネ No.1
ビンス・レッドマンゴー
₱350
ミルク味の氷の上に、マンゴーとイチゴとアイスがたっぷり♡

My Best
かき氷の中にも具がたくさん！（編集T）

My Best
ウベアイスの味が濃くておいしい♡（編集I）

珍アイス No.1
ハロハロ
₱160
自家製のパパイヤアイスをトッピング。チョコソースもかかる。

お手軽度 No.1
スペシャル・ハロハロ
₱70
甘めのミルクアイスを削った氷にマンゴーやココナッツ果肉がのる。

ボリューム No.1
ハロハロ・イン・ブコ・シェル
₱165
ココナッツの器に2スクープのウベアイスや氷、果物がたっぷり。

ハロハロ No.1決定戦

E 韓国スイーツでひんやり♪

アイ・チャ・ビンス・デザート・カフェ

I-CHA! Bingsu Dessert Cafe

韓国式かき氷専門店。韓国産ミルクで作る氷はふわふわ。餅がのったトック・ピザ₱180も人気。

Map 別冊P.7-C2

マンダウエ・シティ

Unit C-2B 1st Floor, Questhone Building, Mandaue City
(032)238-2144 8:30～23:00（金・土～24:00、日12:00～21:00）休 不定休 料₱150～ Card不可

F クーヤJ Kuya J →P.69
G エル・スエニョ El Sueño →P.69
H シャカ・ハワイアン Shaka Hawaiian Restaurant →P.81
I ライトハウス Lighthouse →P.69
J ランタウ・フローティング・ネイティブ Lantaw Floating Native Restaurant →P.69
K チョーキン Chowking →P.73
L マン・イナサル Mang Inasal →P.73

ハロハロによく入っているナタデココのような食感のカラフルな実は、カオンという砂糖漬けのヤシの実。

屋台でGET!

南国のフレッシュフルーツをぱくり♪

トロピカルな果物が豊富に揃うセブ。ローカルフルーツスタンドに出かけて、片っ端から味わっちゃおう！

フィリピンのパインは、驚くほど甘い！ 種類により旬が異なる。

パイナップル Pineapple
旬 7〜9月
甘 ★ 酸

マンゴーは2種類。イエローはねっとり、グリーンはさっぱり食感。

マンゴー Mango
旬 3〜5月
甘 ★ 酸

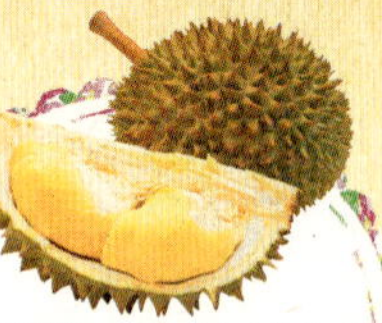

「果物の王様」。とてつもなく甘く、臭い。ホテル持ち込み禁止。

ドリアン Durian
旬 5〜9月
甘 ★ 酸

小ぶりのモンキーバナナや加熱して食べる調理用バナナもある。

バナナ Banana
旬 1年中
甘 ★ 酸

ちょいグロな見た目がインパクト大。実は甘酸っぱく、さっぱり味。

ランブータン Rambutan
旬 6〜8月
甘 ★ 酸

真っ赤な皮の中に白い果肉が入っている。別名「果物の女王」。

マンゴスチン Mangosteen
旬 8〜10月
甘 ★ 酸

小さな実が房になった果物。ぷりっとした食感で、ジューシー。

ランソーネス（ランサット） Lanzones(Langsat)
旬 6〜8月
甘 ★ 酸

定番のスイカ。みずみずしくて、暑い日の水分補給にもよい。

スイカ Water Melon
旬 3〜7月
甘 ★ 酸

購入する際にはしっかり自分の目で見きわめて！

食べたい！ 南国フルーツ

セブ近隣の島で取れた新鮮なフルーツを販売する数軒の屋台。マクタン島の道路沿いにあり、オープンな雰囲気で立ち寄りやすい。スーパーよりも格安なお値段で購入できる。

スタッフのアイエルさん

フルーツ屋台 Fruit Stands

Map 別冊P.5-C2 マクタン島

Saac, Buaya, Lapu-Lapu City
4:00〜21:00頃（店により異なる）
休なし 予₱10〜 Card不可

思わず
買っちゃう！

かわいい・安い・使える！三拍子が揃うセブショッピング♪

物価の安いセブで、プチプラ雑貨を大人買い！
リゾートファッションに、ナチュかわコスメ、スーパーマーケットまで
全部入ったショッピングセンターに行けば、すべて解決☆
最近ではフィリピン産チョコなんかも人気です。

SHOPPING

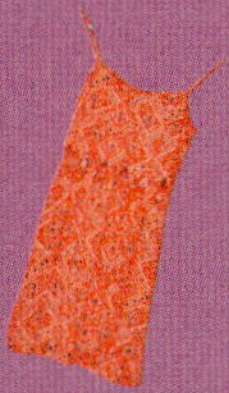

人気No.1ショッピングセンター

アヤラ・センター・セブを3時間で攻略チャレンジ!

詳細フロアマップ → 別冊P.12

セブ中のショップが大集合

アヤラ・センター・セブ

Ayala Center Cebu

フィリピンブランドや海外ブランドのショップが300店舗以上も入った、高級系ショッピングセンター。別館テラスには飲食店が充実。

Map 別冊P.8-B1

セブ・シティ

Cebu Business Park, Cebu City ☎(032)516-3025 10:00～21:00(金・土～22:00) 休なし Card 店舗により異なる URL www.ayalamalls.com.ph

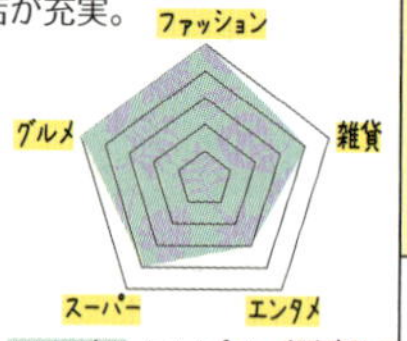

ローカル向け ☆☆☆★☆ 観光客向け

数あるショッピング・センターのなかでも、店舗数やアクセスのよさで特に人気のアヤラ・センター・セブ。地下2階から4階までと広いので、ポイントを決めて回るのがカシコイ!

カワイイ洋服をGet♪

1 まずはショッピングから! リゾートウエアを探そう♪

小花柄とフリルがキュートな水着₱945

水着の上にもさらりと着られるワンピース₱745

ビーチ

かわいい水着ならココ

2F サニー・サイド・アップ

Sunny Side Up

おしゃれな水着が充実。サイズは細めのワンサイズのみ。羽織り物やワンピースもある。

☎(032)415-8224 Card M.V.

カジュアル

安カワアイテムがずらり

2F ペンショップ

Penshoppe

ジーンズやTシャツなどカジュアル系を扱うセブ発のブランド。カバンやサンダルも揃う。

☎(032)231-5500 Card A.D.J.M.V. URL penshoppe.com

さらりとしたノースリーブシャツ₱699

ビビッドな赤がかわいいショルダーバッグ₱499

使い勝手のよいデニムスカート₱699

ユニークなデザイン多し Tシャツ

2F アートワーク

Artwork

フィリピン人デザイナーが手がけるTシャツを販売。缶バッチやポーチなどの雑貨もある。

☎(032)415-8030 Card M.V. URL www.artwork.ph SMシティ・セブ(→P.92)内

シヌログ祭がモチーフのタンクトップ₱229

キラキラのジプニーが描かれたTシャツ₱399

オリジナルブランドのドライマンゴー₱195

おみやげアイテムも豊富 ビーチ

2F アイランド・スーベニア

Island Souvenirs

70種類以上のセブモチーフのTシャツが並ぶ。オリジナルブランドのお菓子も売っている。

☎(032)231-2581 Card A.J.M.V. URL www.iheart.com.ph SMシティ・セブ(→P.92)内

アヤラには割高だけどDAISOも入っていて、買い忘れたものも揃えることができました。(沖縄県・ちゃんりな)

広々とした中庭でリフレッシュ!

2 レストランが集まるThe Terraceでおしゃれゴハンをいただきます

1F 辛ウマメニューが揃う パット・フォー Phat Pho

アバカグループが手がけるベトナム料理店。フォーやブン、生春巻きなどメニューは本格的。

詳細は→P.79

地元の人にも人気のメニュー

ブン・ボー・フエ₱399

ABCスキレット・ブレックファスト₱495

1F おしゃれ&ボリューミー アバカ・ベーキング・カンパニー Abaca Baking Company

パンやケーキも扱うアバカ系列のカフェレストラン。料理メニューはとてもボリューミー。

軽食メニューも充実している

詳細は→P.79

3 セブらしさ満点のおみやげをGET☆

B1 ルスタンス・スーパーマーケット Rustan's Superamarket

詳細は→P.101

1. ジョビーズのバナナチップス 2. フィリピンポテチのピアットス 3. 7Dのドライマンゴー 4. おみやげの定番オタップ 5. シルカ・パパイヤ石けん

3F ルスタンス(おみやげコーナー) Rustan's

詳細は→P.97

1. カラマンシーの濃縮ジュース 2. マンゴーのピクルス 3. バージンココナッツのサンオイル 4. さっぱりとした香りのボディオイル

おみやげアイテムは3Fにある

バニラアイスも付いてる!

スイート・リベンジ₱195(手前)とクラシック・チョコレート・ブレンド₱150(奥)

4 カフェにてひと休み

1F チョコレート料理も充実! メイトレ・ショコラティエ Maitre Chocolatier

リンツのチョコレートを使ったケーキや料理を提供。人気のケーキはピリ辛のスイート・リベンジ。

☎(032)238-7116 ◷9:00～23:00 休なし 料₱80～ Card M.V.
URL m-chocolatier.com

3時間攻略チャレンジコンプリート!

ショッピングするときはココに注意!

入館時にはセキュリティチェック
入口では毎回セキュリティゲートと荷物チェックがある。

ロッカーはありません…
日本のようなコインロッカーはないので重いものの買いすぎに注意。

置き引きには注意!
買い物に夢中になりすぎると危険。貴重品管理はしっかりと。

広いので地図を活用しよう
広いのでインフォメーションボードや別冊P.12の地図を活用して。

なるほど

アヤラ・センター・セブのテラスの飲食店は、各店によりそれぞれ営業時間が異なっている。

エリアと目的で選べる！
使えるショッピングセンター8選

セブのあちこちにあるショッピングセンターのなかでも、人気の8軒をピックアップ！各店の特色をおさえて、シーン別に自分にぴったりのショッピングセンターを探そう。

キレイで広々としているのが特徴

詳細フロアマップ → 別冊P.16

個性派ショップが好きなあなたに

ROBINSONS GALLERIA CEBU
ロビンソンズ・ガレリア・セブ

ボホール・ビー・ファームなどショッピングセンター初出店の店舗が豊富。併設のスーパーは少し高めだがきれいでデリも販売している。

プチ高級 S.C.

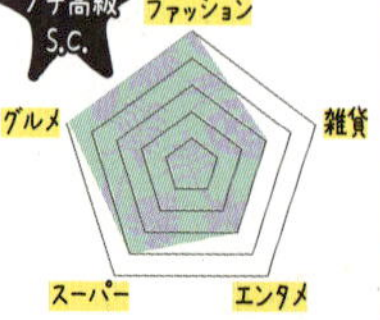

ローカル向け ☆☆☆☆★ 観光客向け

Map 別冊P.6-B3 セブ・シティ

住 General Maxilom Ave. Ext., Cebu City
☎(032)231-5030 ◷10:00～21:00
休なし Card店舗により異なる
URL www.robinsonsmalls.com

おすすめSHOP

1F ボホール島のハチミツを使用
バズ・カフェ・オブ・ボホール・ビー・ファーム
The Buzzz Café of Bohol Bee Farm

ボホール島に本店（→P.124）を持つカフェ。ハチミツアイテムを扱うショップも併設。

☎0998-884-6124（携帯）/ 0977-813-4396（携帯） Card A.J.M.V.
URL www.boholbeefarm.com

ドライマンゴーを漬けたハチミツ₱210

パンに塗ってもおいしいマンゴースプレッド₱220

1F イギリス発ファストファッション
ドロシー・パーキンス
Dorothy Perkins

若者に人気の日本未上陸ブランド。エレガント＆キュートなデザインの洋服が揃う。

☎(032)256-5673
Card A.D.J.M.V. URL www.dorothyperkins.com

肩がシースルーのワンピース₱2395

小花柄のタンクトップ₱1995

詳細フロアマップ → 別冊P.14

ローカルな店舗を見たい人向け

SM CITY CEBU
SMシティ・セブ

ショップ・レストラン共にローカル店多めの充実した店揃えが魅力。マイバス（→P.151）のターミナルがあり空港へ直行可。

庶民派 S.C.

ローカル向け ☆☆★☆☆ 観光客向け

Map 別冊P.7-C2 セブ・シティ

住 Juan Luna Ave. cor. Cabahug and Kaoshiung Sts., North Reclamation Area, Cebu Port Center, Mabolo, Cebu City
☎(032)231-0557 ◷10:00～21:00（金・土～22:00） 休なし
Card店舗により異なる URL www.smsupermalls.com

地元の人々も多くにぎやか！

おすすめSHOP

2F マニラ拠点のフィリピンブランド
マルディータ
Maldita

機能的かつシンプルなデザインの洋服を販売。カジュアルからフォーマルまで揃っている。

☎(032)412-7829 Card A.J.M.V.
URL www.malditastore.com

1. クラシカルながらも華やかな柄のワンピース₱1499　2. オフィスでも使えるシンプルなワンピース₱999とネックレス₱349

1F オーガニックアイテム専門店
ヘルシー・オプション
Healthy Options

世界中のオーガニックの食品やスキンケア用品、サプリを扱う。健康志向派におすすめ。

☎(032)236-3305
Card A.D.J.M.V. URL www.healthyoptions.com.ph 住アヤラ・センター・セブ（→P.90）内

98%アロエで作られたジェル₱279は日焼け後の肌によい

シアバターとアルガンオイル配合のハンド＆ボディローション₱395

ビタミンやミネラル、食物繊維が豊富なカボチャの種₱279

大きなショッピングセンターはいくつも入口があり迷子になります。目印の店を決めていたほうがいいです。（宮城県・太陽）

円柱型の看板の下がメインエントランス

夜遊びも楽しみたい人向け
PARK MALL
パーク・モール

充実した飲食店やスーパーのほか、カジノも併設。近くのショッピングセンター、シティ・タイム・スクエアにはナイトクラブもある。

Map 別冊P.7-C2　マンダウエ・シティ

🏠 Ouano Ave., North Reclamation Area, Mandaue City ☎ (032) 345-5153/ (032) 344-7817 ⏰ 10:00〜21:00 🈚なし **Card**店舗により異なる **URL** parkmallcebu.com

グルメ／雑貨／エンタメ／S.C.／スーパー／エンタメ
ローカル向け ☆☆★☆☆ 観光客向け

そびえ立つタワーとキューブが目印

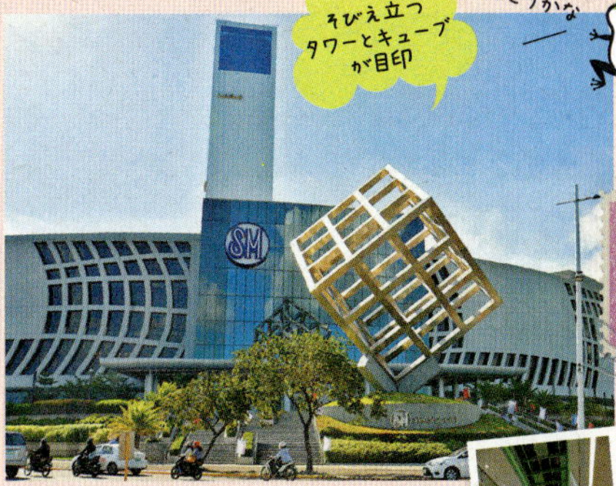

南部のツアー帰りに立ち寄りたい
SM SEASIDE CITY CEBU
SMシーサイド・シティ・セブ

最大1000店舗を収容できる、セブ最大級のショッピングセンター。スケート場やボウリング場、映画館とエンタメ施設も充実。

超巨大S.C.

Map 別冊P.6-A3　セブ・シティ

🏠 South Rd., Properties, Cebu City ☎ (032) 340-8735 ⏰ 10:00〜21:00（金・土〜22:00）🈚なし **Card**店舗により異なる **URL** www.smsupermalls.com

グルメ／ファッション／雑貨／スーパー／エンタメ
ローカル向け ☆☆☆☆★ 観光客向け

スポーツブランド好きは注目！
THE OUTLETS AT PUEBLO VERDE
アウトレット・アット・プエブロ・ヴェルデ

「タミヤ」と呼ばれる工場そばのアウトレットモール。ナイキやアディダスなどスポーツブランドが多め。クラブやスーパーも隣接。

通称「タミヤ」と呼ばれている

Map 別冊P.4-A2　マクタン島

🏠 Brgy. Basak, Pueblo Verde, Lapu-Lapu City ☎ (032) 494-2471 ⏰ 10:00〜23:00（店舗により異なる）🈚なし **Card**店舗により異なる

グルメ／ファッション／屋外型S.C.／スーパー／エンタメ
ローカル向け ☆☆☆★☆ 観光客向け

映画館も併設している

東横INN

空港までは車で約5分

空港へ行く前におみやげが買える
ISLAND CENTRAL MACTAN MALL
アイランド・セントラル・マクタン・モール

空港へ行く手前にあるので、なにか買い忘れたものがあればここで揃えよう。2階にDAISO、1階にセブン-イレブンがある。

Map 別冊P.4-B1　マクタン島

🏠 Brgy. Ibo, Mactan, Lapu-Lapu City ☎ (032) 888-6194 ⏰ 10:00〜22:00（日〜21:00）🈚なし **Card**店舗により異なる **URL** www.islandcentral.ph

グルメ／ファッション／空港付近S.C.／雑貨／スーパー／エンタメ
ローカル向け ☆☆☆★☆ 観光客向け

プールやスパも楽しみたい人向け
J CENTRE MALL
Jセンター・モール

規模は小さめだが屋上プールやスパ、東横INNセブ（→P.120）を併設。しゃれた内装のフードコートはフィリピン人に人気の撮影スポット。

進化型S.C.

Map 別冊P.7-C1　マンダウエ・シティ

🏠 165 A.S. Fortuna St., Bakilid, Mandaue City ☎ (032) 266-8888 ⏰ 10:00〜21:00 🈚なし **Card**店舗により異なる **URL** jcentrecebu.com

グルメ／ファッション／雑貨／スーパー／エンタメ
ローカル向け ☆★☆☆☆ 観光客向け

リゾートエリアに滞在する人向け
GAISANO GRAND MALL
ガイサノ・グランド・モール

大型スーパーやデパートが入ったショッピングセンター。マクタン島のリゾートエリアにも近く、遅くまで営業しているのがうれしい。

ファッション

レストランはファストフードが中心

Map 別冊P.4-A3　マクタン島

🏠 Basak, Lapu-Lapu City ☎ (032) 238-8888 ⏰ 9:00〜21:30 🈚なし **Card**店舗により異なる

グルメ／ファッション／ローカル流S.C.／雑貨／スーパー／エンタメ
ローカル向け ☆★☆☆☆ 観光客向け

どこに行こうかな

ガイサノ・グランド・モールではクレジットカード利用時にパスポートの提示が必要。

かわいい雑貨ならこの3店！ 胸キュン♡アイテムをレッツハント☆

色とりどりのハンドバッグはビーチコーデと相性抜群！

南国らしいカラフルな雑貨や、フィリピンらしいアイテムを探している人はここをチェック！ 実用的でかわいいグッズはおみやげにも、旅の思い出にもぴったり♪

₱795
オウムの刺繍が目をひくクラッチバッグ

ビーズで刺繍した貝がキュートなコインポーチ
₱195

₱195
コインポーチにビーズのタツノオトシゴを刺繍

₱450
カバンにぶら下げたいコインポーチ

トロピカルアイテムが揃う

Island Girl

アイランド・ガール

ナチュラル素材×カラフルなデザインのカバンやアクセサリーが豊富。工場の2階にあるので、訪問時は1階のスタッフに声をかけて。

Map 別冊P.7-C1外 マンダウエ・シティ

5159 Pagsabungan Rd., Madaue City
0917-328-8990（携帯） 9:00〜18:00 休土・日 Card M.V.
URL www.islandgirlph.com

₱499
存在感たっぷりの大ぶりネックレス

セブらしいマンゴーピアスも♪
₱500

常夏ファッションに合うスイカのピアス
₱500

サンゴのような縁飾りがかわいいハンドバッグ
₱1500

マンゴーが刺繍されたミニポーチ
₱395

クルトゥーラはSMシティ・セブ（→P.92）にもありましたが、そこは少し規模が小さめの店舗でした。（大阪府・かっしー）

フィリピン産の織物を使用

Anthill Fabric Gallery

アントヒル・ファブリック・ギャラリー

フィリピン各地の織物をハイセンスなアイテムに仕立てて販売。織物の原材料のほとんどは廃品として処分されたスクラップ品。

Map 別冊P.8-B1 セブ・シティ

Pedro Calomarde St. cor. Acacia St., Gorordo Ave., Lahug, Cebu City
(032) 505-4175 9:00～18:00
休日 Card A.D.J.M.V. URL anthillfabricgallery.com

Made in バンゲッド
ストライプやチェックが多い。ビナコルという伝統の柄もある。

プレゼントにもぴったりのネクタイ
₱889

カラフルなストライプがかわいいパスケース
₱275

Made in アルガオ
南部裂織の技法を取り入れたゼロウィーストファブリックを作成。

1. ゼロウィーストファブリックのトップス₱3999 2. ゼロウィーストファブリックのスカート₱5999 3. ポリヘンプという生地でできたショルダーバッグ₱2999

リバーシブルでも着られるジャケット
₱5999

Made in ベンゲット
水や稲に臼、カエルなど生活に関連した柄が織り込まれている。

名刺を入れられるカードケース
各₱699

レディス・メンズ兼用のキャップ
₱1299

Made in ミンドロ
繊細な柄が特徴的。細かく織られているので値段も高め。

小銭入れにも使えるミニポーチ
₱399

留め具付きのブックカバー
₱999

Made in ダルワンガン
イカットという絣に似た織り方が特徴。柄はチェックやストライプ。

食料品のストックバスケット
₱599

かわいい雑貨ならこの3店！

商品はすべてメイドバイフィリピン

Kultura Filipino

クルトゥーラ・フィリピーノ

食品から美容アイテム、衣服まで、店内すべてのアイテムがフィリピン産。おしゃれなグッズから伝統的なデザインのものまで幅広い。

Map 別冊P.6-A3 セブ・シティ

2nd Floor, Cube Wing, South Rd., Properties, Cebu City（SMシーサイド・シティ・セブ内）(032) 234-0294 10:00～21:00（金・土～22:00）休なし Card A.D.J.M.V. URL www.kulturafilipino.com SMシティ・セブ（→P.92）内

パイン、ジャックフルーツ、マンゴーのジャム
₱199.75

シェルのブレスレットで華やかなリゾートコーデに
₱229.75

トロピカルさ満点のうちわ
₱49.75

マトゥトゥ山で栽培されたコーヒー豆
₱379.75

カラマンシーのリキュール
₱99.75
マンゴー味のラムリキュール
₱99.75

ド派手な柄はビーチコーデとの相性抜群♪
₱399.75

厚手でしっかりとしたストール
₱399.75

フィリピンの有名な場所や物が描かれた皿
₱199.75

かわいい刺繍が施されたポーチ
₱299.75

セブで最も広い店舗

クラシカルなデザインのスリッパ
₱299.75

アントヒルのオリジナル生地ゼロウィーストファブリックは、アルガオへ特別に注文して作られている。

ナチュラルコスメ&トロピカルな石けんで目指せ

tropical soap

ラブリー系から
実用派まで!

トロピカル石けん

南国ならではの素材を使ったものや見た目重視のものまで、種類はいろいろ。

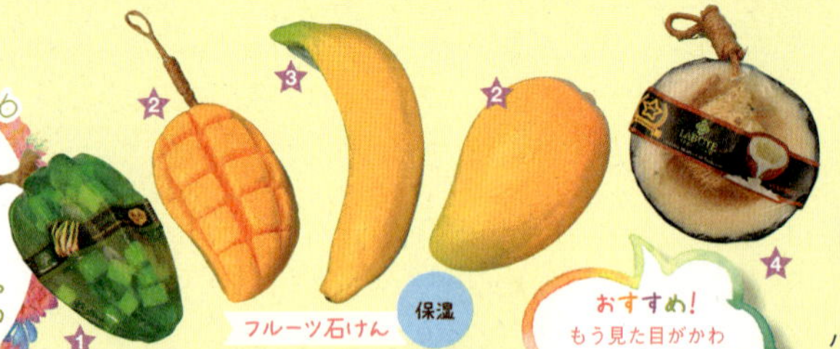

フルーツ石けん

保湿

1. レモングラスが入っている 2. 南国らしいマンゴー 3. 本物そっくりのバナナは皮まで表現 4. ココナッツ

おすすめ!
もう見た目がかわいい! そしてなんと匂いも本物そっくりなんです

各₱200 D

髪OK

ハンドメイドのシャンプーバー。全8種類

各₱90 C

ビールを配合したレアアイテム。髪にハリやコシが出る

髪OK

美白

グリーンパパイヤ配合でお肌がトーンアップ

各₱200 F

おすすめ!
無添加・保存料不使用。天然素材だけで作ったハンドメイド石けん

保湿

米粉や炭、ペパーミントオイルを配合したハンドメイドソープ

₱250 E

保湿

アンチエイジング効果があるといわれるモリンガを配合

サワーソップ(グヤバノ)入りのココナッツオイルソープ

敏感肌

各₱99.75 G

ビタミンやミネラル、抗アレルギー成分を含むノニを配合

敏感肌

保湿

カラマンシーの香りでさっぱりお手入れ

各₱150 E

髪OK

オートミール配合で肌や毛穴の汚れを除去。髪や頭皮にも使える

各₱120 A

美白効果が期待できるパパイヤエッセンス入り

美白

ニンジンエッセンス配合でしっとり効果

保湿

食品も種類豊富

A

オーガニックアイテム専門店

エコストア

Echostore

フィリピン産のオーガニックコスメと食料品を販売。店内製造のドレッシングやパテも冷蔵で販売している。

Map 別冊P.6-B1 セブ・シティ

Streetscape, Maria Luisa Rd., Banilad, Cebu City (ストリートスケープ・モール内) ☎(032)415-7767 8:00~22:00 休なし Card M.V. URL www.echostore.ph

B

オーガニックコスメならここ

ヒューマン・ネイチャー

Human Nature

相談も乗りますよ♪

フィリピン発のオーガニックコスメブランド。商品はスキンケアからメイクアップ用品までバラエティ豊か。

Map 別冊P.8-A1 セブ・シティ

Unit 3 The Strip, Osmeña Blvd., Capitol Site, Cebu City ☎(032)236-0549/(032)412-9696/0916-421-6207(携帯) 9:00~19:00 休日 Card M.V.

C

フラワーショップに併設

グリーン・シェルフ・セブ

Green Shelf Cebu

花屋の一角に商品を並べているショップ。ここでしか見かけないフィリピン産のオーガニックアイテムも多い。

Map 別冊P.8-B2 セブ・シティ

Ground Floor, Manrons Plaza Bldg., Gen. Maxilom Ave., Cebu City (カリダデス・ハウス・オブ・フラワー内) ☎(032)253-9870 7:00~19:00 (日8:00~17:00) 休なし Card A.D.J.M.V.

オーガニック食品もありますよ

モンキー・ツリーではバナナチップの試食があり、食べ比べできました! (京都府・LiLi)

女子力UP♡

意外にもセブにはオーガニック系のコスメや石けんがたくさん！ 肌にやさしいうえにお手頃価格という、女心をくすぐるアイテム大集合☆ どんどん使って女子力あげてこー！

skincare item

お手入れは欠かせない

スキンケアアイテム

肌にやさしいオーガニック素材のアイテムを使って、日々のお手入れをがんばろう。

ココナッツオイルがベースのナチュラルソープ

₱350 C

おすすめ！ 洗顔後はもちろん、メイクをした上からでも使える♪

外気から皮膚を守る効果を持つモリンガの種子エキスを配合

₱350 B

日焼け後の肌によいアロエジェル

₱165 A

ハリやリフトアップが期待できるナイトクリーム

₱995 B

₱329.75 B

痛んだ髪を修復するヘアマスク

ナチュラルコスメ＆トロピカルな石けん

moisturizing item

乾燥はお肌の敵！

保湿アイテム

南国とはいえ、クーラーが効いた室内は乾燥している。肌に潤いをチャージ！

シアバターやアーモンドオイル配合のボディバター

₱199 A

ココナッツオイルベースのボディバター

₱199.75 G

携帯に便利なミニサイズのリップバーム

₱129.75 G

ダランダン（柑橘類）の香りのボディオイル

₱150 G

ネイチャー・マインドのリップ

₱200 F

make up item

ヘルシーにメイクアップ！

メイクアップアイテム

天然素材で作られたメイクグッズを使って、健康的に美しくなっちゃおう♪

セブで作られているオーガニック香水

各₱255 C

おすすめ！ ビタミンEを含んでおり、肌に栄養を与えてくれるのだとか

米粉を使ったオーガニックのファンデーション

₱575 B

ベースメイクの仕上げに使えるルースパウダー

₱575 B

ビーツの色を生かしたリップ＆チークティント

₱299 A

軽いつけ心地のリップスティック

₱420 B

チークやリップに使えるティント

₱395 B

D

トロピカルアイテムがたくさん

マンゴー・リパブリック

Mango Republic

売れ筋アイテムはカラフルでよい匂いがするフルーツ石けん。タイ風の雑貨なども一緒に販売している。

Map 別冊P.5-D3 マクタン島

住 Looc, Maribago, Lapu-Lapu City
☎ 0905-4919-473（携帯）
営 9:00～23:00 休 不定休
Card 不可

E

リゾートエリアから行きやすい

モンキー・ツリー

Monkey Tree

リゾートエリアから近い場所にある、おみやげ店。ドライマンゴーやバナナチップスも種類豊富に揃えている。

Map 別冊P.5-D3 マクタン島

住 Shangs Island Town, Datag, Maribago, Lapu-Lapu City
☎ 0917-634-9781（携帯）
営 9:00～22:30 休 なし Card 不可

F

フィリピン各地の工芸品が揃う

アーテバルマン・ハンディクラフト・マーケット

Artevalman Handicraft Market

フィリピン各地のみやげものを集めた店。日本人の指導のもと作られた石けん「ネイチャー・マインド」を扱う。

Map 別冊P.4-A1 マクタン島

住 Sangi New Rd., Pajo, Lapu-Lapu City ☎ (032) 346-5744/(032) 346-0644 営 9:00～18:00
休 なし Card A.J.M.V.

G

リッチな高級デパート

ルスタンス

Rustan's

アヤラ（→P.90）に直結した高級デパート。ブランド品が並ぶなか、3階にみやげものコーナーがある。

Map 別冊P.8-B1 セブ・シティ

住 Cebu Business Park, Cebu City（アヤラ・センター・セブ直結） ☎ (032) 517-0500 営 10:00～21:00
休 なし Card A.D.J.M.V.
URL rustans.com.ph

エコストアの商品は、原材料の生産から製造まですべてをフィリピン国内で行っている。

魅惑の味が口いっぱいに広がる♡
フィリピンチョコレートに注目！

Recommend!
中のマンゴーキャンディとチョコが溶け合っておいしさアップ♡

ココ・マンゴー・フルーツボール ₱315 B

マンゴーのソフトキャンディをチョコで包みココナッツをトッピング

Recommend!
ほろ苦いカカオニブがいいアクセント！小さくて食べやすいのも◎

ミニ・カカオニブ・クッキー ₱385 A

カカオニブを入れたざくざく食感のクッキー

チョコ・マンゴー・スティック ₱285 A

棒状にスライスしたセブ産マンゴーのチョコレートがけ

クランチ・チョコレート・ビーンズ（ブラック&ホワイト）₱230 B

ローストしたカカオをダークチョコとホワイトチョコでコーティング

チョコレートスイーツ Chocolate Sweet

チョコレートを使ったスイーツが勢揃い！ 持ち歩く程度では溶けないけれど、直射日光はNG。

アルファホレス 1箱₱485

キャラメルを挟んだクッキーをリキュール入りのチョコでコーティング A

チョコレート・プラリネ 1箱₱875 A

カカオニブが入った低GIのプラリネ

クランチ・チョコレート・ビーンズ（ダーク）₱205 B

ローストしたカカオをダークチョコとココアパウダーでコーティング

A
ワンランク上のおいしさ！
チョコレート・チャンバー
The Chocolate Chamber

セブ産カカオ100%のチョコレート専門店。焼き菓子のほか、店内で飲めるホットチョコレート₱310もおすすめ。

Map 別冊P.6-B3 セブ・シティ

Level 1, General Maxilom Ave. Ext, Cebu City（ロビンソンズ・ガレリア・セブ内） ☎0917-827-2318（携帯） 10:00〜21:00 休なし Card M.V.

B
伝統的カカオメニューが味わえる
タブレア・チョコレート・カフェ
Tablea Chocolate Café

セブ産のカカオを使ったホットチョコレートやチョコレートケーキを楽しめる。粉末タブレアなどおみやげ品も豊富。

Map 別冊P.6-B2 セブ・シティ

Ground Floor, JY Square, Lahug, Cebu City ☎(032)239-2356 7:00〜22:00 休なし Card 不可

C
セブ発コーヒーショップ
ボーズ・コーヒー
Bo's Coffee

フィリピン産のコーヒー豆を使用している。「テオ&フィロ」の板チョコも扱っているので、コーヒーと一緒にぜひ。

Map 別冊P.6-A3 セブ・シティ

2nd Floor, Seaview wing, South Rd., Properties, Cebu City（SMシーサイド・シティ・セブ内） ☎(032)231-9514 10:00〜21:00（金・土〜22:00） 休なし Card M.V. URL www.boscoffee.com 各ショッピングセンター内

D
クルトゥーラ・フィリピーノ
Kultura Filipino
→P.95

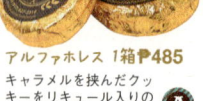

E
グリーン・シェルフ・セブ
Green Shelf Cebu
→P.96

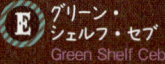

F
エコストア
Echostore
→P.96

ビーチに行く前に板チョコ買ったら溶けました…。皆様お気をつけて。（埼玉県・グレートフラミンゴ）

実はカカオ生産国のフィリピン。セブでは昔からチョコレートドリンクが飲まれており、とても身近な食べ物のひとつ。最近はおしゃれなチョコアイテムがどんどん増加中!

板チョコ Chocolate Bar

産地にこだわったビーン・トゥー・バーが流行中! ユニークな味も要チェック。

テオ&フィロ 各₱140 C
グリーンマンゴー&ソルト

フィリピン産の原材料にこだわるビーン・トゥー・バーブランド「テオ&フィロ」の板チョコ。フィリピンらしいユニークなフレーバー多数

カブロン・ファームズ スパイシー・ダーク・チョコレート
₱79 F

ミンダナオ島のコタバト産のカカオと、ココナッツシュガーで作られている

カカオ・デ・ダバオ 70%ダークチョコレート(カラマンシー)
₱220 E

ココナッツシュガーを使ったダバオ産の板チョコ。マンゴーやバナナなどのフレーバーもある

リサ 70%サウス・コタバト
₱279.75 D

ミンダナオ島のコタバト産のカカオを使用。カラメルやスパイスも入っている

Recommend!
高級ホテルにも卸しているほどの品質なのに良心的な値段がうれしい!

タブレア・チョコレート クリーミー・ミルク・チョコレート
₱85〜 B

100%セブ産のカカオを使ったミルクチョコレート

タブレア Tablea

いわゆるホットチョコレートの素で、セブの伝統的な朝食の定番。砂糖は好みで追加する。

テオ&フィロ カカオ・タブレア
₱179.75 D

ダバオのマラボグ産のカカオを使用。パッケージもカラフルでおみやげにぴったり

Recommend!
チリのスパイシーな辛さとチョコレートの甘さがマッチ。けっこう辛い〜!

タブレア・チョコレート メキシカン・ミックス ₱165 B

唐辛子のスパイシーさが効いたフレーバータブレア。こちらはパウダータイプ

ゲイラン・タブレア
₱123.50 E

セブ島のアルガオ産のカカオを100%使用。生産から製造まですべてアルガオで行っている

クイックメルト・タブレア
₱315 A

セブ産のカカオを使用。入れ物がプラスチックなので軽くて持ち帰りやすいのも魅力

イートインでも楽しめる♪

A〜Cの3店は店内でフード類を楽しめる。おすすめメニューがこちら。

トラディショナル・ホットチョコレート ₱90。キャラメルやバニラなどのフレーバータイプ₱130もある B

A 牛乳・水・卵不使用のチョコレートケーキ、トルタ・デ・サビサ₱285

トレス・タブレア・ケーキ ₱90。チョコレートケーキをダークチョコレートでコーティングした濃厚な味わい B

チョコレートの産地

ダバオ(ミンダナオ島)
気候と土壌がカカオ栽培に適しており、フィリピン産カカオの多くはここで生産される。

ボホール島
乾季がなく温暖なためカカオ栽培に適した気候。生産量は多くなく、ほぼ島で消費される。

セブ島
セブ島内ではアルガオなど郊外の町でもカカオが生産されている。都心部では見かけない。

タブレア・チョコレート・カフェではセブ伝統の朝食、チャンポラード(→別冊P.22)₱85も食べられる。

フード
Food

ホットソース ₱19.50
甘口のフィリピン料理との相性もいい、甘辛い味のホットソース

ティノーラ・ミックス ₱18.50
ショウガの味が効いた酸味のあるスープの素。具材はチキンがメジャー

一度はお試しあれ！

バナナケチャップ ₱16
バナナを使って酸味を抑えたあま〜いケチャップ

ハーブティー ₱44.50
血糖値を下げたり便秘解消にもよいといわれるバナバのハーブティー

バッチョイ（カップヌードル） ₱16
バッチョイとはフィリピン風ラーメンのこと。軽くてミニサイズがうれしい

おやつや夜食にもおすすめ

ブラロ味のカップヌードル ₱16
牛骨から出るだしがおいしいブラロ味。日本で食べ比べてみるのもいい

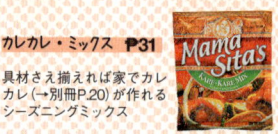

カレカレ・ミックス ₱31
具材さえ揃えれば家でカレカレ（→別冊P.20）が作れるシーズニングミックス

マンゴー・ジャム ₱72.50
パンに塗ってもヨーグルトに入れてもおいしいマンゴー味は定番

ココジャム ₱102.50
ココナッツで作られたジャム。素朴な甘さが魅力

パンシットカントン ₱9
こちらは人気のエクストラ・ホット・チリ味。フレーバーはいろいろ

ドライ・グヤバノ ₱58
グヤバノ（サワーソップ）のドライフルーツ。変わり種のドライフルーツはスーパーならでは

ドライ・パパイヤ ₱27.50
完熟したオレンジ色のパパイヤを乾燥させたドライフルーツ

ブリーチング・ソープ ₱88
レモンエキスを配合したココナッツソープ。こちらも美白効果が期待できる

人気のSilkaシリーズ

パパイヤ・ローション ₱145
SPF40もの日焼け止め効果やコラーゲンも入ったローション

シルカ・プレミアム・ホワイトニング・ローション ₱93.75
美白効果があるといわれるグリーンパパイヤのエキスを配合したローション

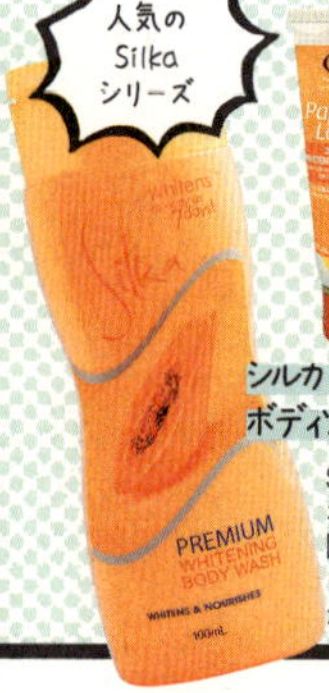

シルカ・ホワイトニング・ボディソープ ₱46.75
Silkaシリーズのボディソープ。固形石けんよりも早く美白効果が現れるという

シルカ・パパイヤ石けん ₱37
美白効果があると人気のパパイヤソープのなかでも特に人気が高い

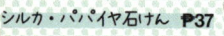

コスメ
Cosmetic

地元スーパーでローカル入手

お菓子からコスメまで、フィリピンでしか大人買い！ 日本に帰って楽しめる、インスタント食

ここで買える！

食品から日用品まで充実の品揃え

SMスーパーマーケット
SM Supermarket

SMシティ・セブ（→P.92）地下の大型スーパー。観光客も地元客も多く、にぎやかで品揃え豊富。生鮮食品やパンの販売コーナーもある。

Map 別冊P.7-C2 セブ・シティ

Lower Ground Floor, North Reclamation Area, Cebu Port Center Mabolo Cebu City（SMシティ・セブ内）
(032) 236-1698　10:00～21:00（金～日9:00～22:00）
休なし　Card A.D.J.M.V.

買いすぎ注意！

市の条例により持ち帰り用の袋は水曜と土曜は紙袋のみ

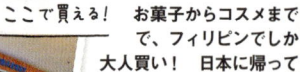

スーパーのレジは、どこへ行っても基本長蛇の列。手には持たずカゴやカートが楽でおすすめ。（福岡県・おかめ）

箱入りで
ほんのり
高級感

オタップ　₱56.50

セブを代表するお菓子でおみやげの定番。さくさく食感のパイで甘さは控えめ

オイシイ・プロウン・クラッカー　各₱5.95

えびせんのフィリピンバージョン。ノーマルフレーバー（左）と辛めの味付けのえびせん（右）。辛めの味のほうがフィリピン人に人気

ピアットス　₱25.50

フィリピンバージョンのポテトチップス。六角形の形をしている

地元スーパーマーケットでローカルアイテムを入手せよ！

チッチャロン　₱5.95

豚の皮を揚げたカルカルの銘菓。脂っこいがビールとの相性がいい

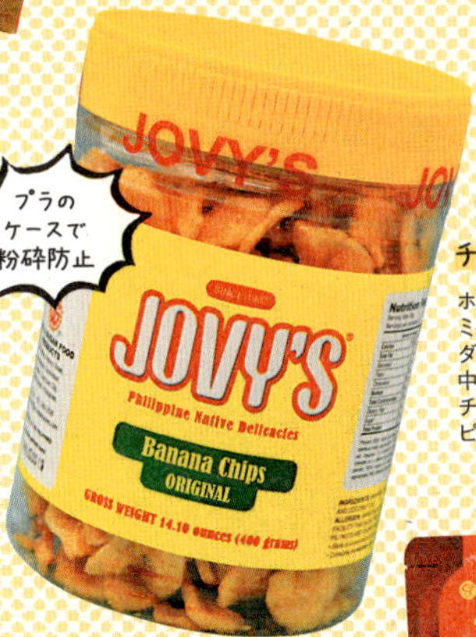

プラの
ケースで
粉砕防止

バナナチップス　₱146.50

厚めに切ったバナナを揚げて砂糖をからめたチップス。このジョビーズが特に人気

チョコムーチョ　各₱7.95

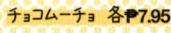

ホワイトチョコレート（上）、ミルクチョコレート（中央）、ダークチョコレート（下）。中にキャラメルが入ったチョコレートバー。フィリピン人に人気のお菓子

スポンジ・クランチ　₱8.25

チョコレートが染みこんだスナック。軽くてさくさくなので手が止まらない！

ポルボロン　₱74.50

スペイン伝来のほろほろ食感のお菓子。人気はクッキー＆クリーム味！

Snack

スナック

どれを
買おうかな

ロカリー・カラマンシージュース　₱22.50

さっぱりとしたカラマンシージュース。サワーソップなどのフレーバーもある

マンゴー・ピューレ
₱91.50

濃縮タイプのマンゴーピューレ。無糖と加糖があるので購入時に確認を

マンゴー・ネクター
₱24.50

こっくりと濃いマンゴージュース。ちょうどいい量の小さめサイズ

冷えて
いるのも
ある！

ドリンク

Drink

マーケットで
アイテムを
せよ！

なんでも揃うスーパー
買えないアイテムを
もフィリピンの味を
品や調味料もおすすめ。

高級派ならこちら！

落ち着いた空間でショッピング

ルスタンス・スーパーマーケット

Rustan's Supermarket

Map 別冊P.8-B1　セブ・シティ

ルスタンスの地下にある高級系スーパー。こぢんまりとしているが、新鮮な野菜や輸入食品が種類豊富。セブでは珍しくデリもある。

Basement of the Expansion Bldg., Cebu Business Park 2, Cebu City（アヤラ・センター・セブ直結）　(032)262-0680/(032)262-0683　9:00～21:00（金・土～22:00）　休 なし　Card A.D.J.M.V.　URL rustansfresh.com

デリが充実

デリとは持ち帰り用のハムやチーズ、サンドイッチなどのこと。ショーケースから選ぶ。

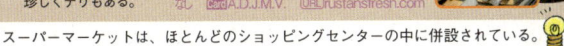

スーパーマーケットは、ほとんどのショッピングセンターの中に併設されている。

マンゴー&ココナッツをトコトン極める！

ドライマンゴー以外の商品も種類豊富

おみやげの定番、マンゴー&ココナッツ！ たくさん種類があって迷っちゃうドライマンゴーの食べ比べや、いろいろあるココナッツアイテムをまとめてご紹介☆

mango

ドライマンゴー9種を食べ比べ！

甘♡ウマ♡マンゴーを探せ☆

セブンディー

ナチュラルな甘味と控えめな酸味がほどよいバランス

₱80 B

プロフード

このなかでは最も甘めの味。酸味もほとんどなく食べやすい

₱84 A

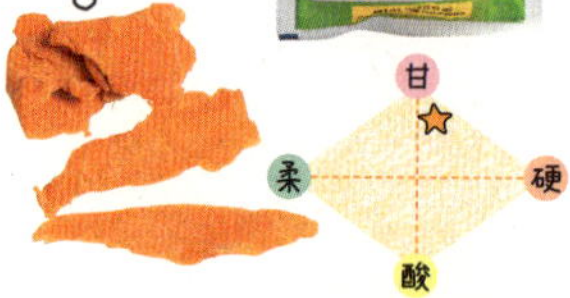

フィリピン・ブランド

しっかりとした歯ごたえのある食感が特徴。あと味は甘め

₱83.50 C

グアタルーペ

板状に形成されている。柔らかく、子供でも食べやすい

₱89.50 C

フレシュコ

肉厚で大きめなカット。生マンゴーに近い自然な甘さ

₱148 C

スイート・アース

香料・着色料不使用。すこし甘めで柔らかめの食感

₱94 G

グリーン・マンゴー

このなかで最も酸味が強い。細く小さめのカット

₱88 C

アイランド

自然な甘さだが食感は硬めでグミのよう。カットは大ぶり

₱195 G

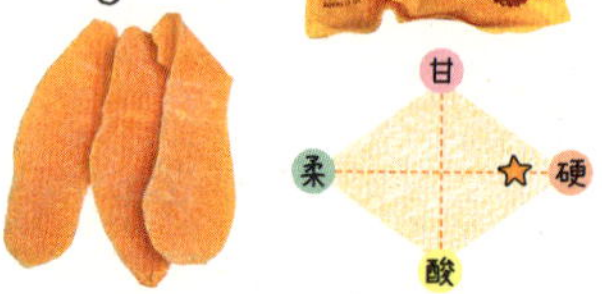

セブンディー ドライマンゴー+ダークチョコレート

ドライマンゴーにチョコレートをかけた変わりダネ

₱80 B

スーパーでドライマンゴーを買ったあと7Dの直売店に行って衝撃！ すっごく安いです。（新潟県・るる）

A ドライマンゴーの工場が見学できる プロフード・ギャラリー・ショップ
Profood Gallery Shoppe

ドライマンゴーの工場内に併設されたショップ。2日前までの予約で工場見学もできるが、ショップのみの利用もOK。

Map 別冊P.7-C1 マンダウエ・シティ

V. Albano St., Maguikay, Mandaue City ☎(032)520-9349/見学ツアー予約は(032)346-1228 7:30〜19:00（見学ツアーは8:30〜16:00）休日 Card 不可 URL profoodgallery.com

B 人気ブランドを格安で 7D
セブンディー

ドライマンゴーの人気ブランド7Dの直売店。スーパーよりお得な値段で購入できる！朝早くから開いているのもうれしい。

Map 別冊P.7-C1 マンダウエ・シティ

7D Compound, Sacris Rd., A. S.Fortuna St., Bakilad, Mandaue City ☎(032)346-1769 7:30〜18:00（土8:00〜16:40、日8:00〜17:00）休なし Card 不可 URL 7dfoods.com

C SMスーパーマーケット SM Supermarket →P.100
D ルスタンス Rustan's →P.97
E クルトゥーラ・フィリピーノ Kultura Filipino →P.95
F ヘルシー・オプション Healthy Options →P.92
G モンキー・ツリー Monkey Tree →P.97

ココナッツアイテム9変化
食べものからスキンケアまで万能！

ドライココナッツ
ココナッツの果肉を乾燥させたもの。こちらはヤングココナッツ版
₱45 A

フェイスバーム
バージンココナッツオイルベースのクリームで顔を徹底保湿！
₱139.75 E

ココナッツソープ
全身しっとり肌になれちゃう石けん。いろんな種類を試すのもいい
₱150 G

ココナッツビネガー
ココナッツを原料とした酢。比較的酸味がまろやかで飲みやすい
₱145 D

どれもおいしそう

ココナッツチップス
ココナッツの果肉をカリカリに焼いたもの。開けると手が止まらない！
₱179 F

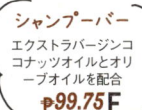

シャンプーバー
エクストラバージンココナッツオイルとオリーブオイルを配合
₱99.75 E

ココナッツワイン
ココナッツの樹液を発酵させてつくるワイン。トゥバとも呼ばれる
₱495 D

ヘアトリートメント
ぬれた髪に塗りマッサージして3分後に洗い流す。リンスも忘れずに
₱320 G

バージンココナッツオイル
おみやげの定番！肌に塗ってもいいし料理にも使える万能オイル
₱199.75 E

coconuts

空港でもドライマンゴーなどは売っているが非常に割高なので、スーパーなどで買っておくのがおすすめ。

見てカワイイ♡食べてオイシイ!

スーパーの缶詰＆粉末ドリンクを実食!

フィリピンの家庭に欠かせない、缶詰と粉末ドリンク。見た目もかわいくて、おみやげにも◎

トマトサーディン
4分割にしたイワシのトマトソース漬け。少し生臭い…

バンガス・シシグ
ミルクフィッシュで作ったシシグ。青唐辛子が入ってスパイシー！

コーン・ツナ・アドボ
ツナで作ったアドボ。醤油ベースにビネガーが効いたさっぱり味

ランチョンミート
豚肉の調理品。そのままでも食べられるが焼くと香ばしくておすすめ

カルデレータ
野菜とツナをトマトソースで煮込んだもの。フィリピンらしく味は甘め

エヴァポラーダ
牛乳を濃縮させた練乳。さらりとした液体で、ほんのりと甘い

こんなところで買えるよ!

SMスーパーマーケット
SM Supermarket →P.100

ルスタンス・スーパーマーケット
Rustan's Supermarket →P.101

各ショッピングセンター内のスーパー →P.90〜93

町や村ではサリサリストア(雑貨店)でも販売している

フォーシーズン
マンゴー、パイナップル、オレンジ、グァバのミックスジュース

マンゴー
予想以上にこっくりとしたマンゴージュースができあがる

カラマンシー
甘いがさっぱりとしたカラマンシージュースはご飯にも合う

ブコ（ココナッツ）
ココナッツの青臭さはなく、ほんのり甘くてとても飲みやすい

ミルクチャイ
こっくり濃厚なチャイティーが作れる。氷でよく冷やしてどうぞ

10袋前後でまとめて売られているが1袋でも買える

ながーい!!

フォーティファイ
いわゆる粉末ミルク。子供のおやつによく飲まれているという

チョコレート・パワー・ミルク
あまーいチョコレートミルク。ちょっと溶けにくいのが難点

カフェオレ
ミルクと砂糖がすでに入った粉末コーヒーがフィリピンでは人気！

目指せ☆
ツルピカお肌

ハイクオリティなのに驚きのお値段！セブのスパへ行かなきゃ！

遊び疲れた体は、スパでリフレッシュするのが大正解！
セブでは、マッサージも破格のお値段。
安くたって、手抜きなしのホスピタリティで癒やされる
毎日通いたい厳選スパを今すぐチェック！

知っておくと安心度UP！
スパの基本を先どりStudy☆

毎日でも訪れたいほど、リーズナブルな値段でハイレベルな施術が受けられるスパ天国のセブでは、格安から高級スパまで揃う。予約前に基本の流れをさくっとチェック！

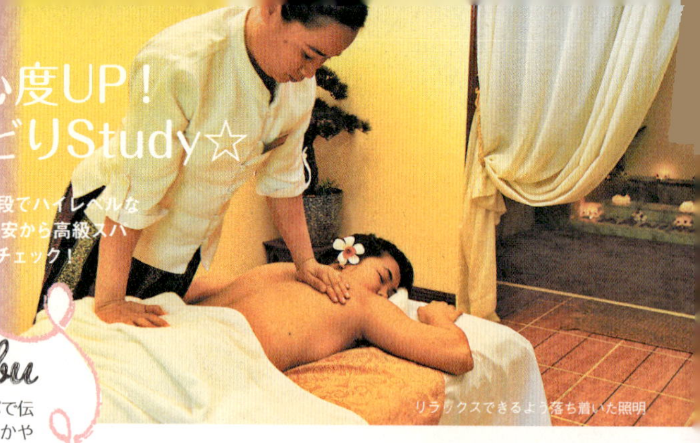
リラックスできるよう落ち着いた照明

SPA（スパ） in Cebu

セブならではのヴィラタイプの一軒家スパで伝統マッサージ「ヒロット」を体験！ 町なかやホテルのスパも基本は同じ。

1 受付

Hello!

まずは受付で予約時間と名前を伝える。受けるメニューはこの時に選ぶ。

2 施術着に着替える

こちらに着替えてください
町スパだと施術着はないことが多い

店から借りた施術着に更衣室でお着替え。施術着は店によりバスローブやサロンなどさまざま。

3 トリートメントルームに移動

部屋の希望があれば予約時にリクエストを

マッサージを受けるトリートメントルームへ。スタッフが案内してくれる。

RNIKA SPA

トリートメントルームは種類あり！

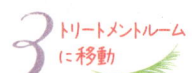

個室のほか、ベッドがふたつあるカップルルームや、フラワーバスなどを楽しめるバスタブ付きの部屋もある。町スパだと簡易的にカーテンなどで区切っているだけのところも。

4 問診票に記入

当日の体調やアレルギーの有無、肌質などを問診票に記入する。

わからない箇所はセラピストさんに確認しよう

施術NGなことも

体調が悪いときや日焼けしすぎた場合は施術ができない場合もある。また、空腹時や満腹時の施術は避けよう。

セブで受けられるマッサージ

ヒロットマッサージ
バナナなどの葉を乗せて反応した場所をマッサージする。

ストーンマッサージ
熱した火山岩（ストーン）で体を温めながらもみほぐす。

ハーバルマッサージ
蒸したハーバルボールで体を温めながら軽くたたいていく。

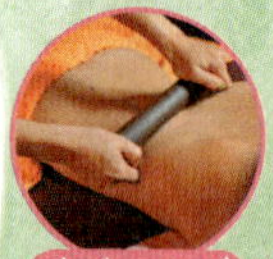

バンブーマッサージ
竹を当てて動かし筋肉の緊張や疲れをほぐしていく。

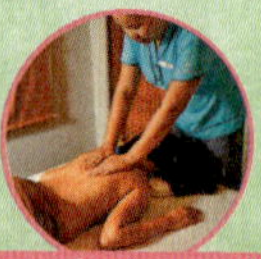

スウェディッシュマッサージ
マッサージオイルを使い、筋肉や骨格に沿ってやさしくていねいにもみほぐす。

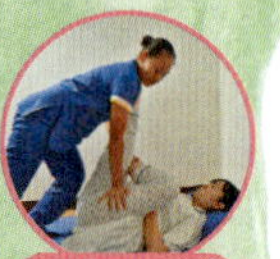

タイ式マッサージ
全身を使って刺激を与え、筋肉をストレッチして伸ばしていく。

リラックスしてね

Let's Study スパワード

セラピスト
マッサージやエステの施術者。施術が気に入った場合は指名することもできる。

プロダクト
施術に使うオイルやスクラブなどのこと。天然素材やブランドのものなど店それぞれ。

マッサージオイル
マッサージで使うアロマオイル。4～6種から好きな香りを選べるところも多い。

スクラブ
塩や米などの小さな粒状のものをクリームやオイルに混ぜたもの。角質がとれる。

アルニカ・スパの施術着はサロンでとってもかわいい！ 記念写真も撮ってくれました。（宮城県・moon）

ここで体験しました！

全室プライベートヴィラ
アルニカ・スパ Arnika Spa

ナチュラル素材のプロダクトや華やかなフラワーバスが人気のスパ。ヒロットのほか3時間パックのアルニカブリス₱4500も評判。

Map 別冊P.5-C3 マクタン島

Datag, Maribago, Lapu-Lapu City
(032)495-7187 10:00～21:30 休なし
Card M.V. 予要予約 日 URL www.arnikaspa.com マクタン島内なら1人は片道、2人以上は往復送迎無料

スパは大きく3タイプ

ホテルスパ
リゾートホテル内にあるスパ。値段は高めだがプールやサウナ、ジャクージなど施設が充実。

一軒家スパ
ヴィラなどを一棟まるまる貸切れるリッチなスパが多い。建物によりシャワーが別の場合も。

町スパ
町なかにあり、基本的にはマッサージの施術のみ。予約がいらないところも多く気軽に行ける。

予約は必須！

ホテルスパや高級スパは要予約。部屋やセラピストが空いていれば受けられるが、無理な場合もある。スパのウェブサイトや、旅行会社やホテルのコンシェルジュから予約可能。予約時には送迎があるか確認しておこう。

□予約時間
受付へ行く時間を確認。予約時間より前でもプールなどの施設が使えるスパもある。

□施術内容、所要時間
受けたいメニューが決まっていれば伝える。送迎をスパ以外で手配するなら終了時刻も確認を。

□支払い方法
クレジットカードで支払えるか、または現金のみなのか念のため確認しておくと安心。

□送迎の有無
マクタン島内のスパはホテルへの無料送迎が付いているところも多い。必要なら予約時にお願いしておく。

5 フットマッサージ

ボディにはたいていフットウオッシュを兼ねたフットマッサージが付いている。

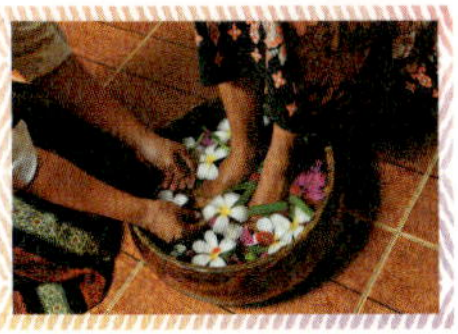

花やグリーンが浮かび目でも楽しめる

本日のMENU
ヒロット（1時間10分）…₱1500
ヒロットとはフィリピン伝統のマッサージのこと。多くのスパで体験できるメニューだ。

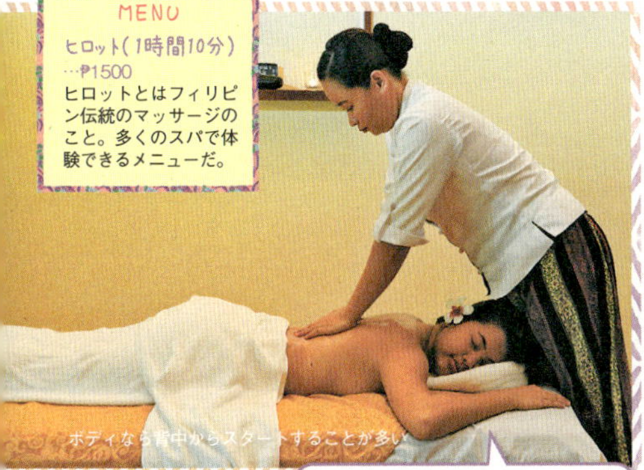

ボディなら背中からスタートすることが多い

6 施術着を脱いでベッドへ移動

施術着を脱ぎベッドに横たわる。用意ができたらセラピストさんに声をかけて。

マッサージの強さは調整してもらえる。英語を話せないセラピストさんにはこのように声をかけてみて。Gamayは「少し」という意味。

力を少し強くしてください
Palihug Ko Kusog Gamay
パリホグ　コ　コソグ　ガマイ

力を少し弱くしてください
Palihug Ko Hinay Gamay
パリホグ　コ　ヒーナイ　ガマイ

7 パノンの葉を乗せて筋肉をリラックス

マッサージしたあと、パノンと呼ばれる葉を乗せて筋肉をさらにほぐしていく。

パノンの葉は温めて使用。メントール系のハーバルが塗られている

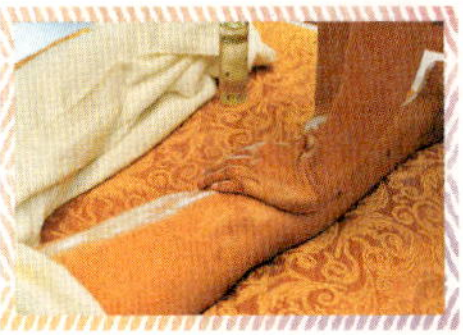

8 足や頭、前面をマッサージして終了

背中や足の施術を終えたら仰向けになり、前面や頭もマッサージして終了。

チップは必要？
渡さなくても問題ないが、施術に満足したら心付けとして渡そう。高級スパは₱100～500、町スパは₱50くらい。

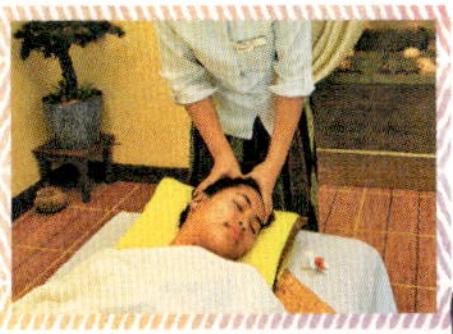

Finish

フラワーバス
お湯をためたバスタブにプルメリアなどの花々を敷き詰めた華やかなお風呂。

シグネチャー
店で最も人気のメニューのこと。メニューに迷ったときにはこれを選べば間違いなし。

フェイシャル
顔とデコルテに特化したエステ。日焼け後やアンチエイジングに効果あり。

パッケージ
ボディ、フット、フェイシャルなどいくつかのメニューがセットになったもの。

アルニカ・スパは2時間以上のコースだとサウナが無料で利用できる。

気分はお姫さま♪ マクタン島の一軒家スパで癒やされタイム

リゾートホテルが集まるマクタン島は、一軒家スパも充実！ 癒やしの空間と充実のスパメニューが整った、ワンランク上のスパ体験で自分磨きしよう☆

高級 オリエンタルスパ エコ・スパ Eco Spa

6人用のトリートメントルームもある

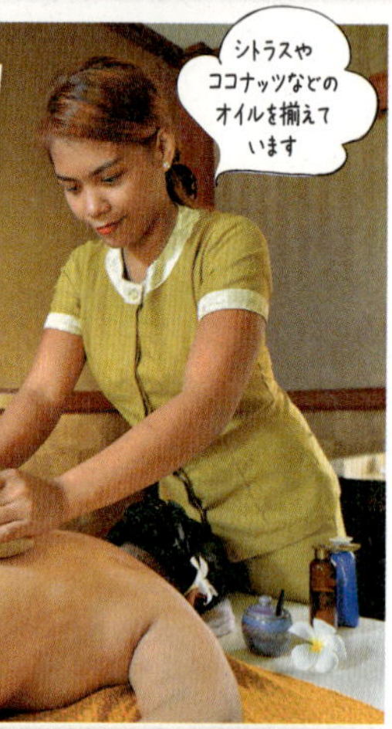

シトラスやココナッツなどのオイルを揃えています

MENU
ハーバルマッサージ+フェイシャル
2時間20分 US$120
ハーブをブレンドしたハーバルボールを蒸して、体を温めながら軽くたたく。

オーガニックハーブをブレンドしている。オイルは全部で5種類

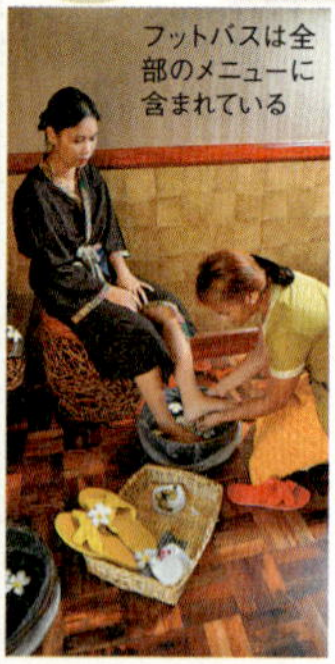
フットバスは全部のメニューに含まれている

緑豊かな敷地内にヴィラ風の建物が点在し、オリエンタルな雰囲気たっぷり！ ホットストーンやフェイシャル、ハーバルなどメニューのバラエティも豊か。日焼けした肌をアロマジェルでケアしてくれるフェイシャルケアもおすすめ。

Map 別冊P.5-C2 マクタン島

Bagong Silingan Mactan Lapiu-Lapu City ☎(032)239-1657/0917-625-0105（携帯） 9:00～23:00 休なし Card A.J.M.V. 予要予約

中級 バンブーマッサージといえばココ マリガヤ・スパ Maligaya Spa

マッサージオイルは7種類から選べます！

スタッフのマリクリスさんとアリスさん

日本のテレビでも取りあげられた、有名スパ。看板メニューは、セブ産の竹を使って老廃物を流して体の疲れをほぐしてくれる、バンブーマッサージ。マッサージオイルは、パパイヤやカモミールなど全7種類から選べる。

Map 別冊P.5-C2 マクタン島

So-ong1, Lapu-Lapu City ☎(032)520-8040 9:00～23:00 休なし Card不可 予要予約 日

南国らしい佇まいの建物

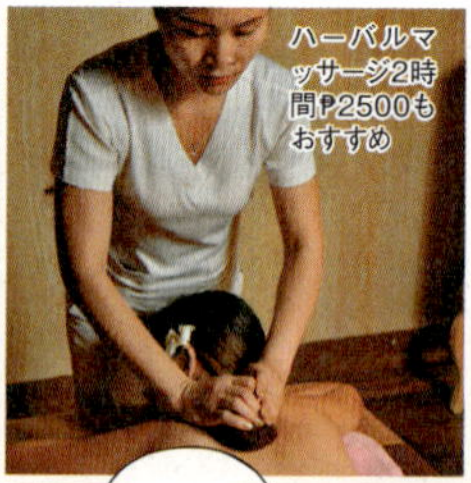
ハーバルマッサージ2時間₱2500もおすすめ

MENU
バンブーマッサージ
2時間 ₱2500
温めた竹を体の上で転がして、筋肉の疲れや緊張をほぐしていく。

「マリガヤ」はタガログ語で「幸せ」という意味です

ブリス・デイ・スパは、ネイルサロンやレストランも併設されています。ホテルもできるみたいです。（静岡県・さっちゃん）

エコ・スパの姉妹店

オイルはカモミールやイランイランなど全6種類

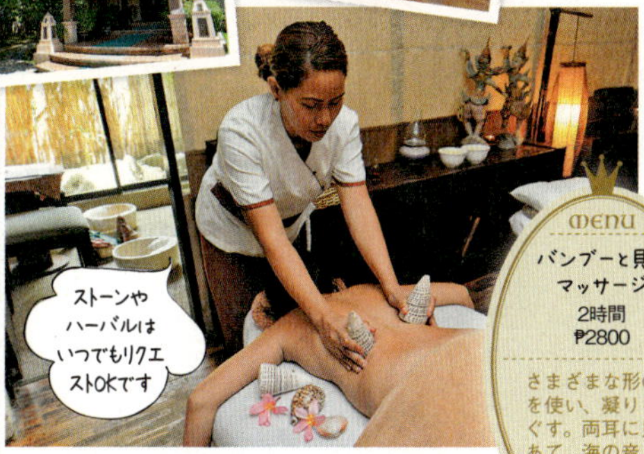
ストーンやハーバルはいつでもリクエストOKです

空間演出と技術の高さが魅力

グーン・スパ&リゾート
Goong Spa & Resort

中級

MENU

バンブーと貝のマッサージ
2時間
₱2800

さまざまな形の貝を使い、凝りをほぐす。両耳に貝をあて、海の音を聞かせてくれる。

グーンスパパッケージ₱5500はフラワーバスがセットになっている

東洋風の調度品やインテリアでまとめられ、天蓋付きのフラワーバスが備わるトリートメントルームもある。ストーンやハーバル、スクラブやボディラップなど複数のメニューがセットになったプランが充実。

Map 別冊P.5-D2 マクタン島

住 Buyog Maribago, Lapu-Lapu City 電(032)495-9147
営12:00～21:00 休12月に1日休みあり Card J.M.V. 予要予約

看板メニューはストーンマッサージ

ノア・ストーン&スパ・リゾート
Noah Stone & Spa Resort

高級

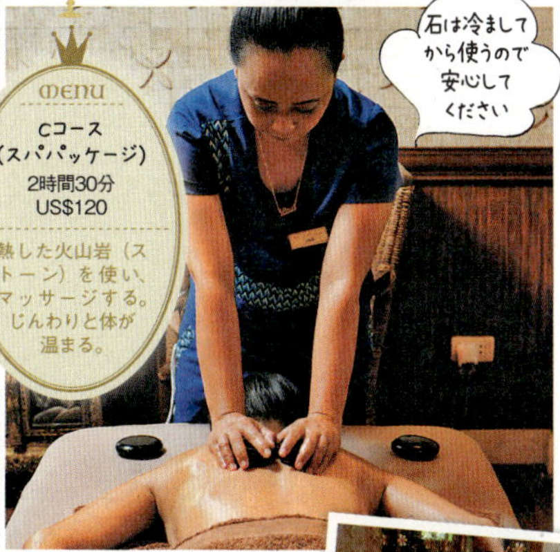
石は冷ましてから使うので安心してください

MENU

Cコース（スパパッケージ）
2時間30分
US$120

熱した火山岩（ストーン）を使い、マッサージする。じんわりと体が温まる。

220度に熱した火山岩を使うストーンマッサージが有名。マッサージオイルは、レモングラスやラベンダーなど7種類からチョイスする。Cコースは、フェイシャル、ボディスクラブラップ、フラワーバスもセットになっている。

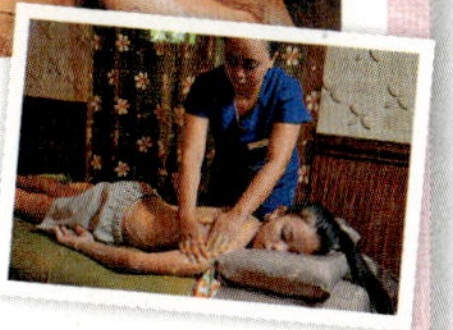
お肌がツルツルになるパパイヤ入りのスクラブも人気

にぎやかな中庭には九官鳥もいる

Map 別冊P.5-C3 マクタン島

住 Abuno St., Pajac, Lapu-Lapu City
電(032)342-8379
営10:00～23:00 休なし
Card A.J.M.V. 予要予約 日

早くも人気のニューオープンスパ

ブリス・デイ・スパ
Bliss Day Spa

格安

2017年12月のオープン以来、良質なサービスと最新設備が整っていながらリーズナブルに利用できると地元で人気！ シャワーとトイレが付いた部屋もある。10:00～15:00はすべてのメニューが20%引きになる。

Map 別冊P.5-C2 マクタン島

住 M.L. Quezon Hwy., Soong, Lapu-Lapu City 電0995-931-5353（携帯）
営10:00～翌2:30 休なし Card 不可
予要予約 日
URL www.blissdayspacebu.com

ドライまたはオイルマッサージがセットになったフットマッサージ90分₱1200

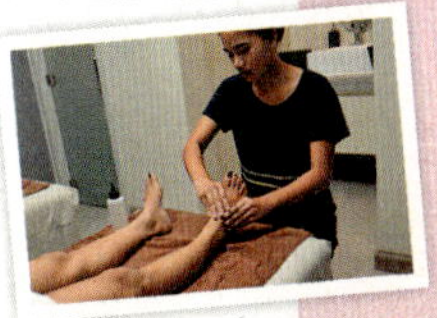

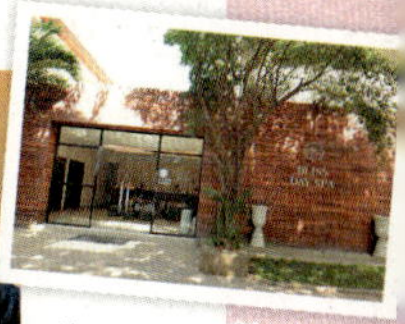
ギフトショップやレストランも併設

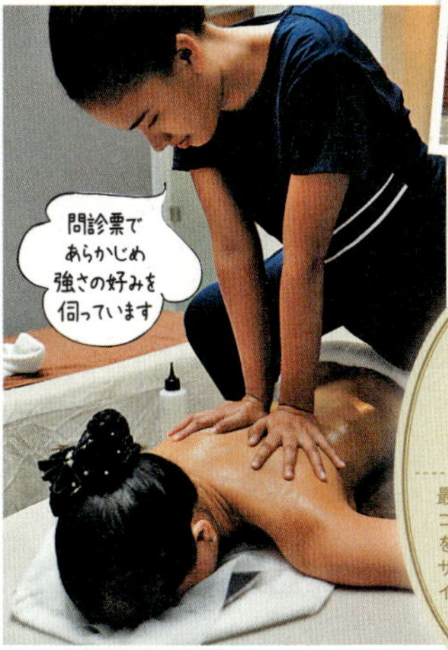
問診票であらかじめ強さの好みを伺っています

MENU

シグネチャーマッサージ
1時間
₱1100

最高級のバージンココナッツオイルを使用したマッサージ。好みのオイルを選べるアロママッサージは60分₱1000。

エコ・スパ、グーン・スパ&リゾート、ブリス・デイ・スパでは、マクタン島内なら無料で送迎してくれる。

18世紀の日本をイメージしてます

緑豊かな庭園が望めるトリートメントルーム

日本風庭園に囲まれたヴィラスパ

モガンボ・スプリングス

Mogambo Springs

at プランテーション・ベイ・リゾート&スパ（→別冊P.18）

約4ヘクタールの日本風庭園が広がる、リラックスした空間。敷地内にはヴィラが点在する。敷地内で宿泊できるエンジェントルームは、1泊につき1時間のアロママッサージとフローラルバスが付いて、US$190～。

温水ジャクージやスチームサウナなどもある

Map 別冊P.4-B3　マクタン島

Marigondon, Lapu-Lapu City
(032)505-9800
10:00～23:00　休なし
Card A.D.J.M.V.　予要予約
URL plantationbay.com

イチオシメニュー

- スキンフルプレジャー ……1時間 ₱2800
- アロマティックトランキリティ ……2時間 ₱6200
- ウルティメイトモガンボスプリングスエクスペリエンス ……6時間30分 ₱1万5000

レモングラス、ラベンダー、イランイラン、ペパーミント・ジンジャーの4種から好きなオイルを選べる

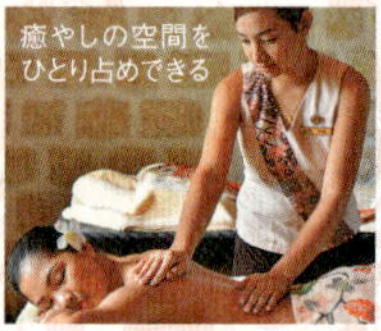

癒やしの空間をひとり占めできる

フローラルバス₱2200はハーバルバスに変えられる

女子のあこがれ ホテルの贅沢スパを満喫

こちらもおすすめ！ → P.34

物価の安いフィリピンなら、憧れのホテルスパを堪能できるチャンス！ ホテルならではの良質なサービスと高い技術を誇るスパで、思う存分贅沢な気分を満喫しよう♪

ラグジュアリーな雰囲気漂うロビー

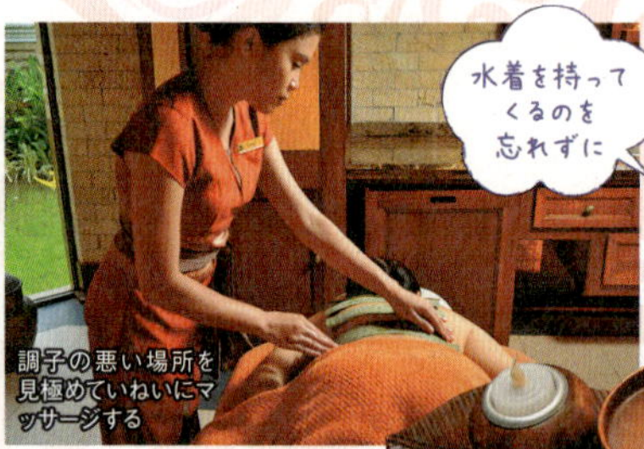

調子の悪い場所を見極めていねいにマッサージする

水着を持ってくるのを忘れずに

セラピストのカリルさん

イチオシメニュー

- フィリピンヒロット ……1時間 ₱5000～
- スウェーデン式マッサージ ……1時間 ₱5000～
- ディープティシューマッサージ ……1時間 ₱5000～
- スージングアフターサンラップ ……1時間 ₱4000～

※税・サービス料別

温かいバージンココナッツオイルとバナナリーフを使う

ハイレベルな技術の極上スパ

チ・スパ　Chi, the Spa

at シャングリ・ラ・マクタン・リゾート&スパ（→P.116）

バスタブとプライベートガーデンを備えた、豪華なヴィラでスパ体験ができちゃう！「氣」の流れを刺激して健康な体に整える、中国の伝統的な考えに基づいたメニューを揃える。

Map 別冊P.5-D1　マクタン島

Punta Engaño Rd., Lapu-Lapu City　(032)231-0288
10:00～22:00　休なし　Card A.D.J.M.V.　予要予約
日　URL www.shangri-la.com

プールやサウナなどの設備が充実している

ロビーにあるショップで、チ・スパのオリジナルグッズが買えます。ボディスクラブとココナッツオイルをゲットしました☆（京都府・まり）

南国の雰囲気たっぷりのスパ

アム・スパ&ウエルネス・センター

Aum Spa & Wellness Center

at クリムゾン・リゾート&スパ・マクタン (→P.116)

男女別のトリートメントルームやサウナ、ジャクージを完備。セラピストも男女どちらかをリクエストOK！ 貝殻を使い筋肉をほぐしていくカフパヤンなど、フィリピン式マッサージを取り入れたメニューが揃う。

Map 別冊P.5-D2 マクタン島

Seascapes Resort Town, Lapu-Lapu City ☎(032)401-9999 9:00～23:00（最終受付21:30） 休なし Card A.D.J.M.V. 予要予約 URL www.crimsonhotel.com/mactan

アムシェルマッサージは貝殻やオリジナルで配合したバームを使う

バスタブ付きのカップルルーム

イチオシメニュー
- アムシェルマッサージ ……1時間 ₱4032
- アムエキストラヴァガンザ ……3時間 ₱8736

※税・サービス料別

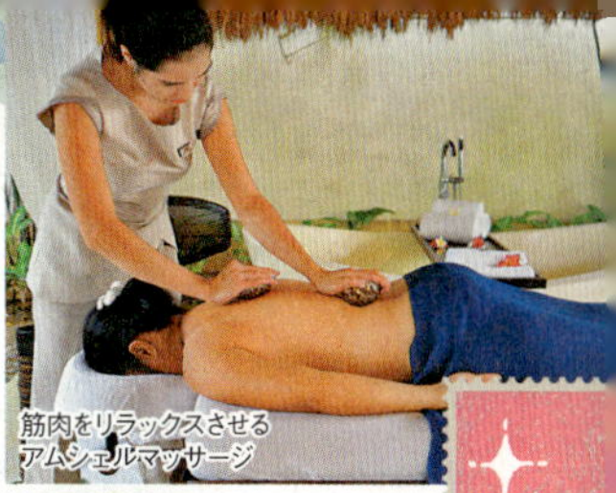
筋肉をリラックスさせるアムシェルマッサージ

プールサイドにあるカバナはタイ式マッサージ専用

疲れた体をほぐします♪

イチオシメニュー
- スウェディッシュオイルマッサージ ……1時間 ₱2700
- ヒロットオイルマッサージ ……1時間 ₱2700

癒やしの空間でリラックス

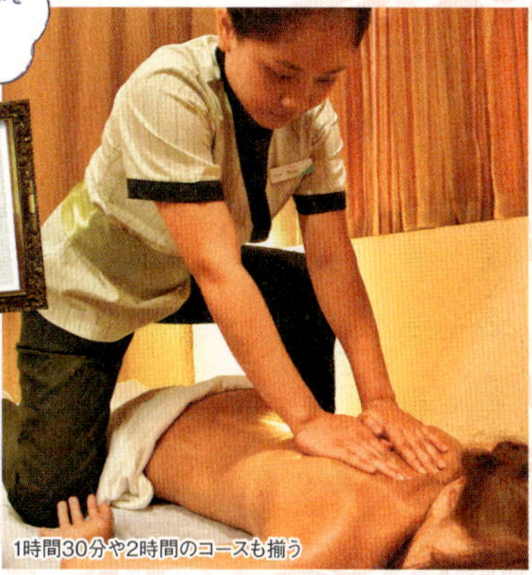
1時間30分や2時間のコースも揃う

ヒロットが人気

カラ・スパ Cara Spa

at Jパーク・アイランド・リゾート&ウオーターパーク・セブ (→別冊P.18)

人気メニューのヒロットオイルマッサージでは、オリジナルで調合したバージンココナッツオイルを使用。フラワーバスやスクラブがセットになった、デライトスパパッケージ₱7000～も好評だ。オリジナルの美容グッズも販売。

Map 別冊P.5-D3 マクタン島

M.L. Quezon Hwy., Brgy. Maribago, Lapu-Lapu City ☎(032)494-5111 10:00～23:00 休なし Card A.J.M.V. 予要予約 URL caraspa.com

こだわったナチュラルな素材を使っている

上質なサービスに定評あり

アムマ・スパ Amuma Spa

at ブルーウオーター・マリバゴ・ビーチ・リゾート (→別冊P.18)

マッサージで使用するプロダクトは、なんとホテルの農場や敷地内で収穫したオーガニック素材！ それを生かしたフィリピン伝統のマッサージが人気。トリートメントルームは全5室と小規模なぶん、サービス充実。

Map 別冊P.5-D3 マクタン島

Maribago, Buyong, Lapu-Lapu City ☎(032)492-0100 8:00～24:00 休なし Card A.D.J.M.V. 予要予約 URL www.bluewatermaribago.com.ph

イチオシメニュー
- ヒングタン ……30分 ₱800
- アムマシグネチャーヒロット ……1時間30分 ₱3900

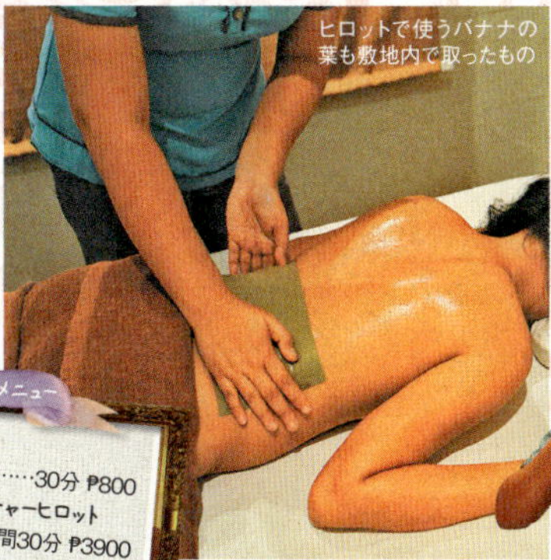
ヒロットで使うバナナの葉も敷地内で取ったもの

カップルルームのほかに、シングルルームもある

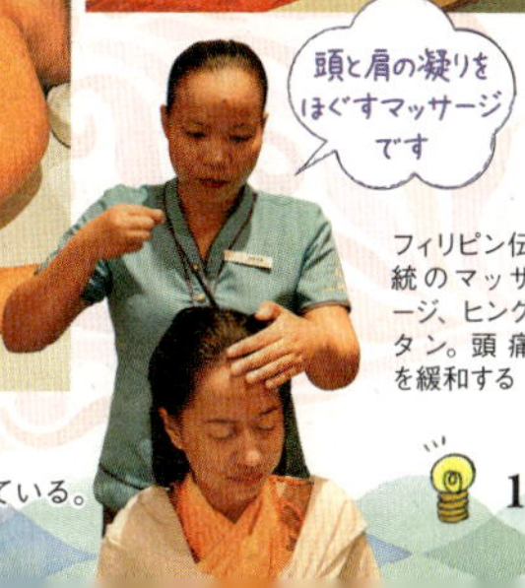

頭と肩の凝りをほぐすマッサージです

フィリピン伝統のマッサージ、ヒングタン。頭痛を緩和する

アムマ・スパは、ジムやサロンも併設している。

AROUND ₱500

安くてハイ
プチプラ

セブ・シティを中心に
気軽に行けるリーズナブル
安いだけじゃない、質の高
激安スパはコチラ☆

リゾートエリアからも行きやすい

ツリー・シェイド・スパ

Tree Shade Spa

高級な雰囲気ながらも手頃な価格でマッサージが受けられると人気のスパ。ムーベンピック・ホテル・マクタン・アイランド・セブ（→別冊P.18）の向かいにあり、リゾートエリアからのアクセス抜群。セブ・シティにも支店（→P.37）あり。

Map 別冊P.5-D1 マクタン島

Mactan Seaport Village, Punta Engaño Rd., Lapu-Lapu City (032)520-7000/(032)514-7000 24時間 休なし Card A.D.J.M.V. 日 《日》 他セブ・シティ（→P.37）

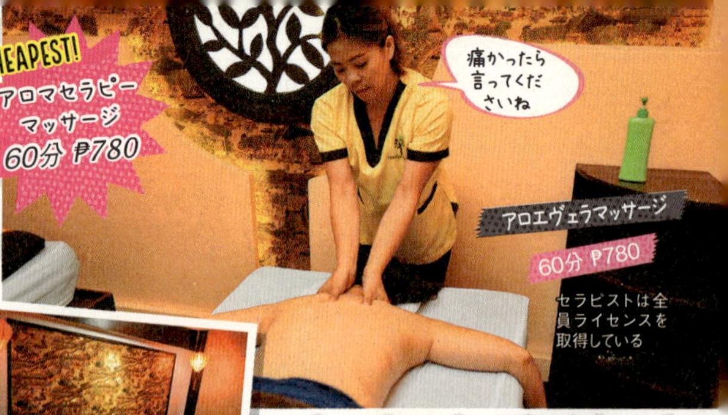

セラピストは全員ライセンスを取得している

清潔で高級感のあるトリートメントルーム

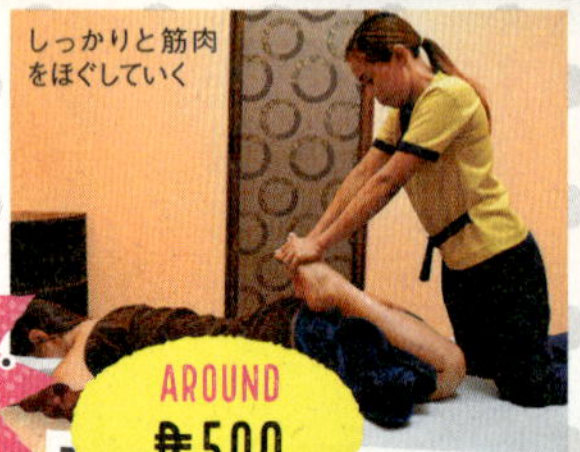

しっかりと筋肉をほぐしていく

強めのマッサージが好きな人におすすめの指圧マッサージ 60分₱400

オーナーの夫が設計した建物

高級感あふれるスパ

フローラ・スパ

Flora Spa

CHEAPEST! アロマ・スウェディッシュ・マッサージなど 60分 ₱400

1階はソファが置かれたフットマッサージ専用ルーム、2階がトリートメントルームになっている。各部屋は、しっかりとしたパーテーションで仕切られているので、ほかの人の目を気にせずマッサージを受けられると評判。

Map 別冊P.6-B2 セブ・シティ

Gov. M Cuenco Ave., Banilad, Cebu City (032)266-5535 10:00～翌2:00 休なし Card 不可

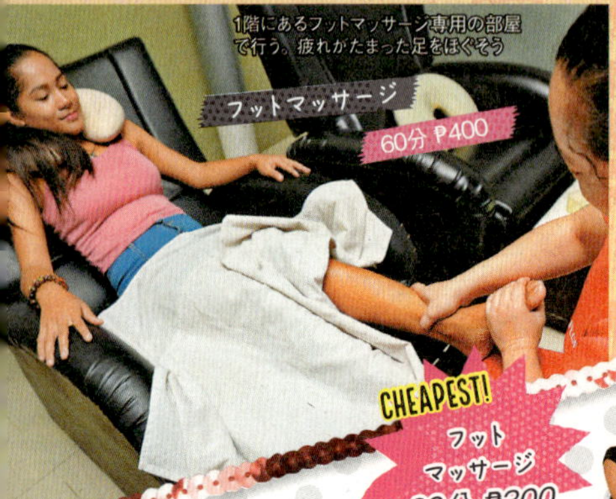

1階にあるフットマッサージ専用の部屋で行う。疲れがたまった足をほぐそう

仕切りがしっかりしていてプライベート空間が保たれている

清潔感ばっちりで安心！

パパイヤ・スパ

Papaya Spa

CHEAPEST! フットマッサージ 60分 ₱300

カモミールやユーカリ、ラベンダーのオイルから好きな香りを選び、やさしいタッチのマッサージを受けられる。オリジナルのオイルやソープも販売。韓国人のオーナーは日本留学経験があるので、日本語での問い合わせもOK。

オーナーのスージンさん、セラピストのロージィさんとリアさん

Map 別冊P.4-A3 マクタン島

Basak Kapaping, Basak Marigondon Rd., Lapu-Lapu City (032)232-3465 13:00～翌1:00（最終予約～23:30） 休なし Card 不可 予要予約 日 《日》

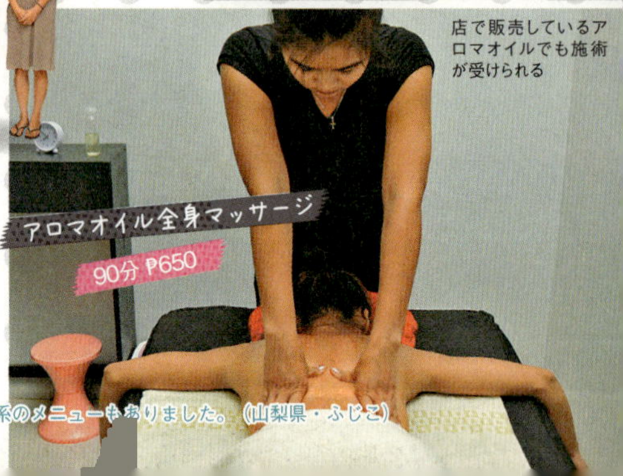

店で販売しているアロマオイルでも施術が受けられる

セブ・シティのツリー・シェイド・スパ（→P.37）はエステ系のメニューもありました。（山梨県・ふじこ）

安くてハイレベルなプチプラ町スパ

レベルな
町スパ

60分1000円程度で
なスパをピックアップ！
さもバッチリな

CHEAP & HIGH LEVEL SPA

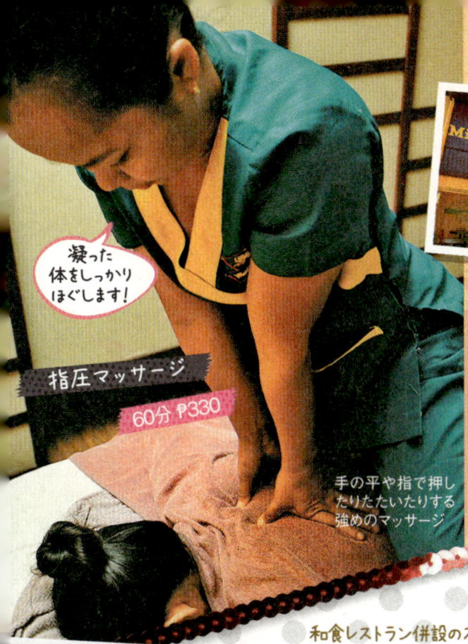

手の平や指で押したりたたいたりする強めのマッサージ

ウオークインの客が多い

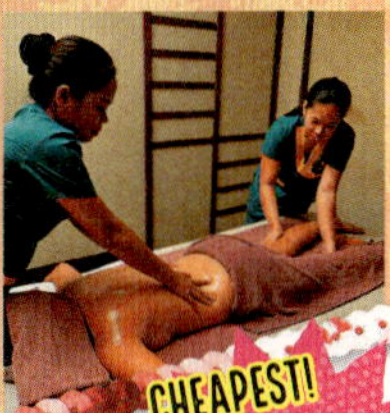

格安のツインマッサージ60分₱700もおすすめ

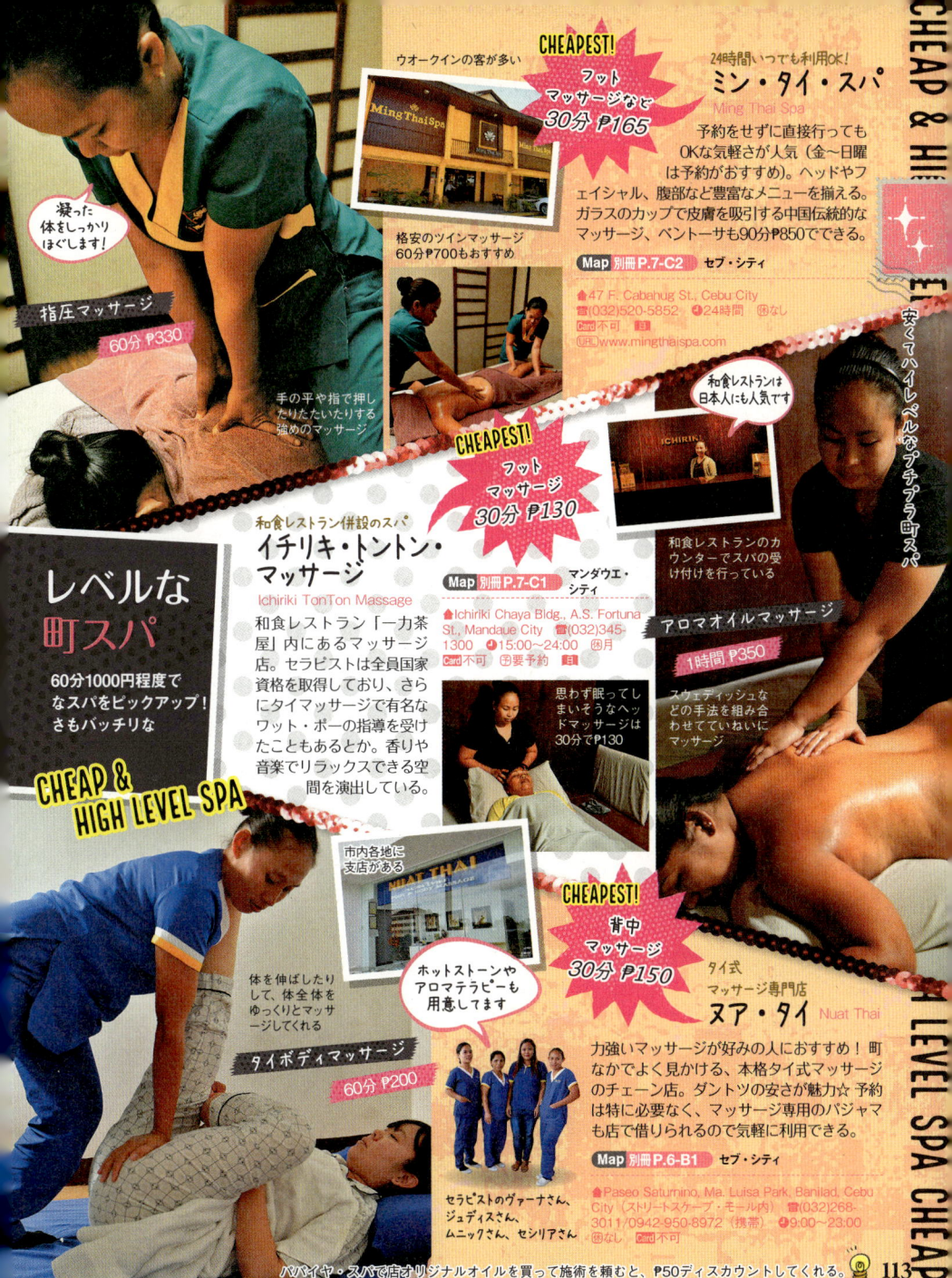

CHEAPEST! フットマッサージなど 30分 ₱165

24時間いつでも利用OK!

ミン・タイ・スパ

Ming Thai Spa

予約をせずに直接行ってもOKな気軽さが人気（金〜日曜は予約がおすすめ）。ヘッドやフェイシャル、腹部など豊富なメニューを揃える。ガラスのカップで皮膚を吸引する中国伝統的なマッサージ、ベントーサも90分₱850でできる。

Map 別冊P.7-C2　セブ・シティ

47 F. Cabahug St., Cebu City
(032)520-5852　24時間　休なし
Card不可　日
URL www.mingthaispa.com

和食レストランのカウンターでスパの受け付けを行っている

CHEAPEST! フットマッサージ 30分 ₱130

和食レストラン併設のスパ

イチリキ・トントン・マッサージ

Ichiriki TonTon Massage

和食レストラン「一力茶屋」内にあるマッサージ店。セラピストは全員国家資格を取得しており、さらにタイマッサージで有名なワット・ポーの指導を受けたこともあるとか。香りや音楽でリラックスできる空間を演出している。

Map 別冊P.7-C1　マンダウエ・シティ

Ichiriki Chaya Bldg., A.S. Fortuna St., Mandaue City　(032)345-1300　15:00〜24:00　休月
Card不可　予要予約　日

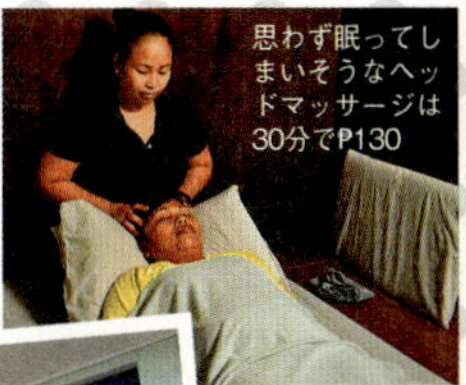

思わず眠ってしまいそうなヘッドマッサージは30分で₱130

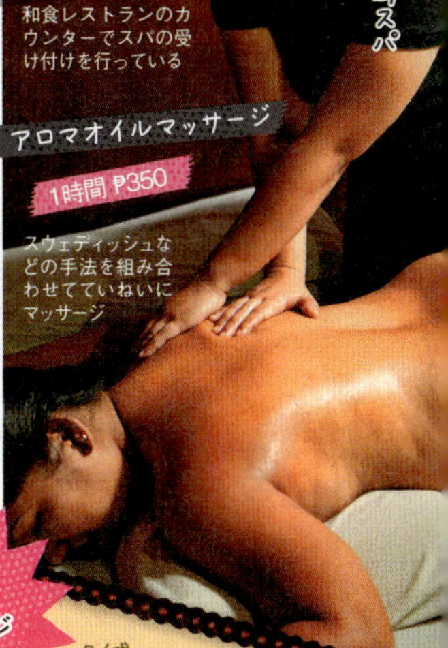

スウェディッシュなどの手法を組み合わせてていねいにマッサージ

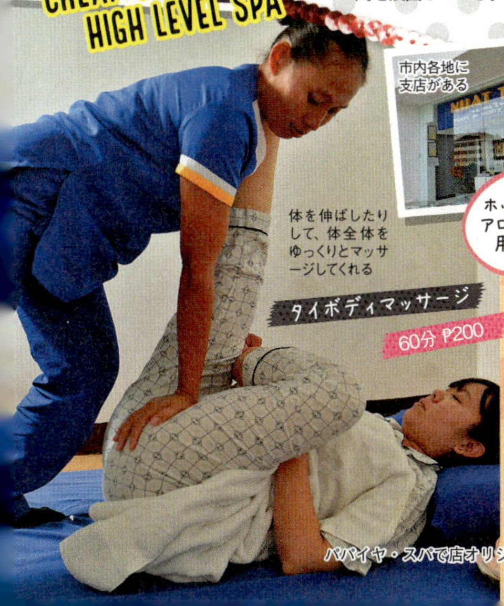

体を伸ばしたりして、体全体をゆっくりとマッサージしてくれる

市内各地に支店がある

セラピストのヴァーナさん、ジュディスさん、ムニックさん、セシリアさん

CHEAPEST! 背中マッサージ 30分 ₱150

タイ式マッサージ専門店

ヌア・タイ

Nuat Thai

力強いマッサージが好みの人におすすめ！町なかでよく見かける、本格タイ式マッサージのチェーン店。ダントツの安さが魅力☆ 予約は特に必要なく、マッサージ専用のパジャマも店で借りられるので気軽に利用できる。

Map 別冊P.6-B1　セブ・シティ

Paseo Saturnino, Ma. Luisa Park, Banilad, Cebu City（ストリートスケープ・モール内）　(032)268-3011/0942-950-8972（携帯）　9:00〜23:00
休なし　Card不可

パパイヤ・スパで店オリジナルオイルを買って施術を頼むと、₱50ディスカウントしてくれる。

Moringa

次世代のスーパーフード

モリンガアイテムに大注目！

栄養たっぷりの植物モリンガが自生しているセブ。コスメから食品までさまざまなモリンガアイテムを集めました！

モリンガってなーに？

鉄分やビタミン、食物繊維、タンパク質など90種類以上の栄養素を持つ植物。匂いや味にクセはない。セブでは「マルンガイ」と呼ばれている

食べてみたい人はココへ

モリンガやリンゴ、ニンジンが入ったツリー・オブ・ライフ₱179

ヘルシーなメニューが揃う

ムーシー・グリーン・スムージー+ジュース・バー

Mooshi Green Smoothie + Juice Bar

新鮮な果物と野菜で作るスムージーが人気。モリンガを使ったフードもあり、健康志向派におすすめ。

Map 別冊P.8-B1 セブ・シティ

K306 Level 3, Business Park, Cebu City（アヤラ・センター・セブ内） 0933-820-0785（携帯） 10:00～21:00（金・土～22:00） なし ₱100～ Card不可

モリンガパスタで作ったスリーチーズ・ラザニア・ヴェルデ₱249

ここでも食べられる！

エル・スエニョ→P.69

石けん

肌の殺菌作用があるモリンガ。余分な菌を滅して肌本来の細胞を活性化させることでアンチエイジング効果が期待できる。（左）₱200 A（右）₱150 B

モリンガオイル

モリンガの種から取れるオイル。アンチエイジング効果のほか、炎症や皮膚トラブルに塗っても効果がある。₱2500 C

育毛剤

モリンガには育毛効果があるといわれる。乾燥した髪の根元から塗りシャワーキャップで3時間おいて洗い流す。₱400 C

ボディバター

ココナッツオイルがベース。肌の細胞が活性化すると同時に保湿できる優れもの。₱199.75 E

モリンガティー

有機栽培で育てたモリンガを使ったティー。ティーバッグなので使いやすくて便利。小分けタイプもある。₱400 D

モリンガパウダー

モリンガを乾燥させたマイクロパウダー。水やジュースに溶かして飲む。熱湯は栄養素が壊れるので避けて。₱1200 C

フルーツジュース

マンゴー味などさまざまなフレーバーの粉末ジュースタイプもおすすめ。水を注げばすぐにできあがる。各₱215 E

ここで買える！

A アーテバルマン・ハンディクラフト・マーケット（→P.97）

B モンキー・ツリー（→P.97）

C エコストア（→P.96）

D バズ・カフェ・オブ・ボホール・ビー・ファーム（→P.92）

E ルスタンス（→P.97）

カンタン 4STEP！

モリンガレシピ

モリンガは簡単に育つ手間のかからない植物。植えて収穫して、ぜひ食べてみて！

おいしいよ！

モリンガスープ

材料

- 生モリンガ…1カップ
- ☆タマネギ…1/4
- ☆ショウガ…1片
- ☆トマト…1個（小ぶり）
- ☆唐辛子…3本
- ☆鶏モモ肉…200g
- コンソメ…1/2キューブ
- 塩…ひとつまみ
- 和風調味料…ひとつまみ

①水を1L沸騰させる。
②刻んだ☆の具材を入れて15分ほど煮込む。
③モリンガを入れる。
④コンソメ、塩、和風調味料で味を調える。

ショウガの風味が効いたさっぱり味のスープ　レシピはヴィラ・マーマリン（→P.130）協力

モリンガペペロンチーノ

材料

- 生モリンガ
- パスタ
- オリーブオイル
- ニンニク
- 鷹の爪
- ブイヨンまたは塩

①熱したオリーブオイルにニンニクをたっぷり入れる。
②鷹の爪と刻んだモリンガを加える。
③軽く混ぜたらブイヨンまたは塩で味を調える。
④ゆでたパスタを加えて炒める。

レシピはエル・スエニョ（→P.69）協力。パスタは店でも提供している

選んでる
時間も楽しい♪

タイプ別で選べちゃう♪
コスパ抜群な
セブの厳選ホテル

アジア有数のリゾートアイランドであるセブには
高級系からリーズナブルまで
あらゆるリゾートホテルが揃っています。
女子におすすめのホテルをarucoが厳選！

H T L E

普段は高くてなかなか泊まれない世界ブランドのホテルも、セブなら手が

アジアンムード満載！

Crimson Resort & Spa Mactan

クリムソン・リゾート&スパ・マクタン

ヴィラとホテル棟があり、特に全4種類あるヴィラが人気。40棟中38棟がプライベートプール付きで、ハネムーナーからファミリーまで幅広い用途で利用できる。セブ産の木材を使用した客室は、アジアンムードたっぷり！

Map 別冊P.5-D2　マクタン島

Seascapes Resort Town, Lapu-Lapu City　(032)401-9999　料デラックス₱2万1000～、デラックスガーデン₱2万3000～、プールヴィラ₱4万～、オーシャンヴィラ₱4万4000～（税・サービス料別、朝食込み）　Card A.D.J.M.V.　室40棟+250室　Wi-Fiあり　URL www.crimsonhotel.com/mactan　交空港から車で25分

～おもな施設～

- プール（2ヵ所）
- レストラン&バー（5ヵ所）
- スパ
- ジム
- ツアーデスク
- キッズルーム etc.

→P.111

わぁ～
キレイ♡

Rich Point

目の前の海とつながっているような景色が楽しめるインフィニティプールが人気。

1.ツインベッドも選択できる、デラックスガーデン　2.ヴィラの種類は全部で4つ　3.オーシャンヴィラはプライベートプール付き

アメニティは
ホテルの
オリジナルです

世界的ブランドホテル

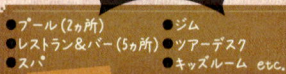

Shangri-La's Mactan Resort & Spa

シャングリ・ラ・マクタン・リゾート&スパ

5つ星のリゾートホテル。広大な敷地には、全長350mのプライベートビーチや3つのプールがあり、ホテル内だけで十分楽しめる。客室は全部で11のカテゴリーがあり、メインウイングとオーシャンウイングに分かれている。

Map 別冊P.5-D1　マクタン島

Punta Engaño Rd., Lapu-Lapu City　(032)231-0288　問合シャングリ・ラ ホテルズ&リゾーツ ワールドワイド・リザベーションセンター　Free 0120-944-162　料デラックス₱1万9500～、デラックスシービュー₱2万0500～、マクタンスイート₱2万8500～、プレミアルーム（オーシャンウイング）₱2万2000～（税・サービス料別、朝食込み）　Card A.D.J.M.V.　室530室　Wi-Fiあり　URL www.shangri-la.com　交空港から車で25分

Rich Point

一部の客室に、マンゴーやバナナなどのウエルカムフルーツが用意されている！

1.13ヘクタールもの敷地内は緑豊か　2.プライベートビーチでのんびりと海を堪能できる　3.シンプルなデザインのデラックスシービュー

～おもな施設～

- プール（1ヵ所。一部の客室は2ヵ所）
- スパ
- レストラン&バー（8ヵ所）
- ジム
- ツアーデスク etc.

→P.110

シャングリ・ラ・マクタン・リゾート&スパは、日本語の説明書が多くて英語が苦手な私にうれしい配慮でした。（奈良県・みな）

届く値段でステイできる！　最新設備と良質なサービスを満喫して♪

日本人
スタッフが
常駐してます！

日本人経営の隠れ家リゾート

Pulchra
プルクラ

セブ・シティの南にある、サン・フェルナンドの日本人経営リゾート。自然豊かなジャングルに囲まれた全5種類のヴィラに宿泊できる。なかでも海を望めるシーフロントが人気！　オーガニック素材にこだわったレストランも併設。

Map 別冊P.3-C2　セブ島中部 サン・フェルナンド

San Isidro, San Fernando　(032)232-0815、0824～25　問合P&Iエンタープライズ(0436)25-0261　料ラグーンスイートUS$320～、プールラグーンスイートUS$385～、プールラグーンヴィラUS$630～、シーフロントジャクージヴィラUS$730～、ツーベッドルームプールヴィラUS$860～（税・サービス料・朝食込み）　Card A.D.J.M.V.　日　室37室　Wi-Fiあり　URL www.pulchraresorts.com　交空港から車で1時間20分

Rich Point
自然派オーガニックコスメブランドのロクシタンをアメニティに採用。

1.自分だけのプールが楽しめるシーフロントジャクージヴィラ　2.お姫様のベッドのような天蓋ベッドに胸きゅん！　3.併設のスパには海上コテージもある

～おもな施設～
- プール（1ヵ所）
- レストラン＆バー（4ヵ所）
- スパ
- ジム
- オーガニックファーム
etc.

→P.34

高級レストラン併設のおこもり宿

Abacá Boutique Resort
アバカ・ブティック・リゾート

セブ各地にレストランを展開する、アバカグループ経営のリゾート。最低でも65㎡の広さをもつ客室が全部で9部屋あり、小規模ならではの質の高いサービスが自慢。併設のダイニング（→P.78）では最高級の料理を堪能できる。

Map 別冊P.5-D1　マクタン島

Punta Engaño Rd., Lapu-Lapu City　(032)495-3461/(032)236-0311　料マスターオーシャンフロントスイート₱1万5900～、プールサイドオーシャンスイート₱1万7900～、シービュープールヴィラ₱2万6800～（税・サービス料別、朝食込み、空港送迎付き）
Card J.M.V.　室9室　Wi-Fiあり
URL www.abacaresort.com　交空港から車で25分

広くて
最高ー！

Rich Point
定評のあるアバカ・リゾート・レストラン。ハイレベルな地中海料理が楽しめる。

→P.78

～おもな施設～
- プール（1ヵ所）
- レストラン＆バー（1ヵ所）
- スパ
- ジム
- キッズルーム etc.

→P.78

1.広さ65㎡のマスターオーシャンフロント　2.レストランはいつも予約でいっぱい！　3.ホテル棟とレストランの間にプールがある

宿泊しなくても、お手頃な料金でプールなどの設備が利用できる「デイユースプラン」を提供するホテルもある。

ココが Good!
レストランが3軒にプールが2ヵ所、スパや小さなショップも入り、施設がかなり充実。

コテージタイプのお部屋もあります

スタッフのエミローズさんとブレイズさん

充実の施設に大満足

Costabella Tropical Beach Hotel

コスタベラ・トロピカル・ビーチ

最新の設備や良質なサービスが評判で、日本人観光客の利用が多い。3つのホテル棟とコテージがあり、多様な客室を揃える。敷地内にはプールやプライベートビーチ、スパなど一流ホテル顔負けの充実した施設を完備。

Map 別冊P.5-D2 マクタン島

Buyong, Barangay Maribago, Lapu-Lapu City
(032)231-4244 料スーペリア₱1万～、デラックスプールサイド₱1万1000～、PWDルーム₱1万1000～、デラックスプールサイド（プライベートバルコニー付き）₱1万2000～、プレミエールデラックスプールサイド₱1万2000～、シービュースイート₱1万6000～、サンライズコーナースイート₱1万6000～、シーフロントスイート₱1万6000～（税・サービス料・朝食込み） Card A.D.J.M.V. 室56室 Wi-Fi あり URL www.costabellaresort.com 交空港から車で30分

1.ホテルの中央にプールがふたつある 2.ビーチにはリゾート感あふれるベンチが置かれている 3.のんびりとくつろげる、ゆったりサイズのデラックスプールサイド

～おもな施設～
- プール（2ヵ所）
- スパ
- レストラン（3ヵ所）
- ツアーデスク etc.

プール or ビーチ付き!

ハイレベルでコスパ

予算はおさえたいけど、リゾート気分を味わいたい！ そんな願いを叶えてくれる、

スタッフのルシアさんとミッシェルさん

全客室クイーンサイズのベッドです！

夢のヴィラに泊まれる！

Alfheim Resort

アルフェイム・リゾート

客室はすべて1棟1室のヴィラ。天蓋付きのベッドに、花が散りばめられたバスタブなど、リゾート感満載の演出に気分もアップ！ バルコニーには、目の前のオーシャンビューが見渡せるプライベートプールもある。

Map 別冊P.5-D3 マクタン島

Hadsan Cove Agus Maribago, Lapu-Lapu City (032)495-2480 料プールヴィラルーム₱6500～（税・サービス料・朝食込み） Card 不可 室12室 Wi-Fi あり URL alfheimresort.com 交空港から車で30分

～おもな施設～
- プール（1ヵ所）
- ツアーデスク
- スパ etc.

ココが Good!
すべての客室に、ベランダとプールが付く。よりプライベートな時間が楽しめる！

1.客室の外観も凝っていてかわいい！ 2.目の前の海を眺めながらプールが楽しめる 3.部屋の種類はひとつ。ハネムーンで利用するカップルも多い

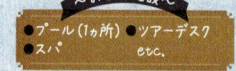

コスタベラ・トロピカル・ビーチにはアジア、スペイン、多国籍のレストランが3つもあって、大満足でした！（茨城県・りえ）

プールの多さに驚き

Solea Mactan Cebu Resort
ソレア・マクタン・セブ・リゾート

海のそばに立つ8階建てのホテル。敷地内にある大小さまざまなタイプの6つのプールが入り放題！ 客室はモダンなインテリアでまとめられている。屋上には海とプールを見下ろせるルーフトップバーがある。

Map 別冊P.4-A3 マクタン島

Victor Wahing St., Alegria Cordova ☎(032)517-8889 料スーペリアルーム₱8100～、プレミエールルーム₱9600～、スイートルーム₱2万1000～（税・サービス料・朝食込み） Card A.D.J.M.V. 室225室 Wi-Fi あり URL www.soleamactan.com 交空港から車で40分

～おもな施設～
- プール（6ヵ所）
- ジム
- レストラン&バー（4ヵ所）
- ショップ etc.

ココがGood!
プールの種類がずば抜けていて、インフィニティプールなど全6ヵ所もある。
ショップも併設してます
スタッフのファティエさんとグレイチュレさん

1.広い敷地内にプールが点在する 2.シービューが見渡せるプレミエールルーム 3.プールにすぐアクセスできる開放的なエントランス

Good なリゾートホテル

高級ホテル並みの設備&サービスで、お手頃価格なホテルをご紹介☆

まだまだある！おすすめホテル
→ 別冊P.18

スタッフ
マリンアクティビティも受け付けています

こぢんまり系リゾートホテル

Nordtropic Resort and Residences
ノードトロピック・リゾート・アンド・レジデンス

こぢんまりとしたホテル。ロビーの向かいに建つ棟には、広々としたスタンダードルームの客室がある。スパを併設した建物がレジデンスタイプの客室。キッチン付きで最大5人まで泊まれるグループ向き。

Map 別冊P.5-D2 マクタン島

Buyong, Maribago, Lapu-Lapu City ☎(032)236-5464/0917-845-6681（携帯） 料ステューディオタイプ₱5000～、カバナステューディオ₱7500～、2ベッドルームスタンダード₱1万2500～、2ベッドルームデラックス₱1万4000～、2ベッドルームスイート₱1万4500～、エグゼクティブスイート₱1万5500～、グランドスイート₱2万2500～（税・サービス料・朝食込み） Card A.D.J.M.V. 室28室 Wi-Fi あり 交空港から車で30分

～おもな施設～
- プール（1ヵ所）
- スパ
- レストラン&バー（1ヵ所） etc.

ココがGood!
レジデンスタイプがおすすめ。キッチン付きで部屋数も多く住んでるような滞在ができる。
はぁ～快適♪

1.プールやプライベートビーチもある！
2.ゆったりとした広さのレジデンスタイプの部屋
3.レジデンスタイプの部屋が入る棟

1. 最大４人まで泊まれるキッチン付きの客室
2. 客室からシティビューが見下ろせる

1. 全客室にテレビや冷蔵庫が付いている
2. 高層ビルの23階までが客室

ひと部屋around3000円～

お得すぎるシティホテル

セブには、クオリティも高くて女子でも安心して泊まれる格安ホテルも充実。ふたりで泊まればさらにお手頃に！

日本のホテルがセブに！

東横INNセブ
Toyoko Inn Cebu

日本のビジネスホテルがJセンター・モール（→P.93）に誕生！ 室内スリッパやユニットバスなど、日本ならではのサービスや設備がうれしい。

Map 別冊P.7-C1　マンダウエ・シティ

J Center Mall, 165 A.S.Fortuna St., Bakilid, Mandaue City（Jセンター・モール内） (032)255-1045 シングル₱1300～、ダブル₱2000～、デラックスツイン with キッチン₱2000～（税・サービス料・朝食込み、空港送迎付き） Card A.D.J.M.V. 582室 Wi-Fi あり URL www.toyoko-inn.com 空港から車で25分

上質なサービス

マンダリン・プラザ
Mandarin Plaza Hotel

ショッピングモールが近くにあり、アクセスに便利な場所にある大型ホテル。プールやサウナ、ジムなどの設備も完備。

Map 別冊P.8-B1　セブ・シティ

Archbishop Reyes Ave., cor. Escario St., Cebu City (032)266-1111 スーペリアツイン₱2850～、デラックスキング₱2850～、プレミエール₱3690～、エグゼクティブ₱3250～、ラグジュアリースイート₱7450～、ファミリールーム₱7600～（税・サービス料・朝食込み） Card A.J.M.V. 431室 Wi-Fi あり URL www.mandarinplazahotel.com 空港から車で40分

1. スタンダードは部屋から見える景色が違うだけで、広さはスーペリアと同じ 2.15階建ての最上階はペントハウス

快適なモダンホテル

ベイフロント・セブ
Bayfront Hotel Cebu

モダンなインテリアでまとめられており、海を見下ろせる部屋もある。スタンダードでも十分な広さがあり、快適に過ごせる。

Map 別冊P.7-C2　セブ・シティ

Kaohsiung St., North Reclamation Area, Cebu City (032)230-6777 スタンダード₱3750～、スーペリア₱3950～、バルカダ₱5700～、スイート₱7500～（税・サービス料・朝食込み） Card A.J.M.V. 168室 Wi-Fi あり URL www.bayfronthotelcebu.com 空港から車で30分

ロケーションもコスパ抜群

ピロウズ
Pillows Hotel

にぎやかなエリアの静かな通りに立つ。圧倒的な価格の安さが魅力。エアコンなどの設備を備えた客室は清潔感があって、サービスもいい！

Map 別冊P.8-A2　セブ・シティ

Governor M. Roa St., Capitol Site, Cebu City (032)268-8000 スタンダード₱1540～、スーペリア₱2640～、デラックス₱3300～、プレミアムスイート₱3740～（税・サービス料・朝食込み） Card A.D.J.M.V. 42室 Wi-Fi あり URL pillows.hotelscebu.net 空港から車で50分

1. シンプルだが必要最低限のアメニティが付く 2. セブ・シティの裏道にある

1. 大きなスーツケースを広げられるぐらいの大きさ 2.2018年5月にリノベーションした

空港からのアクセス◎

アップルトン
Appleton Hotel

近年リノベーションした、7階建てのエコノミーホテル。空港送迎を片道無料で利用できるのがうれしい。ディスコバーがオープン予定。

Map 別冊P.4-A2　マクタン島

Basak Gate, Brgy. Basak, Lapu-Lapu City (032)520-8888 スーペリア₱3300～、デラックス₱3400～、ファミリー₱4500～（税・サービス料・朝食込み） Card A.D.J.M.V. 54室 Wi-Fi あり URL appletonhotel.strikingly.com 空港から車で20分

ボホール島　シキホール島　エルニド

セブからのショートトリップ☆

セブを飛び出して、フィリピンの離島へGo！
ジャングルの島ボホールに、魔術と癒やしの島シキホール、
フィリピン最後の秘境エルニド。
どの島にも、ここにしかない魅力が詰まっています。

緑豊かな山々と海の魅力が詰まった

ボホール島 Bohol Is.

セブ発日帰りツアーは → P.22

フィリピンで10番目に大きな島、ボホール島。
奇観チョコレート・ヒルズやホワイトサンドが美しいビーチ、
小さなメガネザルなど見どころがぎゅっと集まった島なんです。

セブ島
マクタン島
2時間
ボホール島

Map 別冊P.3-C1~2

ボホール島への行き方

セブ・シティのセブ港からボホール島のタグビララン港まで、オーシャン・ジェットOcean Jetやスーパーキャットsupercatなどのフェリー会社が1日合わせて20便運行、所要1時間30分～2時間。タグビララン港からアロナ・ビーチまで車で35分。

マニラからタグビララン空港へフィリピン航空が1日1～2便、セブ・パシフィック航空が1日3～4便運航、所要約1時間30分。2019年にはパングラオ島にパングラオ国際空港がオープンする予定。

360度どこを見てもチョコレート・ヒルズだらけ!
チョコヒルポーズ!

ボホール島に1泊して満喫プラン

チョコレート・ヒルズを一望する展望台に、島の歴史を感じる記念碑や教会、珍獣ターシャなどボホール島の魅力を満喫したら、アロナ・ビーチへ!

TOTAL 6時間

ボホール島1日満喫

TIME TABLE

10:00 チョコレート・ヒルズ展望台
↓ 車で1時間
11:30 ターシャ・サンクチュアリ
↓ 車で25分
12:30 ロボック川ランチ&クルーズ
↓ 車で30分
14:00 バクラヨン教会
↓ 車で5分
14:30 血盟記念碑
↓ 車で20分
15:00 バズ・ショップ
↓ 車で20分
16:00 アロナ・ビーチ

1 チョコレート・ヒルズを見渡す 10:00
チョコレート・ヒルズ展望台
Chocolate Hills Viewing Deck

ボホール島最大の見どころ、チョコレート・ヒルズ。お椀のような形の高さ30～40mほどの丘が、1200個以上も連なる風景が広がる絶景スポットだ。

1.おもしろ写真も撮れちゃう♪ 2.階段はなんと220段

Map 別冊P.3-C2 ボホール島

Buenos Aires, Carmen ☎0919-680-0492（携帯） 6:00～18:00 休なし 料₱50

ウキキ

2 ターシャの保護施設 11:30
ターシャ・サンクチュアリ Tarsier Sanctuary

世界最小のメガネザル、ターシャが見られる。ターシャは夜行性のため、日中は木陰の間で寝ていることが多い。ストレスに弱いので、大きな声やフラッシュ撮影は禁止。

Map 別冊P.3-C2 ボホール島

Canapnapan, Corella ☎0919-303-9839（携帯） 9:00～16:00 休なし 料₱60 URL www.tarsierfoundation.org

1.体長10～12cmほどと本当に小さい 2.入口ではターシャグッズも販売している 3.ターシャの生態や食事に関する展示コーナーもある

生活の中心はタグビララン・シティ
島民の生活の中心部は港があるタグビララン・シティ。観光案内所やショッピングセンターもここ。
のんびり行こうよ
ターシャ保護区
タグビララン港

ロボック川のランチ&クルーズは、ロボック発だと一緒に踊ったりできて楽しかった！（三重県・さちよ）

料理はフィリピン料理がメイン。通常はビュッフェ形式

3 ロボック川を進む約1時間のクルーズ 12:30
ロボック川ランチ&クルーズ
Loboc River Lunch & Cruise

上流のロボック発と下流のロアイ発（→P.23）の2種類がある。日帰りツアーはロアイ発が多いが、ロボック発だと伝統ダンスなどを楽しめる。

詳細は → P.23

バンブーダンスにも挑戦してみて！

ボホール島の伝統ダンスのクラダング

4 国内最古クラスの教会 14:00
バクラヨン教会
Baclayon Church

1596年に建てられた歴史ある教会。数年前の地震で崩れてしまったが、現在は修復工事も終わりカラフルな聖堂が復活している。

Map 別冊P.3-C2 ボホール島

🏠Baclayon ☎(038)540-9176
🕘8:30〜16:45（日9:30〜16:15）
休なし 料₱50

1.天井まで美しく装飾された堂内 2.イエス・キリストやサント・ニーニョの像が並ぶ

移動はトライシクルがメイン！

電動三輪車のトライシクルとタクシーがおもな交通。港からアロナ・ビーチへはトライシクルで約₱300、タクシーで約₱600。

5 スペインと島の友好の碑 14:30
血盟記念碑
Blood Compact Marker

スペインの初代総督レガスピと、島の主導者シカツナが1565年3月16日に友好条約を締結。互いの血を入れたワインを飲み誓いを立てる様子の像だ。

Map 別冊P.3-C2 ボホール島

🏠Bool 🕘8:00〜17:00 休なし
料無料

実話に基づいた乾杯のシーンが再現されている

6 ボホール産ハニーグッズをGET 15:00
バズ・ショップ The Buzzz Shop

人気レストラン、ボホール・ビー・ファーム（→P.124）内のショップ。自家養蜂のハチミツグッズのほか、ココナッツアイテムも種類豊富。

Map 別冊P.3-D2 パングラオ島

🏠Dao, Dauis Panglao Is.（ボホール・ビー・ファーム内）
☎(038)510-1822 🕘5:00〜22:00 休なし
Card A.D.J.M.V. URL www.boholbeefarm.com

1.ハニー石鹸各₱110 2.バージンココナッツオイル₱290 3.すぐそばにアイスクリームショップもある

パングラオ島

ボホール島の南西部にあり橋でつながっている島。海岸沿いにリゾートホテルが点在。

7 Map 別冊P.9-D2〜3 パングラオ島
周辺の施設も充実している 16:00
アロナ・ビーチ
Alona Beach

パングラオ島の南端に位置する、島内で最も有名なビーチ。周辺には飲食店やホテルも多く快適に過ごせる。のんびりと海を楽しむ人でにぎやか。

飲食店やダイブショップが並ぶビーチサイド

ホワイトサンドのビーチを求めて世界中の人が訪れる

アロナ・ビーチの散策後は…

・ボホールエリアのホテルへ →P.126
・アロナ・ビーチすぐそばのレストランへ →P.125

翌日におすすめツアー

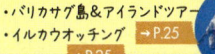

泊まった翌日は海へ繰り出してみよう！ 透き通った海を泳ぐウミガメや海面を飛び跳ねるイルカたちに出合えるかも。

・バリカサグ島&アイランドツアー →P.25
・イルカウオッチング →P.25

わざわざ行きたい隠れ家レストラン&

アロナ・ビーチ（→P.123）からは少し離れているけれど、こだわり食材や絶景が楽しめるレス

ゆっくり
食べて
いってね

海が目の前！

隠れ家 ヘルシー&オーガニック料理が評判

Bohol Bee Farm

ボホール・ビー・ファーム

工場も見学できます

自家農園のオーガニック野菜やハチミツを使った料理が楽しめるレストラン。人気はエディブル・フラワーがのったオーガニック・ガーデン・サラダ₱240。施設内にはハチミツグッズのショップ（→P.123）やアイスクリームショップもある。

Map 別冊P.3-D2 アロナ・ビーチ近郊

Dao, Dauis Panglao Is.
(038)510-1822 6:00～21:00LO
休なし 料₱700～ Card A.D.J.M.V.
URL www.boholbeefarm.com

1. 見た目も華やかなオーガニック・ガーデン・サラダ。ハニーマスタードサラダドレッシングをかけていただく 2. 園内を巡るファームツアーも催行されている 3. チキンの照り焼きやラザニアなど約10種類のメニューが楽しめるファーム・ビュッフェ₱680

隠れ家 絶景と洗練された料理を堪能

Paprika

パプリカ

見事なシービューが魅力的なレストラン。料理は美しい見た目ながらもボリューミー！ 本格的なスイーツも楽しめるのでティータイムにも使える。ドゥナテラ（→P.127）内にあり、アロナ・ビーチからは無料のシャトルバスが運行している。

Map 別冊P.9-D2 アロナ・ビーチ近郊

Km. 16 Hoyohoy Tawala, Panglao Is.（ドゥナテラ内）
(038)510-8472 7:00～21:00 休なし 料₱200～
Card A.D.J.M.V. URL www.donatelahotel.com

1. 目の前に海が広がるテラス席が人気。エアコンが効いた室内席もある 2. ハロハロ₱290は甘すぎずさっぱりとした味

デザートは
どれに
しますか？

レ・パティスリー・メゾン各₱200は全種類を持ってきてくれるのでそこから好きなケーキを選ぶ

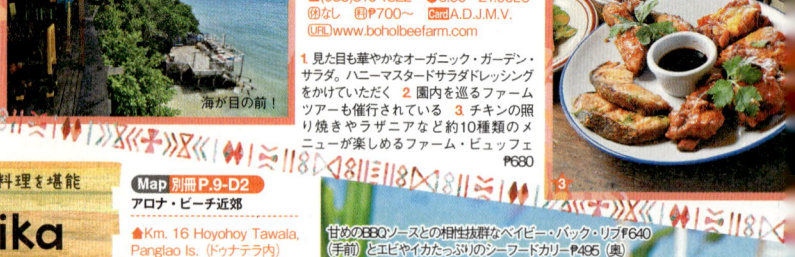

甘めのBBQソースとの相性抜群なベイビー・バック・リブ₱640（手前）とエビやイカたっぷりのシーフードカリー₱495（奥）

アロナ・ビーチには、夜になると食べ物屋台が並びます。（千葉県・トミオ）

厳選！アロナ・ビーチの人気レストラン

トランをピックアップ！ たくさんのレストランが並ぶアロナ・ビーチ前からも人気店をご紹介。

ビーチフロント

タイ料理&BBQグリル

ISIS Bungalows Thai & Seafood Restaurant

ISIS バンガロー・タイ&シーフード

アロナ・ビーチの西端に位置するレストラン。グリーンカレー₱250やパッタイなどのタイ料理のほか、フィリピン料理も楽しめる。18:00以降はBBQメニューもあり、シーフードやポークベリーなどのグリルが味わえる。

Map 別冊P.9-D2 アロナ・ビーチ

Alona Beach, Danao, Panglao Is.
(038)502-9292
8:00〜21:00
休なし 予₱200〜
Card A.M.V. URL www.isisbungalows.com

1.店頭で焼きあげるBBQの会計は現金のみ 2.夕方からはBBQメニューを楽しむ人でにぎわう 3.スパイシーな肉あんを包んだ揚げ春巻き₱200 4.タイ料理の定番パッタイ₱280は人気メニュー

タイ料理メニューは朝から注文OK！

1.パンシットカントン₱230はシーフード、ポーク、チキンの3種類 2.グリルメニューのポークベリー（1ピース）₱275。サイドをライスかフライドポテト、マッシュポテトから選べる 3.店頭にはBBQの食材がずらりと並ぶ

ビーチフロント

アロナ・ビーチの中心部に立つ

Pyramid

ピラミッド

看板犬もいる

パスタやピザなどの洋食メニューのほか、11:00から提供するBBQメニューが人気の店。BBQの具材は量り売りで、エビ₱280/100gやイカ₱150/100gなど。ドリンクとサイドが付いたお得なグリルメニューもある。

Map 別冊P.9-D2 アロナ・ビーチ

Alona Beach, Tawala, Panglao Is. (063)422-8531 6:00〜22:00 休なし 予₱200〜 Card A.J.M.V.
URL www.alonapyramid.com

BBQは炭火で焼くのでおいしいよ！

ビーチフロント

有名ホテルの直営レストラン

Eteria's by Alona Kew White Beach Resort

エテリアス・バイ・アロナ・キュー・ホワイト・ビーチ・リゾート

2018年8月にリニューアルオープンしたばかりのきれいなレストラン。フィリピン料理を中心に多国籍料理を提供する。人気のアロナ・キュー・チキン・スペシャルは茹でたあとに揚げるため、中はジューシーで皮はパリパリ。

Map 別冊P.9-D2 アロナ・ビーチ

Alona Beach, Tawala, Panglao Is. (038)502-9042 6:00〜22:00
休なし 予₱250〜
Card M.V.

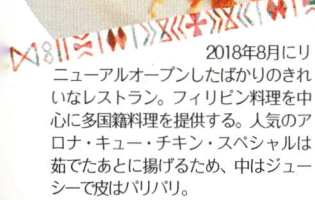

ランチはビュッフェもやっている

1.人気メニューのアロナ・キュー・チキン・スペシャル₱330 2.ボリューミーなシュリンプ・マンゴー・カクテル₱320 3.アロナ・ビーチ沿いでは数少ないエアコン席 4.アロナ・ビーチエリアの老舗ホテル、アロナ・キューが経営している

アロナ・ビーチから少し離れた隠れ家レストランへは、トライシクルで移動しよう。

ボホールエリアの人気リゾートをピックアップ！

リゾートの多くはボホール島の南西部にある
パングラオ島の海沿いに点在する。
広い敷地内でのんびりステイを楽しむのもいいし、
アロナ・ビーチ（→P.123）近くのホテルも人気。

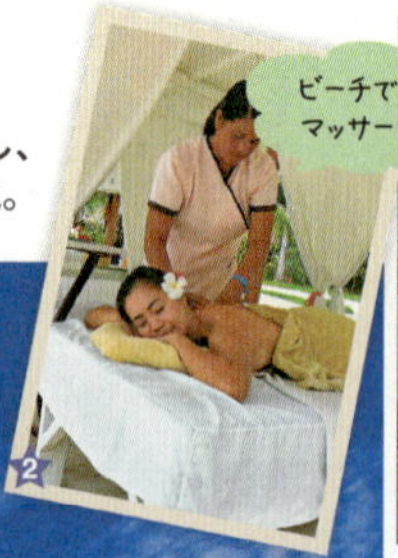

1. 真っ白な砂浜が広がるプライベートビーチ　2. ビーチのマッサージエリアではヒロットやスウェディッシュマッサージが受けられる　3. テラスを備えたビーチビュースイート

白砂のプライベートビーチが魅力

Bohol Beach Club
ボホール・ビーチ・クラブ

パングラオ島内随一の美しいプライベートビーチを持つと評判のリゾート。客室はホテルタイプのデラックスと、ヴィラタイプのビーチビュースイートの2種類。レストランでは多国籍料理やイタリアンが楽しめる。

Map 別冊P.9-D1　アロナ・ビーチ近郊

Bo. Bolod, Panglao Is.　☎(038)502-9222　FAX(038)411-5222　料デラックス₱1万1000～、ビーチビュースイート₱2万～（税・サービス料・朝食込み）　Card A.D.J.M.V.　日　室88　Wi-Fiあり　交アロナ・ビーチから車で10分、タグビララン港から車で30分　URL www.boholbeachclub.com.ph

静けさもアロナ・ビーチも楽しめる

Amorita Resort
アモリタ・リゾート

アロナ・ビーチ直結

アロナ・ビーチの高台に位置する閑静なリゾート。海沿いにはインフィニティプールがあり、ヴィラタイプとホテルタイプの2種類の客室が並び立つ。ショップやスパ、レストランなど施設が充実しているのもうれしい。

Map 別冊P.9-D2　アロナ・ビーチ

#1 Ester A. Lim Drive, Barangay Tawala, Alona Beach, Panglao Is.　☎(038)502-9003　料デラックスルーム₱1万0726～、ジュニアスイート₱1万1928～、1ベッドルームスイート₱1万4897～、シービュープールヴィラ₱3万1955～（税・サービス料・朝食込み、港送迎付き）　Card A.M.V.　室16棟+82室　Wi-Fiあり　交タグビララン港から車で35分　URL www.amoritaresort.com

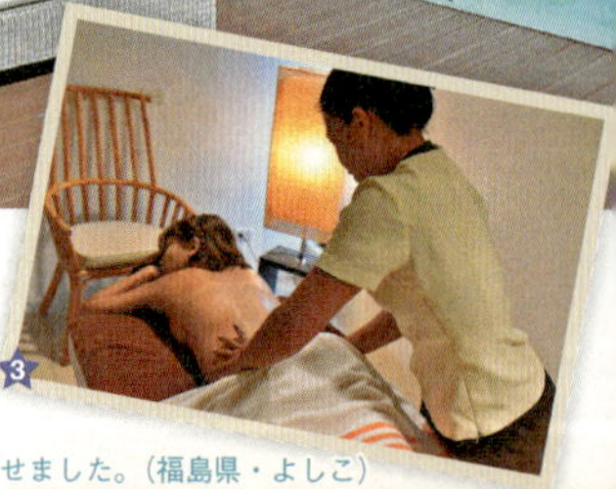

1. 海を眺めながらのんびり過ごせるメインプール　2. プライベートプールを備えたシービュープールヴィラの客室　3. スパではハーバルマッサージなどが受けられる

 アロナ・ビーチに面したホテルに宿泊しました。セブよりも人が少なく、のんびりと過ごせました。（福島県・よしこ）

デラックスヴィラの客室は55㎡と広々

パングラオ島北西部に立つ
Mithi Resort & Spa
ミトヒ・リゾート&スパ

併設のスパではヒロットやバンブーなど種類豊富なマッサージが受けられる

広大な敷地内にコテージタイプの客室が点在するほか、プライベートビーチや小島、洞窟などもある自然豊かなリゾート。専用プールやサウナを備えたスパもある。

Map 別冊P.3-C2 パングラオ島

Bingag, Dauis, Panglao Is. ☎(038)510-8494 料シービューバンガロー₱2万6000～、デラックスヴィラ₱1万5500～、スーペリア₱1万0600～(税・サービス料・朝食込み、港送迎付き) Card A.D.J.M.V. 室70 Wi-Fiあり 交アロナ・ビーチから車で20分、タグビララン港から車で20分 URL www.mithiresort.com

広大な敷地を誇る隠れ家リゾート
South Palms Resort Panglao
サウス・パームス・リゾート・パングラオ

9.3ヘクタールもの敷地内に、プライベートビーチやスパ、テニスコートなど充実した施設を備えたリゾート。客室はモダンな内装で、ヴィラタイプもある。

Map 別冊P.9-D1 アロナ・ビーチ近郊

設備も充実しているデラックスプールビューの客室

Barangay Bolod, Panglao Is. ☎(038)502-8288/(038)502-9106 料デラックスプールビュー₱1万3000～、デラックスビーチフロント₱1万4000～、ビーチヴィラ₱1万9000～(税・サービス料・朝食込み) Card A.M.V. 室3棟+87室 Wi-Fiあり 交アロナ・ビーチから車で10分、タグビララン港から車で30分 URL www.southpalmsresort.com

約700mもの長さがあるプライベートビーチ

客室の家具はすべてボホールで作られたもの

乗馬も楽しめる緑豊かなリゾート
Dunatela Hotel
ドゥナテラ

洗練されたデザインの客室が魅力のリゾート。アジアンな雰囲気が漂う施設内は乗馬施設やスパを備えるほか、併設のレストラン(→P.124)も評判。

Map 別冊P.9-D2 アロナ・ビーチ近郊

Km. 16 Hoyohoy Tawala, Panglao Is. ☎(038)510-8472 料ガーデンヴィラ₱1万6800～、プールヴィラ₱2万8500～、ファミリーヴィラ₱2万3625～、ハネムーンヴィラ₱2万8350～(税・サービス料・朝食込み) Card A.D.J.M.V. 室12 Wi-Fiあり 交アロナ・ビーチから車で10分、タグビララン港から車で35分 URL www.donatelahotel.com

1. フィリピン北部のイフガオ族の伝統家屋をイメージしたガーデンヴィラ

アロナ・ビーチ随一の大型リゾート
Henann Resort Alona Beach
ヘナン・リゾート・アロナ・ビーチ

アロナ・ビーチ直結

アロナ・ビーチに面した立地が人気のリゾート。レストランやスパも充実し、プールにはバーも備わってリゾート感たっぷり。専用プール付きのヴィラもある。

Map 別冊P.9-D2 アロナ・ビーチ

Alona Beach, Tawala, Panglao Is. ☎(038)502-9141～44 料デラックス₱1万0752～、プレミア₱1万2096～、ジュニアスイート₱1万4516～、プールヴィラ₱2万4192～(税・サービス料・朝食込み) Card A.J.M.V. 室400 Wi-Fiあり 交タグビララン港から車で35分 URL henann.com/bohol/henannalonabeach/

1. ブラウンを基調とした落ち着いた雰囲気のデラックスルーム 2. アロナ・ビーチに面したインフィニティプール

魔術が伝わるスピリチュアルな島

シキホール島 Siquijor Is.

セブ島の南約20kmの場所に位置する、「魔術の島」として有名なシキホール島。近年、セブよりもお手軽にリゾートステイが楽しめると注目を集めている話題の島だ。

Map 別冊P.3-D3

シキホール島への行き方

最寄りの空港はドゥマゲッティ。セブからは1日1～2便運航、所要約50分。もしくはマニラから1日6～7便運航、所要1時間10分～1時間30分。空港からはトライシクルでドゥマゲッティ港まで行き、フェリーに乗り換える。フェリーは1日10便前後運航、所要50分～1時間30分。

セスナのみ発着できるシキホール空港がある。セブトップでは日帰りツアーを催行している（→P.59）。

抜群の透明度を誇る海が島を包む

TOTAL 6時間45分

シキホール島を一周

TIME TABLE

10:00 ギワノン・スプリング・パーク
↓ トライシクルで10分
10:30 ラレーナ・トライアッド・レストラン&ベイクショップ
↓ トライシクルで35分
12:00 サラグドーン・ビーチ
↓ トライシクルで20分
13:30 サン・イシドロ・ラブラドール教会
↓ トライシクルで5分
14:00 カンブガハイ滝
↓ トライシクルで20分
16:00 センチュリー・オールド・バレテ・ツリー
↓ トライシクルで20分
16:45 バハ・バー

シキホール島の見どころぐるっと一周！

島の外周道路を通って、見どころを回ろう！ 森の遊歩道に、ビーチ、滝などアクティブなスポットばかり。水着を着て出かけるのが◎！

1 マングローブの林をお散歩 10:00
ギワノン・スプリング・パーク
Guiwanon Spring Park

マングローブ林の上に架けられた橋を歩いてお散歩できる。ゴールのツリーハウスでは休憩も可能。林の中には泉が湧いている場所がある。

Map 別冊P.10-B2

Luyang, Siquijor ☎0926-460-6010（携帯） 7:00～18:00 休なし 料₱10

緑の空中散歩で癒やされる～

1. 泉が湧いている場所を発見！ 2. ところどころにツリーハウスが立っており休憩所もある

こちらもおすすめ！

きらきら光るホタル観察へ

無数のホタルが生息することで有名なシキホール島。その輝きを見たスペイン人は「火の島」と呼びあがめたとか。

ヴィラ・マーマリン→P.130

スピリチュアルな体験にトライ！

多くのヒーラーが暮らすシキホール島では、ボロボロやヒロットなど、ここでしか受けられない神秘的な体験ができる。おみやげにはラブポーションも人気。

詳細は→P.40

晴れた日にはセブ島が見えることも

1. レチェフランや果物が入ったスペシャル・ハロハロ₱120 2. この景色を見るためにわざわざ島外から来る人もいるとか

2 絶景が広がる屋外レストラン 10:30
ラレーナ・トライアッド・レストラン&ベイクショップ
Larena Triad Restaurant & Bakeshop

幹線道路から山側の道に入って砂利道を上った先にある、見晴らしのよい展望レストラン。メニューはフィリピン料理中心で、パン屋も併設。

Map 別冊P.10-B2

Barangay Nonoc, Larena
☎0906-338-3890（携帯）
9:00～21:00 休なし
料₱300～ Card不可

センチュリー・オールド・バレテ・ツリーにはドクターフィッシュに交じって大きな魚もいて、足を入れるのに勇気がいりました。（沖縄県・ちなつ）

移動はトライシクルをチャーター

おもな交通手段はトライシクルで、料金は距離により変わる。1日中使う場合はツアーに参加するか、トライシクルをチャーターするのがいい。1日貸切で₱1000ほど。

車種によっては山に登れないこともあるので最初に相談を

3 サラグドーン・ビーチ

シキホール島のメインビーチ　12:00

Salagdoong Beach

島の東端にあるビーチ。ジャンプ台から飛び込みや、沖でのスノーケリングも楽しめる。テーブルやBBQセットなど施設が充実している。

Map 別冊P.10-B1

☎0917-814-7305（携帯）　24時間（売店は7:30～21:00）　休なし　料₱25（駐車料金バイク₱20、トライシクル₱25別途）

ジャンプ台は無料で利用できる

砂浜の面積は少ないが美しさは格別

4 サン・イシドロ・ラブラドール教会

歴史あるカトリック教会　13:30

San Isidro Labrador Church

1884年にスペイン人が建てた、フィリピンの文化遺産にも登録されている教会。外観はサンゴ礁から取れる石灰岩、内部の床は木製でできている。

Map 別冊P.10-B1

Romero St., Catamboan, Lazi　☎なし　5:00～18:00　休なし　料寄付

1. 建造当時の姿を保つ島内最古の教会　2. 現在も日曜にはミサが行われている

5 カンブガハイ滝

ターザンロープで滝にダイブ　14:00

Cambugahay Falls

Map 別冊P.10-B1

☎なし　7:00～17:30　休なし　料無料（ガイド代₱100、駐車料金バイク₱10、トライシクル₱20別途）

滝壺で泳いだりターザンロープを使ってジャンプが楽しめる、島南部の滝。駐車場から滝までは100段以上の階段を降りる。帰りはきっつい!

1ヵ所の滝につき各₱50でターザンロープは使い放題

6 センチュリー・オールド・バレテ・ツリー

泉を根元に抱く大樹　16:00

Century Old Balete Tree

パワーを感じる巨大なガジュマル

足を入れるとドクターフィッシュが寄ってくる

木の下に泉が湧いている、樹齢400年オーバーのガジュマルの木。泉には足の角質を食べてくれるドクターフィッシュなどの魚が泳いでいる。

Map 別冊P.10-B1

Campalanas, Lazi　☎0902-6569-4276（携帯）　6:00～19:00（売店は5:00～）　休なし　料₱10

7 バハ・バー The Baha Bar

木のぬくもり感じるレストラン　16:45

フィリピンの古民家をイメージした多国籍料理店。2階と中庭がレストランで、緑を眺めながら食事が楽しめる。19:00からはライブもある。

Map 別冊P.10-A1

Maite, San Juan　☎0998-548-8784（携帯）　8:30～23:00　休なし　料₱300～　Card A.J.M.V.　URL baha-bar.com

本日の魚のグリル₱260。味付けも日本人好み

ラレーナ・トライアッド・レストラン＆ベイクショップへは、砂利の急坂を上る。トライシクルによっては断られることも。

シキホール島のリラックスリゾート&安ウマグルメ

シキホール島には、近年リゾートホテルが急増中！ おもなホテルは、港の近くや島の南西部にある町、サン・フアン周辺に集中。島探検の途中に寄りたいグルメスポットも合わせて紹介！

日本人経営のコテージ型リゾート

Villa Marmarine
ヴィラ・マーマリン

安心度 No.1

シキホール島の発展に多大な貢献をした日本人、原田さんの経営。ビーチを目の前に数棟のコテージやレストランのある母屋が並ぶ。テニスコートやダイブショップもあり、ビーチではスノーケルも楽しめる。

ニホンゴ、ベンキョウチュウデス

海を見下ろすコテージ

1. フルオーシャンビュースイートの客室　2. 朝食は洋食やフィリピン風朝食などから選べる　3. レストランのテラスは、海を見渡す特等席

ホタル見学ツアー

ヴィラ・マーマリンではホタルの見学ツアーも催行。20:00頃に出発、所要約1時間、₱1500（車1台。3名以上はひとり₱500）。

Map 別冊P.10-A2

Candanay Sur, Siquijor　☎(035)480-9167/0917-574-7617（携帯）　料フルオーシャンビュースイート₱5500〜、エグゼクティブファミリーコテージ₱4000〜、スタンダードツインベットルーム₱2000〜、スタンダードファミリーコテージ₱1800〜（税・サービス料別、朝食込み、3泊以上の場合シキホール港送迎無料）　Card M.V.　日　室11　Wi-Fiあり　交シキホール港からトライシクルで10分　URL www.marmarine.jp

広々したメインプール

風通しがよく、広々した客室

島随一の高級リゾート

Coco Grove Beach Resort
ココ・グローブ・ビーチ・リゾート

施設充実度 No.1

シキホール島唯一の5つ星リゾート。建物はやや古いが、改装されており清潔。ダイブショップのほかツアーデスクがあり、専用のバンを利用しての島内観光を申し込める。

Map 別冊P.10-A1

Tubod, San Juan　☎0917-325-1292（携帯）　料スタンダード₱3500〜、ファミリーデラックス₱5500〜、ヴィラスイート₱8000〜（税・朝食込み、サービス料別、シキホール港送迎付き）　Card A.M.V.　室95　Wi-Fiあり　交シキホール港からトライシクルで30分　URL www.cocogrovebeachresort.com

高台にあるおしゃれなプチホテル

Infinity Heights Resort
インフィニティ・ハイツ・リゾート

見晴らし No.1

小高い丘の上に位置する、おこもり系のプチホテル。すべての部屋からシキホールの森や海が一望できる。空中に突き出るようなインフィニティプールも素敵。

Map 別冊P.10-B2

Brgy, Pili, Siquijor　☎0920-560-0416（携帯）/0977-865-7788（携帯）　料デラックスマウンテンビュー₱3600〜、デラックスシービュー₱3800〜、エグゼクティブシービュー₱4800〜（税・サービス料・朝食込み）　Card A.D.M.V.　室7　Wi-Fiあり　交シキホール港からトライシクルで15分　URL www.infinityheightsresort.com

インフィニティプールからの眺めにも注目

開放感抜群の客室

ヴィラ・マーマリンのレストランは、夜は日本食も提供します。懐かしい日本の味でほっこりできます。（埼玉県・ヒナリン）

1. ジャクージやテラスを備えたオーシャンビューロフトの客室 2.「サラマンカ」はビサヤ語で「魔術」を意味する 3. 白浜が広がるビーチもすぐそば

コテージタイプの客室が並ぶ

充実した最新設備が備わる　隠れ家度 No.1

Salamangka Beach & Resort

サラマンカ・ビーチ&リゾート

地元の人々の生活圏を抜けた先にある隠れ家リゾート。客室はシンプルかつモダンな内装で、全室にエアコンやバスローブを備える。プールバーもありリゾート感たっぷりに過ごせる。

Map 別冊P.10-B1

Siquijor Circumferential Rd., San Juan
0917-5886-873（携帯）
料オーシャンビューロフト₱1万2480〜、ベイビュー₱7480〜、ガーデンコテージ₱3680〜（税・サービス料込み、朝食別）　Card A.J.M.V.
室21　Wi-Fiあり（一部のみ）
交シキホール港からトライシクルで30分
URL www.salamangkaresort.com

お値段重視派のあなたに！　安さ No.1

The Bruce ブルース

ナチュラルかつ低コストの宿ならここ。キッチン付きの部屋も多く自炊派にはうれしい。レストランは併設していないが、ホテル経営のおしゃれなレストランがすぐ向かいにある。

小さめだがプールも備えている

Map 別冊P.10-A1

Solangon, San Juan
0927-357-4286（携帯）
料ビーチフロントファンルーム₱1500〜、ツリーハウス₱750〜　Card M.V.
室17　Wi-Fiあり　交シキホール港からトライシクルで15分

キッチン付きのビーチフロントファンルーム4人部屋は₱2000〜

コテージタイプの部屋は13棟ある

Restaurant

観光客向けのレストランがあるのは、シキホール港とラレーナ港の周辺やサン・フアンなど。夜遅くなるときは帰りの交通手段を確保しておくこと。

トマトベースのシュリンプ&スクイッド₱310

注文を受けてから作るため20分ほど時間がかかる

薄焼きサクサクのピザがおいしい

The Little Molmol Pizza

リトル・モルモル・ピザ

元ピザ職人直伝のローマ風ピザが味わえる。メニューのToto'dはトマトベース、The bianciはクリームソースを意味する。

Map 別冊P.10-B2

North Poblacion, Larena　0975-941-9603（携帯）
10:30〜21:00
休日　料₱300〜
Card 不可

焼きたてを召しあがれ！

シキホール港のすぐ近くに立つ

Bellview Kuzzina Bar

ベルビュー・クッチーナ・バー

ラレーナ・トライアッド（→P.128）直営のフィリピン料理&イタリアンレストラン。ここでラレーナ・トライアッドのパンも販売している。

やさしい甘さのウベミルクシェイク₱70

Map 別冊P.10-A2

Poblacion, Siquijor
0926-404-6429（携帯）/0917-700-8501（携帯）　6:30〜22:00　休なし
料₱200〜　Card 不可

豚の三枚肉を甘めのタレで炒めたシキホール・フンバ・シーザー₱198（手前）とシーサイド・アドボ・パスタ₱190（奥）

これだけ頼んでもたったの₱167！

景色とコスパが最強！

GA-AY ガアイ

海辺に立つローカルの人もよく使う食堂

鍋に入った料理から好きなものを選ぶ、トロトロと呼ばれるスタイルの食堂。メニューは日替わりでひと品₱25〜50程度。

Map 別冊P.10-A1

Lala-o, San Juan
0999-501-1107（携帯）/0935-824-5752（携帯）　6:00〜22:00　休なし
料₱25〜　Card 不可

BBQは炭火で焼いてるよ！

昼はチキンとポークの串焼きのみ販売

リトル・モルモル・ピザでは、その日に取れた食材を使ったスペシャルメニューが出ることも。

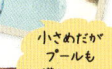

“フィリピン最後の秘境”に感動！

エルニド El Nido

フィリピンの西端にある、南北に長いパラワン島。その北西部に位置するエルニドは、海と奇岩が織りなす景色が美しい人気の観光地。エルニド・タウンという小さな町を拠点に、周辺の島を巡るアイランドホッピング（→P.42）に参加するのが定番☆

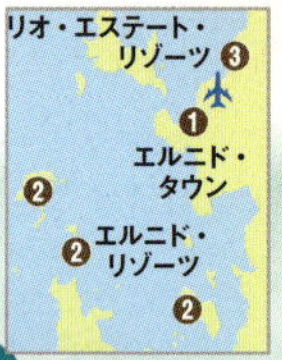

Map 別冊P.3-D1

マニラからエア・スウィフトAir Swiftが1日5便運航、所要約1時間15分。セブからエア・スウィフトが1日1～2便運航、所要約1時間40分。エルニド空港からエルニド・タウンまでトライシクルで約25分、₱150～。

Check! エルニドのエリア

❶ **エルニド・タウン** →P.132,134,138
ツアー会社やホテルなどが集まる観光地。町自体は小さいが、ハイシーズンは観光客でかなり混雑する。

❷ **エルニド・リゾーツ** →P.44,140
高級ホテルグループのエルニド・リゾーツEl Nido Resortsが運営する1島1リゾートのホテルが4島に点在。

❸ **リオ・エステート・リゾーツ** →P.141
エルニド・リゾーツ系列。空港付近に近年開発されたリゾートエリア。ホテルや飲食店などが集まる。

エルニドおさんぽ TOTAL 2時間30分

TIME TABLE

- 14:00 エルニド・ビーチ
  ↓ 徒歩1分
- 14:15 コピ&ベイク
  ↓ 徒歩1分
- 15:00 リトル・コーナー・オブ・パラダイス
  ↓ 徒歩2分
- 15:30 エルニド・ベーカリー
  ↓ 徒歩4分
- 15:45 グスト・ジェラート
  ↓ 徒歩4分
- 16:00 アマンダ・クローゼット
  ↓ 徒歩5分
- 16:30 グロウ・ジュース&スムージー

エルニド・タウンのBestグルメ&ショップ巡り！

エルニド・タウンは30分もあればすべて歩き回れるほど小さな町だけど、カフェやショップなどの店が充実。なかでもおすすめな店をご紹介☆

14:00

1 エルニド・ビーチ

アイランドホッピングのスタート地点

El Nido Beach

Map 別冊P11-C2

アイランドホッピングのツアー（→P.42）出発地となっているビーチ。周囲にそびえ立つ岩山と海の景色が楽しめるレストランやバーなどの飲食店が並び、夜遅くまでにぎわう。

1. かわいい壁側のテーブル席をキープしよう！ 2.バナナウオールナッツケーキ₱80とカプチーノ₱140

2 コピ&ベイク

ニューフェイスのおしゃれカフェ

Kopi & Bake

14:15

2018年6月にオープンした、こぢんまりとしたカフェ。バリスタが入れるコーヒーが自慢。全4種類あるフラッペ₱160～は、暑さでバテた体に染みる！

Map 別冊P.11-C2

Rizal St., Barangay Maligaya ☎0921-614-6306/0906-077-4426（携帯）
7:00～21:00（時期により変動あり）
休なし 予₱200～ Card不可

 コピ&ベイクでカプチーノを頼んだら、かわいいラテアートをしてくれました♪（東京都・まみ）

3 リトル・コーナー・オブ・パラダイス

オリジナルデザインのグッズに注目! 15:00

A Little Corner of Paradise

エルニド・タウンで買い物するなら、この店。ワンピースやTシャツのほか、アクセサリーやバッグなどリゾートグッズが勢揃い！ オリジナルグッズもある。

Map 別冊P.11-C2

Rizal St., Barangay Buena Suerte
なし 8:00～24:00（ローシーズン～22:00） 休なし Card不可

店名が書かれた、オリジナルデザインのタンクトップ₱450

南国気分を盛り上げてくれそうなデザインの洋服やグッズが並ぶ

ショーケースに菓子パンがずらりと並ぶ

4 エルニド・ベーカリー

15:30 小腹を満たすのにぴったり

El Nido Bakery

バナナケーキ₱25（上）と揚げたてドーナツ₱10（下）

毎日20種類以上のパンが並ぶ老舗ベーカリー。人気は店で毎日揚げているふわふわの揚げドーナツ。パンは1スライス₱2～でも購入できる。

朝ご飯にもおすすめだよ！

Map 別冊P.11-C2

Rizal St., Barangay, Maligaya
0917-872-2233（携帯） 7:00～19:00 休なし Card不可

5 グスト・ジェラート

人気の自家製ジェラート 15:45

Gusto Gelato

溶けないうちに食べてね♪

自家製のジェラート専門店。キャラメルやヘーゼルナッツなど約24種類のフレーバーがあり、季節により変動する。好きな組み合わせを3種類までチョイスOK！

Map 別冊P.11-D2

Calle Hama, Barangay Masagana
0927-038-5110（携帯）
7:00～23:30（時期により変動あり） 休なし Card不可

紅芋のウベ&バナナ（左）と、ココナッツ&マンゴー（右）各₱180

6 アマンダ・クローゼット

小さなブティックショップ 16:00

Amanda's Closet

こぢんまりとした店だが、リゾートファッションに欠かせないワンピースやアクセサリーが充実。おみやげにぴったりなクラフト雑貨やコスメも揃う。

Map 別冊P.11-C2

Serena St., Barangay Buena Suerte なし 11:00～22:00 休なし Card不可

1. アクセサリー入れにぴったりな小さな入れ物各₱250 2. リゾートファッションに欠かせないカゴバッグ各₱1500～

大きな看板が目印

7 グロウ・ジュース&スムージー

ヘルシーグルメならここ! 16:30

Glow Juices & Smoothies

ヘルシー志向の女子注目の店。果物やグラノーラなど国産素材を使うことにこだわる。南国フルーツがトッピングされたアサイーボウルがおすすめ☆

Map 別冊P.11-D2

Calle Hama, Barangay Masagana 0956-153-1804（携帯） 7:00～23:00 休なし Card不可

マンゴーなどの果物やナッツがトッピングされた、トロピカルパライソ₱250

グスト・ジェラートでは、ワッフルやクレープ、自家製のジャムなども販売している。

どっちの料理 シーフード派

島ならではの新鮮な魚介を
の必食メニュー！ 小さな町
多国籍料理も充実。その日
行くべきレストラン

ふたりでシェアして食べたいミックスシーフードカレー₱600

お酒と一緒に食べたい、カラマリ（イカフライ）₱200

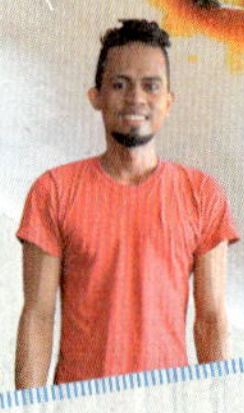

スタッフのジョリィさん

インパクト大なシーフードにびっくり！

スクイドス Squidos

老舗のフィリピン料理レストラン。看板メニューは、大皿いっぱいに魚介がてんこ盛りの、インパクト大なシーフードカレー。ちょっぴりスパイシーなカレー風味が食欲をそそる。目の前に支店があり、スポーツバーになっている。

Map 別冊P.11-C2

イカマークの看板がある建物の2階

Calle Hama ☎0995-836-5852（携帯）/0929-722-9422（携帯）
6:00〜23:00 休なし
料₱300〜 Card不可

ビーチサイドで味わうBBQ

ジェライス Jarace

店頭に並んだ魚やカニ、エビ、イカなどから好きな具材を選ぶと、そのまま炭火のBBQで焼きあげてくれる。BBQメニューは1品ごとにライスもひとつ付いてくる。日本でなじみのない魚介も多く、見ているだけでも楽しい！

ビーチサイドも店内席もどちらも利用OK

Map 別冊P.11-C2

Barangay, Buena Suerte ☎なし
12:00〜23:00 休なし 料₱400〜 Card M.V.

ビッグプロウン₱1800/1kg（中央）、ミルクフィッシュ₱250（右上）、ポークBBQ2本₱150（左上）

近海で水揚げされたハタ₱200

イエロースナッパーやラプラプなどさまざまな種類の魚が並ぶ

 ハピネス・ビーチ・バーで食べた、デザートMalabiは必食！ ココナッツの実に濃厚なクリームがかかって、美味☆（福岡県・じゅん）

おすすめグルメ！

がお好き？ 多国籍派

**使った料理は、エルニド
だけど観光客が多いため、
に食べたい料理から、
をチョイスして☆**

イタリアン系 ITALIAN 多国籍派

ドライトマトの酸味とオリーブが効いたパスタ₱350

魚介にトマトとモッツァレラがトッピングされたシーフードピザ₱420

スタッフのマイーンさんとジェインさん

2階がレストランで1階に窯がある

本格派の窯焼きピザ

アルトロベ Altrové

窯で焼く本格的なピザが評判。モチモチのナポリスタイルで、メニューはマルゲリータなど10種類以上。ほか、スパゲティ、フィットチーネ、ペンネから選べるパスタもある。食事時は行列必至の人気店。

Map 別冊P.11-D2

Calle Hama, Barangay Masagana ☎0916-614-8094（携帯） 11:00～14:00/15:00～23:00 休なし 料₱500～ Card不可

エスニック系 ETHNIC 多国籍派

魚のケバブ

1 自家製のフムス₱380。ピタパンも一緒に付いてくる 2 ウオッカベースのライチのカクテル₱250（左）とジンベースのマイドリーサワー₱320（右）

スタッフのカーラさん

イスがブランコになったカウンター席がおすすめ

ヘルシーなベジタリアン料理

ハピネス・ビーチ・バー Happiness Beach Bar

イスラエル出身のオーナーが営むダイニングバーは、欧米の観光客でいつも大にぎわい。フムスやファラフェル（ひよこ豆のコロッケ）などのベジタリアンフードが充実しており、ヘルシー志向の女子におすすめ！

Map 別冊P.11-C2

Serena St. ☎なし 7:00～24:00 休なし 料₱600～ Card不可 URL www.happinessbeachbar.com

多国籍派 INTERNATIONAL インターナショナル系

ボンレスチキンを使ったチキンカレー₱320

イカやエビ、魚、ポテトのフライがてんこ盛りのシーフードバスケット₱395

ショップとツアーデスクも併設

エルニド・ブティック＆アートカフェ El Nido Boutique & Artcafe

1階にみやげ店、2階にカフェがある。メニューは洋食が中心で、マイルドなチキンカレーや自家製パスタで作るラザニア₱395が人気。2階にはツアーデスクも併設しており、ここでツアー手配や両替もできる。

Map 別冊P.11-C2

Serena St., Buena Suerte
☎0920-902-6317（携帯）
7:00～23:00 休なし
料₱500～ Card M.V.
URL elnidoboutiqueandartcafe.com

火・木・土の20:00～22:00はライブもやっている

日によってクレジットカードが使えないこともあるため、注文前に使えるか確認するのがベスト。

ひと足延ばして 絶景夕日スポット コロン・コロン&ラスカバニャス・ビーチへGo！

エルニド・タウンの南にある、コロン・コロンとラスカバニャス・ビーチは、エルニドいちの夕日スポット！ ビーチ沿いのレストランやバーから望む、真っ赤に染まる海と夕日に思わずうっとり♡

View Spot

高台に立っているので、遮るものがなくシービューと夕日が真正面に広がる。海側のカウンター席がベストシート。

夕日自慢のレストラン&バー

コロン・コロンとラスカバニャス・ビーチの海沿いには飲食店が点在。なかでも、とっておきの2店をご紹介！

2 ラ・プラージュ La Plage

夕日を眺めながら美食に舌鼓

コロン・コロンのビーチが目の前に広がるレストランバー。アジアンテイストを取り入れたフレンチに舌鼓を打ちながら、美しいサンセットを楽しんで。ベストポジションはビーチに設えられたテーブル席。

Map 別冊P.11-D1 コロン・コロン

Corong Corong ☎0947-068-5262（携帯） 12:00～22:00（6月の2週間、9月の2週間は17:00～） 休なし 予₱400～ Card不可

席はすべて海風が吹き抜けるオープンエア

サンセットクルーズも！

スピードボード・サンセットクルーズ Speedboat Sunset cruise

ロマンティッククルーズ

La Pêcheuseが主催する海の上で夕日が見られるサンセットクルーズ。ドリンクとスナック付きで、催行人数はふたり以上。前日までに要予約。予約はチケットオフィスにて。

Map 別冊P.11-D1 コロン・コロン

チケットオフィスはラプラージュの隣あたり

☎0917-881-0313（携帯） 17:30～18:30頃に出発、所要約1時間。チケットオフィスは8:00～12:00/16:00～20:00 休なし 料₱1500～ 予前日までに要予約

 ジップラインは好きな体勢が選べます。スリル好きな私は、断然スーパーマン派でした☆（新潟県・あづき）

1. 店内はオープンエアで開放的
2. 見晴らしのいい場所にある

ロマンティックな時間を過ごしてね！

スタッフのサドリックさんとメリロースさん

絶景が見える特等席！

1 リパブリカ・サンセット・バー

Republica Sunset Bar

コロン・コロンとラスカバニャス・ビーチの間にある、高台に立つバー。ベストポジションは、一面に広がる海と向かい合ったカウンター席。南国ムードを盛り上げてくれるカクテルと一緒にサンセットビューを楽しもう！

Map 別冊P.11-D1　コロン・コロン

Barangay Corong Corong
0927-448-7288（携帯）　14:00～22:00
休なし　料₱300～　Card不可

Map 別冊P.11-D1

コロン・コロン&ラスカバニャス・ビーチへの行き方

エルニド・タウンからコロン・コロンまでトライシクルで10分。ラスカバニャス・ビーチまではトライシクルで約15分。トライシクルの値段は、時間帯などによって異なるが、だいたい₱100前後。

ピニャコラーダ₱250（左）とマンゴーモヒート₱300（右）

View Spot

大空と海が目の前に広がる、ビーチ沿いの席が断然オススメ！ きれいに夕日が沈む様子が見られるのは9～4月頃がベスト。

店名の意味はフランス語でビーチです

オーナーシェフのバスチェンさん

1. ビールのおともにぴったりのカラマリフライ₱230
2. ムール貝やエビがごろごろ入ったシーフードパスタ₱350

コロン・コロン&ラスカバニャス・ビーチで遊ぶ&泊まる

のんびりと海水浴を楽しむ人が多い

遊ぶ　隠れ家ビーチ

ラスカバニャス・ビーチ Las Cabañas Beach

真っ白な砂浜が広がるビーチ。人があまり多くなく、ゆったりと過ごしたい人におすすめ。ビーチ沿いには、おしゃれなビーチバーやカフェもある。

Map 別冊P.11-D1　ラスカバニャス・ビーチ

遊ぶ　海の上をひとっ飛び！

ジップライン Zip Line

対岸まで一気に駆け抜けていって気持ちいい！

海を挟んだ向かいの島までひとっ飛びする、ジップライン。乗り場は看板に従って、山を登っていった所。申込みは、ホテル、オレンジ・パール・ビーチ・リゾート前のチケットオフィスで。

Map 別冊P.11-D1　ラスカバニャス・ビーチ

Sitio Pacalsada, Barangay Corong Corong
なし　8:00～17:00　休なし　料片道：シッティング₱500、スーパーマン₱700　往復：シッティング₱900、スーパーマン₱1100、コンビネーション₱1000

ヴィラの周りはヤシの木などの緑に囲まれている

プールと隣接して吹き抜けのバーがある

自分だけの特別な空間を味わえる別荘のような客室

泊まる　ヴィラで贅沢ステイ

エルニド・ココ・リゾート El Nido Coco Resort

緑が生い茂る敷地内にヴィラが点在する、こぢんまりとしたリゾート。客室のタイプはひとつだけで、ゆったりとした造り。プールやスパ、ショップも併設する。

Map 別冊P.11-D1　コロン・コロン

Barangay Corong Corong　0919-587-7569（携帯）　料ダブル₱1万2500～（税・サービス料・朝食込み）　Card M.V.　室8　Wi-Fi あり
URL www.coco-resort.com

ラ・プラージュの隣にあるホテル、ラスト・フロンティア・ビーチ・リゾートのレストランからも夕日が望める。

アクセス◎なタウン or アイランドリゾート？

エリアとタイプで選ぶ！ エルニドホテル案内

エルニドのホテルは、3つのエリアに分かれている。エルニド・タウンと1アイランド1リゾートのエルニド・リゾーツ、空港そばのリゾートエリア、リオ・エステート・リゾーツから目的に合ったホテルを選ぼう☆

Town エルニド・タウン編

アイランドホッピング（→P.42）の拠点となるエルニド・タウン。多くのホテルがあり、お手頃から高級系まで幅広いチョイスができる！

エコフレンドリーなリゾートホテル

Cadlao Resort & Restaurant
カドラオ・リゾート&レストラン

Seaside

ホテル名の由来となったカドラオ島と海が見渡せる、高級リゾート。一軒家タイプの客室が多く、のんびり過ごしたい人にぴったり！ エコにも積極的に取り組んでいて、ソーラーパネルでまかなった電気を使っている。

Map 別冊P.11-D2外 エルニド・タウン

Caalan　0917-589-7069（携帯）/0917-589-7037（携帯）　料スタンダードバンガロー₱1万～、デラックスバンガロー₱1万1000～、プールビューバンガロー₱1万4000～、シーフロントバンガロー₱1万6000～、ファミリーバンガロー₱1万5000～（税・サービス料・朝食込み、空港送付き）Card A.D.M.V.　室25　Wi-Fi あり（一部エリア）URL cadlaoresort.com

1. 目の前にホテル名の由来であるカドラオ島がそびえ立つ　2. 独立タイプの客室もある　3. フィリピン製の家具が配されたデラックスバンガロー

インテリアセンスも設備もハイレベル！

Cuna Hotel クナ

Town

2018年4月にオープンしたホテル。イチオシポイントは、女子の心をつかむおしゃれな客室！ インテリアのセンスもよくて、設備も最新だから安心して泊まれる。屋上にあるテラス席からは町並みと自然の景色を楽しめる。

1. スタンダードツイン。バスとトイレが別になっている　2. 屋上のテラス席からエルニドの景色が見下ろせる　3. 屋上にある絶景ビューのプール

Map 別冊P.11-D2 エルニド・タウン

Osmeña St., Barangay Masagana　0966-195-1409(受付)/0917-491-0794(予約)　料スタンダードツイン₱5000～、デラックスツイン₱5800～、スタンダードトリプル₱7500～、デラックストリプル₱8800～（税・サービス料・朝食込み）Card A.M.V.　室48　Wi-Fi あり

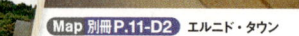

カドラオ・リゾート&レストランのショップは、おみやげにぴったりなグッズが充実していました！（栃木県・いちご）

1. ビーチにすぐアクセスできる海側の客室が人気
2. ヴィラタイプの客室はゆったりとした大きさ

エルニド・ビーチが目の前！

El Nido Garden Beach Resort

Seaside

エルニド・ガーデン・ビーチ・リゾート

エルニド・ビーチに面したリゾートホテル。客室はヴィラタイプがほとんどで、緑に囲まれた中庭のプールを囲むように並んでいる。2019年2月に新しいホテル棟が完成予定。

Map 別冊P.11-D2外 エルニド・タウン

Barangay Masagana　0915-489-9009（携帯）
料ハイシーズン：プールサイドデラックス₱8160～、ビーチフロントデラックス₱8760～　ローシーズン：プールサイドデラックス₱8395～、ビーチフロントデラックス₱7820～（税・サービス料・朝食込み）　Card A.M.V.　室10
Wi-Fi あり（一部エリア）

リーズナブルでクオリティが高い！

Sea Cocoon Hotel

Town

シー・コクーン

日本好きのオーナーが営むエコノミーホテル。親切なサービスと最新の設備を整えており、宿泊者の満足度が高い。1階のロビーには朝食をとるスペースとシャワー付きのプールがある。

Map 別冊P.11-D2 エルニド・タウン

Real st., Barangay Masagana
0917-674-1024（携帯）/0918-911-6670（携帯）　料スタンダードツインまたはダブル₱3600～、プレミアムダブル₱4100～、スペシャルダブル₱4800～、トリプルルーム₱4800～、レギュラーファミリー₱6000～（税・サービス料・朝食込み）　Card A.D.J.M.V.　室27　Wi-Fi あり
URL www.seacocoon.com

1. 1階にはプールがあり、開放的な空間になっている　2. 窓からエルニド・タウンが見下ろせる、スタンダードダブル　3. ロビーではオーナーの愛犬がお出迎えすることも

お手頃なリゾートホテル

Marygold Beachfront Inn

Seaside

マリーゴールド・ビーチフロント・イン

目の前にビーチ、裏手には飲食店が集まる好立地。ポップでかわいらしい色合いでまとめられた客室に、お手頃な値段で泊まれる。海を眺められるバンガロー風のバーもかわいい。

Map 別冊P.11-C2 エルニド・タウン

Calle Hama, Barangay Masagana　0917-624-7722（携帯）/0908-884-3711（携帯）　料6～9月：ツインサイドルーム₱2550～、デラックスルーム₱3750～、ドミニクコテージ₱3950～、ジェシカコテージ₱4550～、マロコテージ₱4550～　10～5月：ツインサイドルーム₱2750～、デラックスルーム₱4150～、ドミニクコテージ₱4450～、ジェシカコテージ₱4950～、マロコテージ₱4950～（税・サービス料・朝食込み）
Card A.J.M.V.　室18　Wi-Fi あり（一部の客室）　URL www.mgelnido.com

1. カラフルな内装がキュートなマロコテージ　2. 全部で3棟のコテージがある　3. 敷地内にはシービューを堪能できるビーチーバーも！

エルニド・ガーデン・ビーチ・リゾートの新ホテル棟には、屋上レストランもできる予定。

アクセス

各島へのアクセスは、エルニド空港から無料送迎があり、ホテル名が書かれた看板を持ったスタッフが出迎えてくれる。港まで車で移動し、そこからは船で島へ行く。

Resort
エルニド・リゾーツ編

高級リゾートホテルグループのエルニド・リゾーツが経営。エルニドの島3つとタイタイのアプリット島が丸ごとリゾートになった、リッチな滞在が魅力♪ リオ・エステート・リゾーツ（→P.141）も同じ系列。

贅沢なヴィラタイプの客室に大満足
Pangulasian Island
パングラシアン・アイランド

エルニド・リゾーツで最も豪華なホテル。島の周りを真っ白なビーチが囲んでいる。客室は海側と森側に分かれていて、1棟1室のヴィラタイプ。まるで別荘に泊まっているかのような特別感を味わえる。

Map 別冊P.11-C1 エルニド

☎(02)902-5990 問合 M.A.Eプランニング(03)5304-5814 料 キャノピーヴィラ₱4万5500〜、ビーチヴィラ₱5万0500〜、プールヴィラ₱5万3500〜、カラウヴィラ₱20万3500〜（税・サービス料・朝食込み、無料送迎付き。ハイシーズンは3食付き） Card A.J.M.V. 室42 Wi-Fi あり URL www.elnidoresorts.com

1. 全客室、同じ広さ。バナナチップスなどのフリースナック付き　2. シービューが一面に広がる、バー付きのインフィニティプール　3. 白い砂浜に囲まれた美しい島

アメニティに注目!
手作りの麦わら帽子やサンダルなど、パングラシアン・アイランドだけの特別なアメニティ付き!

マリンアクティビティし放題だよー!

離島の大自然と触れ合う
Apulit Island
アプリット・アイランド

パラワン島の北東に位置するタイタイにあるアプリット島。全客室が水上コテージで、遮るものが一切ないオーシャンビューが望める。小さいがプールも備えている。

Map 別冊P.3-D1 タイタイ

☎(02)902-5994 問合 M.A.Eプランニング(03)5304-5814 料 ウオーターコテージシングル₱3万〜、ウオーターコテージダブル₱3万2500〜、ロフトウオーターコテージシングル₱3万2000〜、ロフトウオーターコテージダブル₱3万4500〜（税・サービス料・3食込み、無料送迎付き） Card A.J.M.V. 室50 Wi-Fi あり URL www.elnidoresorts.com

1. 水上コテージから直接海へダイブできる客室もある　2. ビーチにあるベンチやマリンアクティビティの道具は無料で利用OK　3. 波のせせらぎが心地よい、ウオーターコテージシングル

アクティビティはココもCheck!
ラグーン・アイランド → P.44

リニューアルオープン!

絶景が人気のリゾート
Miniloc Isnland
ミニロック・アイランド

ビッグ・ラグーンやスモール・ラグーンがある、ミニロック島のリゾートホテル。スノーケリングやダイビングに絶好のスポット。2018年12月にリニューアルオープン予定。

Map 別冊P.11-C1 エルニド

☎(02)902-5985 問合 M.A.Eプランニング(03)5304-5814 料 クリフコテージ₱3万0600〜、ガーデンコテージ₱3万1300〜、ビーチサイドルーム₱3万6300〜、シービュールーム₱3万6300〜、ウオーター/ウオーターサイドコテージ₱3万6300〜、デラックスシービュールーム₱4万0300〜（税・サービス料・3食込み、無料送迎付き） Card A.J.M.V. 室50 Wi-Fi あり

リオ・エステート・リゾーツに行った時、ホテルゲスト以外でもタウンからのシャトルバスを無料で使えました。（大阪府・ちか）

Resort
リオ・エステート・リゾーツ編

エルニド空港近くにあり、敷地内に4つのホテルが点在。ビーチのほか、ここ数年の開発で飲食店やショップ、スパまで揃って、小さな町のようになっている。

アクセス
エルニド空港から無料シャトルバスが出ている。所要約5分。また、エルニド・タウンからもバスが出ている。所要約15分。

空港近くのホットな新リゾートエリア
Lio Estate Resorts
リオ・エステート・リゾーツ

エルニド空港付近にある、エルニド・リゾーツと同系列のビーチリゾート。4つのホテルに、レストランやショップ、スパなど約20の店が集まっている。ホテルゲスト以外の利用もできるので、泳ぎに訪れるだけでもOK！

Map 別冊P.11-D1

問合 M.A.Eプランニング(03)5304-5814
URL www.el-paradise.com/lioestateresorts

1. ビーチはホテルゲスト以外も利用できる
2. 飲食店のほか、航空会社やATMもあって便利！

Hotel

敷地内には、3つのホテルがあり、約5km離れたところにひとつホテルがある。客室や雰囲気はそれぞれ異なる。

ツインベッドも選べる

Balai Adlao
バライ・アドラオ

2018年8月にオープンしたホテル。落ち着いたインテリアでまとめられた客室は、バルコニーが付いていて、ひとりやふたりでの利用にぴったり。

Map 別冊P.11-D1

料 デラックスルーム₱8300～（税・サービス料・朝食込み、無料送迎付き） Card A.J.M.V. 室20 Wi-Fi あり

別棟の１階にガラス張りのレストランがある

Casa Kalaw
カーサ・カラウ

家族向けの客室が多く、一部の客室はバルコニー付き。中庭にホテルゲスト専用のプールが備わる。

Map 別冊P.11-D1

料 デラックスルーム/デラックスガーデン₱9500～、デラックスベランダルーム₱1万～、プレミエールルーム₱1万0500～、カラウスイート₱1万1500～、カラウプレミエールスイート₱1万2000～（税・サービス料・朝食込み、無料送迎付き） Card A.J.M.V. 室42 Wi-Fi あり

Hotel Covo
コヴォ

若者向けのリーズナブルなホテル。カジュアルな雰囲気で、客室の内装もポップでキュート！

Map 別冊P.11-D1

料 ステューディオルーム₱7000～、スーペリアルーム₱8000～（税・サービス料・朝食込み、無料送迎付き） Card A.J.M.V. 室20 Wi-Fi あり

El Nido Cove Resort
エルニド・コヴォ・リゾート

ビーチから約5km離れた場所にある高級系ホテル。海や木々に囲まれたメゾネットタイプの部屋が魅力。

Map 別冊P.11-D1

料 ガーデンルーム₱8500～、フォレストルーム₱9500～、ビーチフロントロフト₱1万0500～（税・サービス料・朝食込み、無料送迎付き） Card A.J.M.V. 室20 Wi-Fi あり

Restaurant

レストランやカフェ、バーなど約10店舗が入る。シーフードや中華、ピザなど種類もさまざま。

フィリピン料理もあるよ☆

Globy Traveling Chef
グロービー・トラベリング・シェフ

ビーチの桟橋近くの多国籍レストラン。フィリピン料理のほか、インドや韓国、メキシコ料理が味わえる。吹き抜けの店内でゆったりと食事しよう！

Map 別冊P.11-D1

料 ₱450～ Card M.V.

Activity

ビーチでカヤックやサップなどのマリンアクティビティが楽しめる！ ビーチに立つ小さな小屋でグッズを貸出している。

絶景を眺めながらサップをエンジョイ☆

料金表

カヤック	2時間₱200
サップ	1時間₱200
ウインドサーフ	1時間₱800

ヤッホーイ！

Shopping

リオ・エステート・リゾーツから約10分歩いたところに、フィリピンのクラフトグッズを扱う小さな雑貨店が集まったモールがある。

アクセス
バライ・アドラオの裏手にある熱帯雨林に囲まれた道路を道なりに約10分進む。

SNS映えする外観にも注目！

Kalye Artisano
ケイル・アーティサノ

Map 別冊P.11-D1

9:00～19:00（店によって異なる） Card 不可

パングラシアン・アイランドやアプリット・アイランドには、トカゲや鳥などの野生動物の姿を多く見ることができる。

裏aruco 取材スタッフの独断TALK

「私たちの密かなお気に入りはコレ！」

取材スタッフの自分だけのお気に入りや、ホントは秘密にしておきたいコトを大公開！

キルトはシングルサイズ₱8000〜

かわいいカオハガンキルト

Tシャツ 大人用₱1200 子供用₱950

日本人がオーナーを務めるカオハガン島の名産といえば、カオハガンキルト。島の自然を生きいきと描いたキルトは、世界でここだけのオリジナル。Tシャツやコースターなら、おみやげにぴったり。私はTシャツを自分用と子供用の2着購入しました。**(カメラマンT)**

カオハガン島 → P.32

おすすめバナナチップスはコレ！

スーパーで₱60前後

フィリピンの定番おみやげのひとつが、バナナチップス。スーパーに行けばたくさんの種類が並んでいるけれど、おすすめはオウル・ツリーOwl Treeのもの。輪切りでなく横から薄切りしているためか、サクサクの食感！ たいていのスーパーやおみやげ店、空港で買えます。**(編集T)**

人気のネクターをお安くゲット！

濃厚でおいしいと評判の7Dのマンゴーネクター。人気すぎてスーパーでもまったく見かけずがっくりしていましたが、なんと7Dの直売店で発見しました！ 1個₱9または10個入り₱90でした。マンゴーくんが描かれたTシャツ₱200も思わずGet！ **(編集K)**

7D → P.103

ツリー・シェイド・スパでネイルアート♪

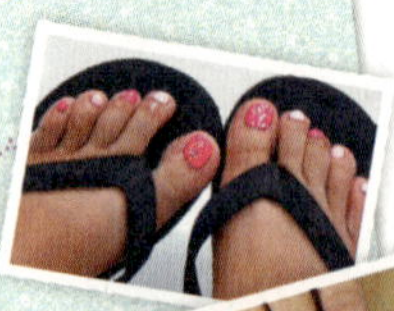

デザインは持ち込みOK

ツリー・シェイド・スパのラホッグ店には、マクタン島店(→P.112)にないネイルサロンが併設されています。本格的なジェルネイルなのに、格安なのはさすがフィリピン。ケア+アートし放題で₱1400！ 久々のネイルで気分がアガりました♪ **(編集K)**

ツリー・シェイド・スパ → P.37

ローカルおやつ「タホ」

タピオカ入りの豆腐に黒蜜をかけて食べる、タホTaho。ほんのり甘く素朴な味わいがグッド！ スーパーでも買えますが、町なかを歩くふたつのバケツを棒に吊したタホ売りのおじさんからもぜひ買ってみて！ 見かけたら、大きな声で「タホー！」と呼ぶと止まってくれます。**(編集S)**

おやつにどうだい

グロテスクな食べ物「バロット」

ラルシャン(→P.61)の前などにバロット売りがやって来るよ

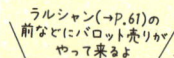

フィリピン名物の屋外フードで、勇気あるチャレンジャーに食べてほしいのがバロットBalutというゆで卵。生まれてから10〜20日目の孵化直前のアヒルの卵で、15日を過ぎた卵はヒナの姿が見えてしまう……。見た目とは裏腹に味はイケる。**(編集S)**

初めてでも
心配ご無用♪

安全・快適
旅の基本情報

荷物をカバンに詰めているときから、旅は始まっている！
忘れ物のないよう、しっかりと準備を。
基本的に治安良好なセブだけど、油断は大敵。
いざという時のトラブル対策まで、しっかり予習しておいて。

INFORMATION

aruco的

おすすめ旅グッズ

「何をもっていこうかな♪」……そう考えるだけで、ワクワク、すでに旅はスタートしている。
快適で楽しい女子旅にするためのおすすめグッズを、フィリピン通のスタッフが厳選してご紹介。
ぜひ参考にして、旅をパワーアップさせてね！

旅のお役立ちアイテム

□はおりもの／ストール

航空機内やレストランの空調の冷え込みに。薄手のものなら日焼け対策にも使える。

□折りたたみ傘／ジッパー付きビニール袋

突然の雨に備えて折りたたみ傘は旅のマストアイテム。海や川に行くときはぬれたものを出し入れできるビニール袋が便利。

□ポケット・ウエットティッシュ

トイレに紙がないことも多いので、ポケットティッシュは必携。ウエットティッシュもあると何かと重宝する。

□日焼け対策アイテム

日差しが強いうえ、1日のほとんどを外で過ごすセブではマスト。日焼け止めクリームや帽子、サングラスなどを用意しよう。

□水着／サンダル or マリンシューズ

海をとことん楽しむためにも、水着をお忘れなく！ 海底が岩場の場所では、ストラップ付きのサンダルやマリンシューズがおすすめ。

□歯ブラシ／常備薬

歯磨きセットは基本アメニティとして置いていないので必ず持参したい。慣れない環境では体調を崩すこともあるため、常備薬があると安心。

機内手荷物のアドバイス

飛行機内はとても乾燥しているので、保湿クリームとリップクリームは必需品。夏でも席によっては寒いのでショールや靴下を使って体温調節するといい。むくみ防止のために履き替えるスリッパ、アイマスクなどのリラックスグッズ、歯磨きセットなどのリフレッシュグッズ、フィリピンの入国カードや日本の携帯品・別送品申告書を記入するためのボールペンも忘れずに！
※スプレーやまゆバサミはスーツケースに入れよう

機内持ち込み制限についての詳細はP.146をチェック！

基本の持ち物チェックリスト

貴重品
- □パスポート
- □現金（フィリピンペソ、円）
- □クレジットカード
- □eチケット控え
- □海外旅行保険証書

洗面用具
- □シャンプー、リンス
- □歯磨きセット

衣類
- □普段着、オシャレ着
- □下着、パジャマ
- □水着

その他
- □常備薬
- □生理用品
- □筆記用具
- □電卓
- □目覚まし時計
- □雨具
- □カメラ
- □電池、充電器
- □変圧器、変換プラグ
- □スリッパ
- □サングラス
- □裁縫道具
- □プラスチックのスプーン、フォーク

※エルニドに行く人は、防水バッグや防水携帯カバーがあると便利。現地でも調達可。

アイランドホッピング前日に水着を忘れたことに気づいてパニック！ なんとか買えてよかったです。（愛知県・さまらば）

知って楽しい！ フィリピンの雑学

**これから旅するフィリピンについて、出発前にさくっと勉強しておこう☆
ちょーっとカタく感じるけど、歴史や文化、習慣など、少しでも知っていると
旅がもっともっと楽しくなること間違いなし！**

歴史が学べる半日観光ツアー → P.56

フィリピンってこんな国

正式名称	フィリピン共和国　Republic of the Philippines
国旗	青は平和・真実・正義、赤は愛国心・勇気、白は平等に対する希望を意味する。3つの星はルソン島・ミンダナオ島・ビサヤ諸島を象徴。太陽から出る8つの光は、戦争時スペインに対し最初に武器を取った8州を表す。
人口	約1億0098万人（2015年時点）
国歌	最愛の地　Lupang Hinirang
面積	29万9404㎢（日本の約8割の広さ）
首都	マニラ Manila
元首	ロドリゴ・ドゥテルテ大統領　Rodrigo Duterte
政体	立憲共和制
民族	マレー系、中国系など。※言語的に見ると100以上の民族グループに分けられる。
宗教	カトリック83%、そのほかキリスト教10%。ほかイスラム教など。
言語	公用語はフィリピノ（タガログ語）および英語。セブ島を含むビサヤ諸島ではビサヤ語を使うなど、島や地域により大きく異なる。

\かんたん/ フィリピンの歴史ガイド

16世紀～1898年　キリスト教の伝来とスペインの支配下へ

イスラム教が普及していた頃、スペインの探検家フェルディナンド・マゼランがセブ島へ到着。彼が当時のセブ島女王へ捧げたサント・ニーニョ像は、現在セブ・シティのサント・ニーニョ教会で祀られている。キリスト教への改宗を求めたマゼランだったが、1521年のマクタン島領主ラプラプとの戦いにより落命。スペインは次々と軍を送り、1571年にはマニラを陥落。ここから約300年フィリピンはスペインの植民地となる。

1898年～1941年　アメリカ統治時代

1898年、マニラへ侵攻してきたアメリカへ、スペインが2000万ドルでフィリピンを移譲。フィリピン独立運動家たちが反対してフィリピン第一共和国を建国するも、リーダーが捕らえられ崩壊。アメリカは当初植民地政策を進めていたが、次第にフィリピン人の自主政治を進める方針をとり、1934年に10年後の独立を約束したフィリピン独立法が承認。1935年にはフィリピンは、M. L. ケソンを大統領としたアメリカ自治領政府、フィリピン・コモンウェルスとなった。

1942年～1945年　日本統治時代

第2次世界大戦の1941年暮れに、日本がフィリピンへ侵攻を開始。半月後にはマニラを占領し、アメリカが撤退した。第2次世界大戦終戦の1945年8月まで日本が占領していたが、日本の敗戦とともにアメリカが奪還。1946年にフィリピン共和国として独立を果たしたが、政権腐敗などの失政が続き、しばらくはアメリカ主導型の政権が続いた。

1946年～現在　マルコスの独裁体制から民主主義へ

アメリカ主導のもと治政されていたが、1965年にフェルナンド・E・マルコスが大統領となると彼の独裁体制が始まった。しかし、取り巻きの不祥事やゲリラ事件の多発などにより、政権後半には国内外から糾弾を浴び始める。そんななか、1983年8月、政敵のベニグノ・アキノ元上院議員が暗殺された。その後の大統領選でのマルコスの不正が発覚し、フィリピン国民の不満は爆発。彼を国外へと追放した。その後、アキノの妻コラソン・アキノが大統領を務め、ラモスやエストラーダなどと政権を替えながら、現在のロドリゴ・ドゥテルテ大統領まで続いている。

セブのおもな祝祭日カレンダー

1月　シヌログ祭('19年は20日)
「幼きイエス・キリスト」を意味するサント・ニーニョを祝う祭り。当日までの1週間、町はさまざまなイベントで盛り上がり、当日はカラフルな衣装のダンサーたちが、サント・ニーニョ像を携えてダンスパレードを繰り広げる。

2月　エドゥサ革命記念日(25日)
第10代大統領フェルナンド・E・マルコスの独裁に対し国民が蜂起した日。

4月　イースターホリデー('19年は中旬)
イースター当日までの1週間。特に聖木曜日～聖日曜日は大型ショッピングセンターも閉まるなど、多くのレストランや店が休む。

武勇の日(9日)
太平洋戦争時の日本軍による捕虜の強制移送で犠牲となった人々を悼む日。

5月　メーデー(1日)
労働者の日。ショップやレストランは休むところもある。

6月　独立記念日(12日)
初代大統領エミリオ・アギナルドによりフィリピンの独立宣言が出された日。

8月　ニノイ・アキノ記念日(21日)
マルコスの独裁政権に反対していた政治家ニノイ・アキノが暗殺された日。

国家英雄の日('19年は26日)
有名な英雄のみでなく、国のために戦った無名の英雄たちに思いを馳せる日。

9月　オスメニャ記念日(9日)
セブ出身の政治家、第3代大統領セルヒオ・オスメニャの生誕日。セブのみの祝日。

11月　万聖節(1日)
すべての聖人や殉教者に祈りを捧げるキリスト教の記念日。

ボニファシオ誕生記念日(30日)
「フィリピン革命の父」と呼ばれる独立活動家アンドレス・ボニファシオの生誕日。

12月　クリスマス(25日)
イエス・キリストの生誕日。ショップやレストランは休むところが多い。

リサール記念日(30日)
フィリピン独立運動の指導者、ホセ・リサールの命日。

シヌログ祭の時期はセブ・シティはとっても混み合う。ホテルの料金もハイシーズンになる。

フィリピン入出国かんたんナビ

フィリピンに到着したら、まずは入国審査へ向かおう。出国日の前には、重量オーバーにならないよう、荷物の整理も忘れずに。空港へは早めに到着することが大切！

日本からセブへ

1 セブ到着

到着したらArrivalsなどの案内板に従い、入国審査カウンターへ向かおう。

↓

2 フィリピン入国審査

「フィリピン国民」と「それ以外」に分かれているので、フィリピン国民以外の列に並び、パスポートと入国カードを提示する。

↓

3 荷物受け取り

到着便名の表示されたターンテーブルから機内預け荷物を受け取る。紛失や破損の場合は、紛失荷物（ロストバゲージLost Baggage）のカウンターでクレームタグを見せて交渉を。

↓

4 税関審査

免税範囲であれば検査はなく、「税関申告書」の記入も必要ない。免税で持ち込めるものは右下の表でチェック。

↓

5 到着ロビー

両替所やインフォメーションなどがある。各地への交通手段についてはP.149を参照。

セブへのフライト

セブへは、フィリピン航空とセブ・パシフィック航空の2社が直行便を運航している。

マニラを経由する場合

首都マニラのニノイ・アキノ国際空港を経由してセブやエルニドへ向かう場合は、入国審査を受け、受託手荷物をピックアップし、税関を通過したあと国内線出発エリアへ。到着ターミナルと出発ターミナルが違う場合は、シャトルバスやタクシーで移動する。ターミナル間の移動には時間がかかる。また、フィリピンの国内線はオーバーブッキングがしばしば発生する。そのため、なるべく2時間前には空港に到着しておきたい。

フィリピン入国カード記入例

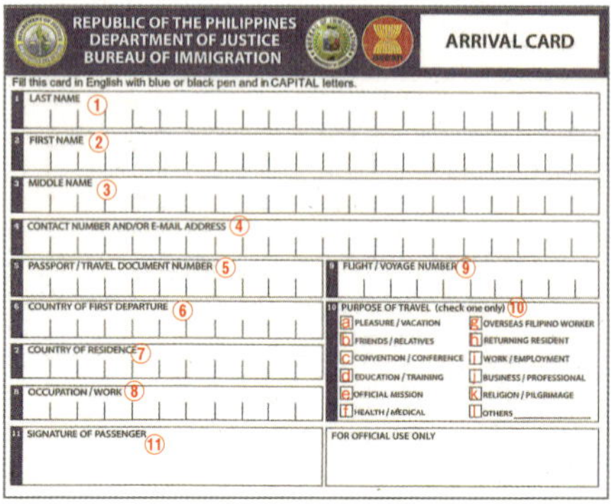
REPUBLIC OF THE PHILIPPINES
DEPARTMENT OF JUSTICE
BUREAU OF IMMIGRATION
ARRIVAL CARD

Fill this card in English with blue or black pen and in CAPITAL letters.

1 LAST NAME ①
2 FIRST NAME ②
3 MIDDLE NAME ③
4 CONTACT NUMBER AND/OR E-MAIL ADDRESS ④
5 PASSPORT / TRAVEL DOCUMENT NUMBER ⑤
9 FLIGHT / VOYAGE NUMBER ⑨
6 COUNTRY OF FIRST DEPARTURE ⑥
7 COUNTRY OF RESIDENCE ⑦
8 OCCUPATION / WORK ⑧
10 PURPOSE OF TRAVEL (check one only) ⑩
a PLEASURE / VACATION
b FRIENDS / RELATIVES
c CONVENTION / CONFERENCE
d EDUCATION / TRAINING
e OFFICIAL MISSION
f HEALTH / MEDICAL
g OVERSEAS FILIPINO WORKER
h RETURNING RESIDENT
i WORK / EMPLOYMENT
j BUSINESS / PROFESSIONAL
k RELIGION / PILGRIMAGE
l OTHERS
11 SIGNATURE OF PASSENGER ⑪
FOR OFFICIAL USE ONLY

①姓
②名
③ミドルネーム（ある場合は記入）
④電話番号もしくは電子メールアドレス
⑤パスポート番号
⑥出発国
⑦居住国
⑧職業
⑨航空便の利用便名

⑩渡航の目的
a 観光、休暇
b 友人・親戚へ訪問
c 会議、展示会
d 就学、職業訓練
e 外交
f 健康、医療
g ※フィリピン人のみ適用
h ※フィリピン人のみ適用
i 就業、雇用
j 商業、ビジネス
k 宗教、聖地巡礼
l その他

⑪サイン（パスポートと同じ）

★機内預け荷物重量制限

フィリピン航空のエコノミークラスの場合、縦・横・高さの合計が158cm以内、重さ23kg以下（国内線は要確認）の荷物を2個まで無料で預けられる。座席クラスにより規定は異なるので、事前に確認を。LCCのセブ・パシフィック航空は、受託手荷物はすべて有料。航空券購入時に許容量を設定して支払う。

★機内持ち込み制限

フィリピン航空のエコノミーの場合、縦・横・高さの合計が115cm以内のもの2個、合計重量7kg以下にかぎり持ち込みが可能。また、どの航空会社も100mL以上の液体物は持ち込み禁止。100mL以下の容器に入れて1L以内の透明なプラスチック袋（ジッパー付き、ひとり1枚）に入れる。詳細は利用航空会社に確認を。

フィリピン入国時の免税範囲

品名	内容
たばこ	ひとり400本、または葉巻たばこ50本、または刻みたばこ250gまで
酒	ひとり2本（1L）まで
その他	持ち込み品の海外市価の合計額はUS$350まで ※持ち込み品の海外市価がUS$350を超える品物は税関に申告が必要

エルニドへの直行便はセブよりもマニラからの本数が多く便利でした。（福岡県・Masato-Ya）

セブから日本へ

1 チェックイン

利用航空会社のチェックインカウンターへ。eチケット控えとパスポートを提示し、搭乗券を受け取る。機内預け入れ荷物を預けて、引換証（クレームタグ）を受け取る。

↓

2 空港税の支払い

空港税₱850を現金で支払い、領収書を受け取る。窓口はチェックインカウンターとは別。

↓

3 セキュリティチェック

機内持ち込み手荷物のX線検査とボディチェックを受ける。

↓

4 出国審査

係員に空港税の領収書を提出したあと、出国審査の列に並ぶ。自分の番が来たら、パスポートと搭乗券を提出し、出国手続きを行う。

↓

5 搭乗

搭乗券を提示して機内に乗り込む。搭乗口はたびたび変わるため、出発時刻の30分前までには向かうこと。

↓

6 帰国

税関検査では、機内で配られた「携帯品・別送品申告書」を提出。別送品がある場合は2枚必要。提出したら到着ロビーへ。長旅おつかれさま！

肉製品や生の果物、植物は日本に持ち込み不可

動物（ハムやソーセージなどの肉製品を含む）や植物（生の果物、野菜、切り花、香辛料など）などは、税関検査の前に、所定の証明書類の提出や検査が必要。免税店で販売されているものも含め、許可取得済みの肉製品はほとんどないので、持ち込めないと思ったほうがいい。

携帯品・別送品申告書記入例

A面

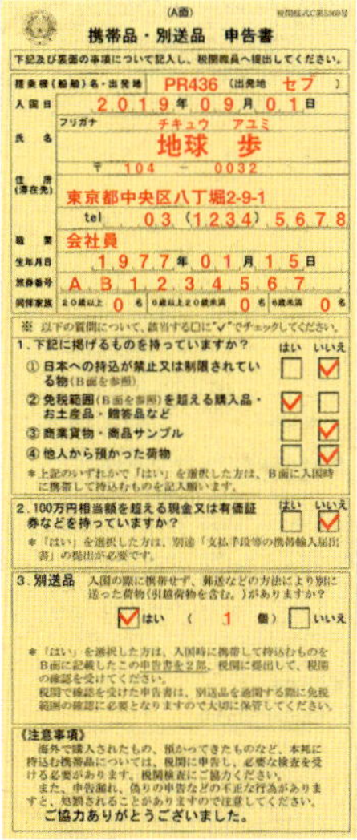
（A面）

携帯品・別送品　申告書

下記及び裏面の事項について記入し、税関職員へ提出してください。

搭乗機（船舶）名・出発地	PR436（出発地 セブ）
入国日	2019年09月01日
フリガナ	チキュウ　アユミ
氏名	地球　歩
住所（滞在先）	〒104－0032 東京都中央区八丁堀2-9-1 tel 03（1234）5678
職業	会社員
生年月日	1977年01月15日
旅券番号	AB1234567
同伴家族	20歳以上 0名　6歳以上20歳未満 0名　6歳未満 0名

※ 以下の質問について、該当する□に"✓"でチェックしてください。

1. 下記に掲げるものを持っていますか？（はい／いいえ）
① 日本への持込が禁止又は制限されている物（B面を参照）　いいえ
② 免税範囲（B面を参照）を超える購入品・お土産品・贈答品など　はい
③ 商業貨物・商品サンプル　いいえ
④ 他人から預かった荷物　いいえ
＊上記のいずれかで「はい」を選択した方は、B面に入国時に携帯して持込むものを記入願います。

2. 100万円相当額を超える現金又は有価証券などを持っていますか？　いいえ
＊「はい」を選択した方は、別途「支払手段等の携帯輸入届出書」の提出が必要です。

3. 別送品　入国の際に携帯せず、郵送などの方法により別に送った荷物（引越荷物を含む。）がありますか？
☑はい（1個）　□いいえ
＊「はい」を選択した方は、入国時に携帯して持込むものをB面に記載したこの申告書を2部、税関に提出して、税関の確認を受けてください。
税関で確認を受けた申告書は、別送品を通関する際に免税範囲の確認に必要となりますので大切に保管してください。

《注意事項》
海外で購入されたもの、預かってきたものなど、本邦に持込む携帯品については、税関に申告し、必要な検査を受ける必要があります。税関検査にご協力ください。
また、申告漏れ、偽りの申告などの不正な行為がありますと、処罰されることがありますので注意してください。
ご協力ありがとうございました。

B面

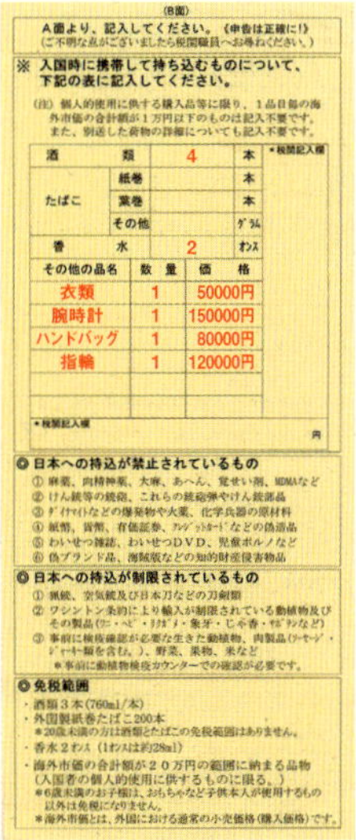
（B面）

A面より、記入してください。（申告は正確に！）
（ご不明な点がございましたら税関職員へお尋ねください。）

※ 入国時に携帯して持ち込むものについて、下記の表に記入してください。

（注）個人的使用に供する購入品等に限り、1品目毎の海外市価の合計額が1万円以下のものは記入不要です。また、別送した荷物の詳細についても記入不要です。

酒類		4	本
たばこ	紙巻		本
	葉巻		本
	その他		グラム
香水		2	オンス

その他の品名	数量	価格
衣類	1	50000円
腕時計	1	150000円
ハンドバッグ	1	80000円
指輪	1	120000円

＊税関記入欄　円

◎ 日本への持込が禁止されているもの
① 麻薬、向精神薬、大麻、あへん、覚せい剤、MDMAなど
② けん銃等の銃砲、これらの銃砲弾やけん銃部品
③ ダイナマイトなどの爆発物や火薬、化学兵器の原材料
④ 紙幣、貨幣、有価証券、クレジットカードなどの偽造品
⑤ わいせつ雑誌、わいせつDVD、児童ポルノなど
⑥ 偽ブランド品、海賊版などの知的財産侵害物品

◎ 日本への持込が制限されているもの
① 猟銃、空気銃及び日本刀などの刀剣類
② ワシントン条約により輸入が制限されている動植物及びその製品（ワニ・ヘビ・リクガメ・象牙・じゃ香・サボテンなど）
③ 事前に検疫確認が必要な生きた動植物、肉製品（ソーセージ・ジャーキー類を含む。）、野菜、果物、米など
＊事前に動植物検疫カウンターでの確認が必要です。

◎ 免税範囲
・酒類3本（760ml/本）
・外国製紙巻たばこ200本
＊20歳未満の方は酒類とたばこの免税範囲はありません。
・香水2オンス（1オンスは約28ml）
・海外市価の合計額が20万円の範囲に納まる品物（入国者の個人的使用に供するものに限る。）
＊6歳未満のお子様は、おもちゃなど子供本人が使用するもの以外は免税になりません。
＊海外市価とは、外国における通常の小売価格（購入価格）です。

マニラのニノイ・アキノ国際空港経由で出国する場合

国内線ターミナルで手荷物検査を受けチェックインし、手荷物を預ける。手荷物の許容量は国内線と国際線では異なることもあるため、事前に確認を。マニラへ到着したら出発ターミナルへ。到着と出発のターミナルが異なる場合は、シャトルバスかタクシーで移動する。チェックイン時に日本への搭乗券をもらった場合は、そのまま手荷物検査と出国検査へ。もらえなかった場合や、受託手荷物を一度ピックアップし再度預ける場合は、再チェックインが必要。出国審査の流れは、チェックインの前に手荷物検査とボディチェックがある場合も。また、ニノイ・アキノ国際空港の空港税は航空券に含まれているため、別途支払う必要がない。

日本帰国時の免税範囲

税関 URL www.customs.go.jp

品名	内容
酒類	3本（1本760mL程度のもの）
たばこ	紙巻きたばこ400本、または加熱式たばこ個包装など20個、または葉巻き100本、またはその他500g
香水	2オンス（1オンスは約28mL。オーデコロン、オードトワレは含まれない）
その他	20万円以内のもの（海外市価の合計額）
おもな輸入禁止品目	・覚醒剤や大麻、あへんなどの麻薬類や不正薬物 ・けん銃等の銃器・弾丸・その部品・爆発物、火薬類 ・貨幣、有価証券、クレジットカード等の偽造品 ・偽ブランド品、海賊版などの知的財産侵害物品 ・わいせつ雑誌・DVD、児童ポルノ

※免税範囲を超える場合は追加料金が必要。海外から自分宛に送った荷物は別送品扱いになるので税関に申告する。

空港からリゾートエリアやセブ・シティへ

マクタン・セブ国際空港はセブで唯一の国際空港。各地への交通手段は4つ。予算や所要時間など、旅のプランに合わせて選ぼう。

保安検査後には免税店や飲食店が並ぶ

2018年7月に新しくオープンした国際線ターミナル

空港案内

マクタン・セブ国際空港
Mactan-Cebu International Airport

マクタン島のほぼ中心にあるマクタン・セブ国際空港は、セブエリアの空の玄関口。下の地図は日本からの直行便が発着する国際線ターミナル。エルニドやマニラ発着の場合は、別棟の国内線ターミナルで発着するので注意。両ターミナル間は無料のシャトルバスが15分間隔で結んでいる。

URL mactancebuairport.com

Map 別冊P.4-A2～B2

波打つようなデザインの屋根が目立つ

出国税の支払いはこのカウンターで

空港MAP

ターミナル2到着ロビー

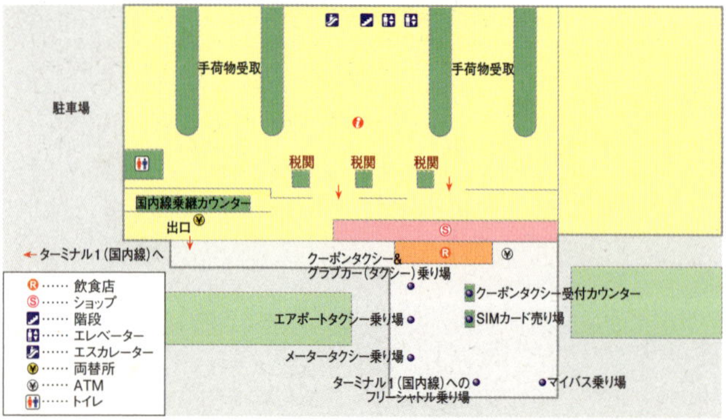

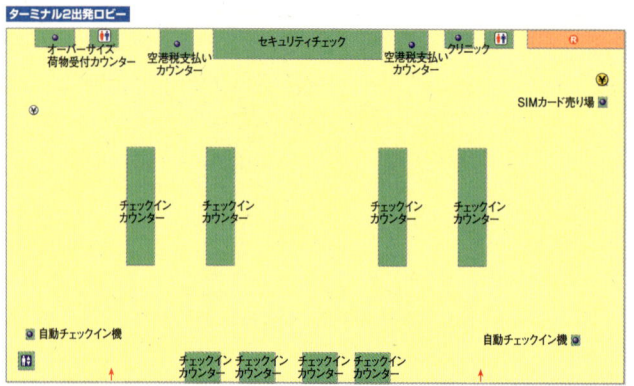

ターミナル2出発ロビー

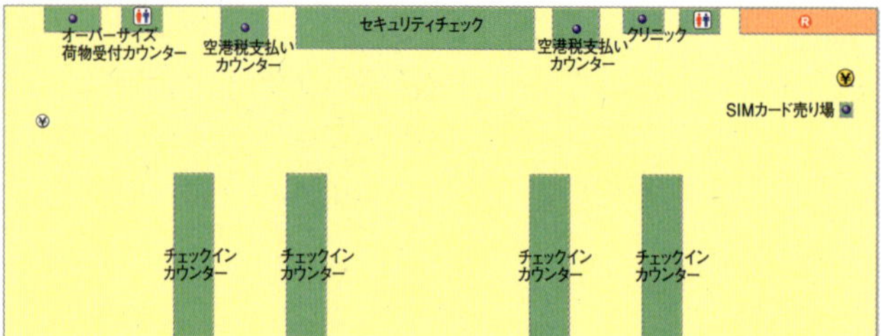

 新しい空港はもちろんおみやげを売っていますが、すっごい高い！ 絶対に町で買っておくべき。（鹿児島県・LALACO）

空港からのアクセス

自分に合った方法で☆

タクシー乗り場には係員が常駐している

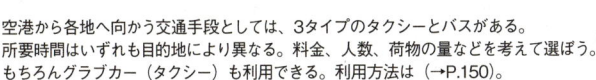

空港から各地へ向かう交通手段としては、3タイプのタクシーとバスがある。所要時間はいずれも目的地により異なる。料金、人数、荷物の量などを考えて選ぼう。もちろんグラブカー（タクシー）も利用できる。利用方法は（→P.150）。

空港のお墨付き
安心タクシーで目的地へ

エアポートタクシー

Airport Taxi

料金

マクタン島
リゾートエリア
₱300
セブ・シティ
₱400～500

空港に乗り入れを許可されている黄色いタクシー。初乗り₱70、300mごとに₱4のメーター制。ターミナルを出て左手に進むとタクシープールがある。スタッフから、乗車するタクシーのナンバーが書かれた紙を渡されるので、受け取って乗車。料金はタクシーを降りるときに支払う。スタッフから渡された紙はトラブルが起きた場合の緊急連絡先なので、降車時にそのまま持ち帰る。

安くて楽ちん
目的地まで直行できる

タクシー

Taxi

料金

マクタン島
リゾートエリア
₱250前後
セブ・シティ
₱300～400前後

町中を走る一般的な白いタクシー。初乗り₱40、1kmごとに₱13.5のメーター制で、エアポートタクシーより少し安い。なかには悪質な運転手もいるため、乗車時にはきちんとメーターが見えるかどうか、初乗り料金が表示されているか確認を。エアポートタクシーより少し先の場所で乗車できる。こちらもスタッフからタクシーのナンバーや緊急連絡先が書かれた紙を渡されるので、忘れずに受け取ろう。

定額なので安心して乗れる

クーポンタクシー（レンタカー）

Coupon Taxi (Rent-A-Car)

料金

マクタン島
リゾートエリア
₱575
セブ・シティ
₱675

エリアごとにあらかじめ料金が設定されており、定額で目的地まで行くことができる、安心度の高いタクシー。こちらはタクシー会社ではなく、レンタカー会社が運営している。ターミナルを出て左手にあるレンタカー会社のカウンターで、料金を確認し目的地を伝えてタクシーを案内してもらう。案内してもらったタクシーに乗って目的地で降車し、運転手に料金を支払う。

日本人経営のレンタカー会社　ASレンタカー

☎(032)316-1878/0917-621-6622（携帯）（どちらも日本人直通）料空港からマクタン島内₱880～、セブ・シティ₱1580～
URL asrentacar.m78.com

安くて気軽に
中心部へ行ける

マイバス

Mybus

料金

片道
₱40

大型ショッピングセンターSMシティ・セブ（→P.92）と空港間を結ぶ公共バス。7:00～22:00の間で20分に1本運行しており、現金（お釣りなし）を払い乗車する。乗り場はタクシー乗り場の奥だが、目立つ看板はないので受付カウンターを探そう。全5ルートがセブ島内を運行しており、SMシティ・セブで乗り換えてセブ港やノース・バスターミナルへも行ける。

セブの島内交通

灼熱の太陽が照りつけるうえ、南北にながーいセブの見どころを巡るには、車が必須！ おもな移動手段はタクシーだが、行き先が決まっていればバスも十分に使えて便利♪

セブ内の交通機関

この3つを使えば、セブ内は自由自在！

手軽で便利☆
タクシー
Taxi

目的地を伝える必要なし♪
グラブカー
Grab Car

安くて快適♪
マイバス
Mybus

タクシー
Taxi

屋根の上に「TAXI」という表示がある白い車体が、一般的なタクシー。料金はメーター制で初乗り₱40。メーターを使わない悪質なタクシーもあるので、乗ったらメーターが動いていることを必ず確認すること。通りで手を挙げてつかまえることもできるが、できるだけホテルやレストランで呼んでもらうのがベスト。

タクシーの乗り方

→

→

1 タクシーをつかまえる
道ばたでつかまえる場合は手を挙げる。ショッピングセンターのタクシープールからも乗れる。

2 行き先を伝える
目的地を伝え、メーターを使用しているかを確認。メーターを使っていなかったら、使うように要求。

3 支払い
目的地に着いたらメーターの金額を現金で支払う。半端な金額は切り上げて支払い、差額をチップとして渡すのが一般的。

タクシー料金目安（マクタン島のリゾートエリアから）

マクタン・セブ国際空港	₱300
ラプラプ・シティ	₱300～350
マンダウエ・シティ	₱350
セブ・シティ(フエンテ・オスメニャ)	₱550
山頂展望台トップス(往復)	₱3000～
SMシーサイド・シティ・セブ	₱650

グラブカー（タクシー）
Grab Car(Taxi)

配車アプリのグラブGrabで、行き先を入力して呼び出せる個人タクシー。グラブタクシーとは一般的なタクシーのことを指す。どちらも乗車前に値段がわかるのでぼったくられる心配がなく、運転手が配車時に目的地を把握しているため、直接伝える必要がない。アプリの事前ダウンロードと呼び出す際のネット接続は必須。大型ショッピングセンターには出入口が複数あるので、ピックアップの場所は運転手とメッセージや電話で確認すること。

グラブカーの乗り方

こちらもチェック！ → P.36

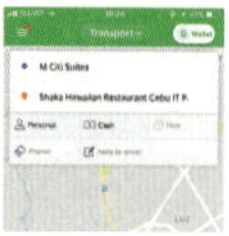
→

→
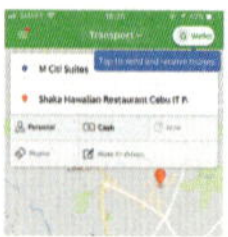

1 目的地を入力
オレンジマークのボックスに目的地を入力。現在地はGPSにより自動的に入力される。

2 値段をチェック！
グラブタクシーとグラブカーの値段を確認。グラブタクシーの場合は手数料₱30が追加される。

3 予約する
タクシーかカーを選び、BOOK（予約）をクリック。数十秒～数分でドライバーが見つかる。

→

→

4 予約完了！
予約が完了すると、ドライバーの顔写真と名前、車のナンバー・車種・色の情報が送られてくる。

5 ナンバーとドライバーを確認
車のナンバーとドライバーが正しいか確認し、自分が呼んだことをドライバーに伝えて、乗車する。

6 支払い
配車時に表示された金額を支払う。事前登録でクレジットカードも使える。チップは払わなくてOK。

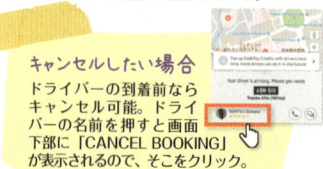

キャンセルしたい場合
ドライバーの到着前ならキャンセル可能。ドライバーの名前を押すと画面下部に「CANCEL BOOKING」が表示されるので、そこをクリック。

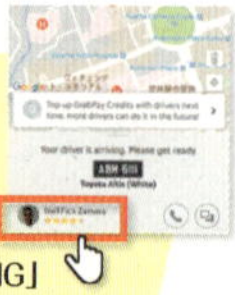

グラブアプリの初期登録にはSMS認証が必要。現地でSIMを使う場合は事前に日本で登録しておいたほうがよい。（徳島県・しょうたろー）

マイバス
Mybus

SMシティ・セブやセブ港、ノース・バスターミナル、セブ・マクタン国際空港などを結ぶ循環型の公共バス。ルートは全部で5つ。料金は1回の乗車につき₱25（学生は₱20、ルート3と4は₱40）で、プリペイド式か現金払い。プリペイド式は最初に磁気タイプのカード₱200（₱100チャージ済み）を購入し、乗車時にカードリーダーにかざす。現金払いはおつりがないので注意。

マイバスの運行時間

ルート1 パーク・モール～SMシティ・セブ～SMシーサイド・シティ・セブ
運行▶パーク・モール発　毎日8:00～22:00
▶SMシーサイド発　毎日8:40～23:00
※20～30分ごとに出発

ルート2 タリサイ～SMシーサイド・シティ・セブ
運行▶タリサイ発　毎日8:00～21:00
▶SMシーサイド発　毎日9:00～22:30
※20～30分ごとに出発

ルート3 SMシティ・セブ～マクタン・セブ国際空港
運行▶空港発　毎日7:00～22:00
▶SMシティ・セブ発　毎日6:00～21:00
※20分ごとに出発

ルート4 タリサイ～SMシティ・セブ～パーク・モール
運行▶タリサイ発　毎日6:00～21:00
▶パーク・モール発　毎日7:00～22:00
※10～20分ごとに出発（土・日は減便）

ルート5 セブ港～SMシティ・セブ
運行▶セブ港発　毎日8:40～14:40
▶SMシティ・セブ発　毎日9:15～15:10
※1～2時間に1便

マイバスの乗り方

1 プリペイドカードを購入
日本のSuicaのようなタイプで、乗車時にタッチするたびにチャージ金額が減っていく仕組み。

2 バスを待つ
プリペイドカードか料金ぴったりの現金を持ってバス停へ。たいていのバスは20～30分に1便運行している。

3 料金を支払う
車内のカードリーダーにプリペイドカードをかざす。現金払いは、運転手の手前にあるボックスに現金を入れる。

4 バスに乗り込む
スーツケースなどの大きな荷物も一緒に車内へ。プリペイドカードは降車時に再度かざす必要はない。

まだある！ セブの交通手段

セブを北へ南へ

長距離バス
Bus

セブ島内を走っているローカルのバス。セブ・シティから北端のマヤまで約4時間30分、南端のサンタンダーへは3時間30分ほどかかる。バスは海岸線を通る島一周道路や主要幹線道路を走っており、島内ほぼすべての町に行くことができる。セブ・シティのターミナルはノース・バスターミナル（Map P.7-C2）やサウス・バスターミナル（Map P.8-A3）。行き先により出発ターミナルが異なるので事前に確認しよう。

離島へはこれで！

フェリー
Ferry

島が多いフィリピンでは一般的な移動手段。セブ・シティのフェリーターミナルがあるのは、ダウンタウン南にあるセブ湾。ボホール島（タグビララン、トゥビゴン）やシキホール島～ドゥマゲッティ間などを結ぶ。チケットは当日港のオフィスでも買えるが、混み合うためウェブサイトでの事前購入がベター。ターミナルでは、ターミナル使用料₱25を支払って手荷物検査を受けたあと、乗船する会社のカウンターでチェックインする。

●オーシャン・ジェット URL www.oceanjet.net
●スーパーキャット URL supercat.com.ph

離島ではこれがメイン

トライシクル
Tricycle

バイクにサイドカーが付いた乗り物。セブ・シティではほとんど走っておらず、マクタン島内や地方、離島などローカルな町に多い。基本は乗り合いで、多いときは8人ほどが乗ることも。運転手に行き先を告げ、OKなら乗り込む。別の場所に行く場合は断られることもあるが、その時は別のトライシクルに声をかけよう。料金は距離によって異なるが、マクタン島では2km₱7～。ほかに乗客がいない場合は貸切となり、₱100くらいかかることもある。

セブの人々の足

ジプニー
Jeepney

中型のジープやトラックの荷台を改造し、客が乗り降りできるようにした乗り合いバス。フィリピン独特の乗り物で、おもにセブ・シティと近郊の町を走っている。走るルートは決まっているが、バス停はなく、ルート内ならどこでも乗り降りが可能。乗るときは手を挙げれば停まってくれる。行き先は車体の横や後部、フロントガラスに記されているが、初心者が乗りこなすにはかなり難しい。料金はセブ・シティ内なら₱8～。詳しくは（→P.62）。

長距離バスはエアコン付きとなしの2種類がある。乗る前にしっかり確認して。

旅の便利帳

フィリピンの旅に必要なノウハウをぎゅぎゅっとまとめました。
旅の基本を押さえていれば、イザというときにあわてないですむよね。

お金・クレジットカード

お金

フィリピンの通貨はフィリピン・ペソ（Philippine Peso, ₱）とセンタボ（Centavo, ¢）。₱1＝100センタボ＝約2.13円（2018年11月現在）。日本円からフィリピン・ペソ現金への両替は、現地の両替所が一般的。マクタン島やセブ・シティなら両替所は多い。

クレジットカード

中級以上のホテルやレストランでは、クレジットカードが利用できる。タクシーや露店、食堂などではほとんどの場合不可。店によっては手数料がついたり、支払いの最低金額があることも。盗難や紛失のほか、カードが読み取れないトラブルに備え、2〜3枚あると安心。ICチップ付きのカードは使用時にPIN（暗証番号）を入力する。事前に暗証番号を確認しておこう。

ATM

ATM機では、クレジットカードや海外専用プリペイドカードのキャッシングサービスが使える。ただし手数料や引き出し限度額あり。ATM機は銀行やショッピングセンターにある。

20ペソ　50ペソ　100ペソ　200ペソ　500ペソ　1000ペソ

1センタボ　5センタボ　10センタボ　25センタボ
1ペソ　5ペソ　10ペソ

ATMの使い方

1 カードを挿入

対応可能なクレジットカードを確認し、ATMへ挿入。言語選択ができる場合は英語を選択。

2 PINを入力

PIN（暗証番号）を入力する。わからない場合は出発前に確認しておくこと。

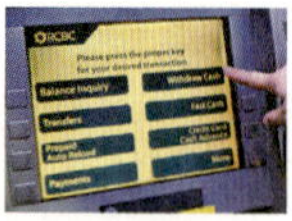

3 取引内容と口座を確認

引き出しは「Withdrawal」を。その後に口座を選ぶ。口座はクレジットカードの場合は「Credit Card」。

4 金額を選択

引き出す金額を選択または入力し、現金を受け取る。

電話

- **001**（KDDI）※1
- **0033**（NTTコミュニケーションズ）※1
- **0061**（ソフトバンク）※1
- **005345**（au携帯）※2
- **009130**（NTTドコモ携帯）※3
- **0046**（ソフトバンク携帯）※4

※1 「マイライン」「マイラインプラス」の国際区分に登録している場合は不要
※2 005345をダイヤルしなくてもかけられる
※3 事前にWORLD WINGへの登録が必要。009130をダイヤルしなくてもかけられる
※4 0046をダイヤルしなくてもかけられる

日本からフィリピンへ

国際電話会社の番号 ＋ 国際電話識別番号 010 ＋ フィリピンの国番号 63 ＋ 市外局番（最初の0はとる） ＋ 相手の電話番号

フィリピンから日本へ

国際電話識別番号 00 ＋ 日本の国番号 81 ＋ 市外局番と携帯電話の最初の0を除いた番号

現地での電話のかけ方

0から始まるすべての番号をダイヤルする

電話は、日本の携帯電話や一般の加入電話からかけられる。ホテルの客室の電話機は直接かけられるタイプ（料金は精算の際に請求される）と、オペレーターを通してつないでもらうタイプがある。

ATMで暗証番号を打つときに、後ろからのぞく人がいた。手のひらで番号を隠したほうがいい。（北海道・よっこい）

電圧・プラグ

フィリピンの電圧は220V、周波数は60Hz。日本国内用の電化製品をフィリピンで使う場合は変圧器が必要。持っていくパソコンや携帯電話、デジタルカメラの充電器などが、海外両用か変圧器が必要か、必ず確認を。プラグはA型かC型なので、どのプラグにも対応でき、USB充電もできる万能プラグがあると便利。

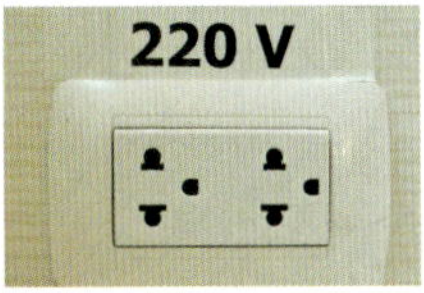

トイレ

水流が非常に弱く、ほとんどの場所でトイレットペーパーが流せない。使用済みの紙はカゴに捨てる。トイレットペーパーがない場所も多いので、トイレットペーパーは携帯しよう。また、ローカルな場所では便座が付いていないことも。その場合は腰を浮かせて用を足すのが一般的。

郵便

フィリピンの郵便局は「フィルポストPhilpost」と呼ばれる。ポストはなく、最寄りの郵便局やホテルで切手を購入して投函する。セブ中央郵便局（Map P.8-B3）の営業時間は月～土曜8:00～17:00。日本へはハガキが₱15、20gまでの封書は₱45。日本到着まで2～3週間ほどかかる。

水

水道水は絶対に飲まないように。中級以上のホテルなら、歯磨き用に1～2本のミネラルウオーターを置いている。ミネラルウオーターはスーパーやコンビニ、サリサリストアなどで買える。値段は₱20（500mL）程度。飲食店のドリンクやシェイクには、飲料用の水や氷が使用されているので問題ないが、屋台や衛生状態の悪そうな店では注意。

インターネット

フィリピンでは無線LAN（Wi-Fiワイファイ）が普及しており、ほとんどのホテルで使用可能。ただし、接続状況が悪かったり、回線が遅いことも。空港やレストランなど公共の場でも、ログインIDを教えてもらって利用できる場所が多いので、無線LAN搭載のノートパソコンやスマートフォンがあれば、多くの場所でインターネットに接続できる。

喫煙・飲酒

2017年7月より、大統領令によりフィリピン全土で禁煙令が施行されている。路上を含むすべての公共の場での喫煙が禁止となり、店内はもちろんテラス席でも禁煙の場所がほとんど。禁煙令はフィリピン人のみでなく、観光客も対象のため、喫煙は最寄りの喫煙所で。違反者には最大₱1万もの罰金が科される。
また、選挙期間など、年に数回禁酒日がある。禁酒日でも、フィリピン観光省から許可を受けた店や地域では、外国人にのみ酒類を提供している。

マナー

セブを観光するときは、以下のマナーに気をつけて。まず、教会は観光客も訪れるが、信仰の場所であることを忘れずに。夏でも肌の露出を控え、帽子は脱ぎ、静かに観賞すること。なお、ミサの時間は見学を控えよう。そして一番の基本はあいさつ。英語の通用度は非常に高いので、「Hello」や「Thank you」でも十分。セブの言葉であるビサヤ語（セブアノ）でのあいさつは、「ありがとう」なら「サラマッSalamat」。ほかのあいさつは別冊P.17を参照。

チップ

フィリピンには基本的にチップの習慣はないので、好感のもてるサービスを受けたと感じたときに個々の判断で渡す程度でよい。空港やホテルのポーターには荷物1個につき₱10～20、レストランにサービス料が含まれていない場合は請求額の10%程度が基本。タクシーも基本は請求額の10%程度だが、例えば₱162ペソの請求額なら₱170ペソを渡して、おつりの端数をチップとして渡してもOK。その場合は「Keep the change」と伝えるとよい。

ローカルのレストランなどのトイレは便座がないことも多い。大型ショッピングセンターならだいたいある。

旅の安全情報

女の子同士、グループでワイワイ楽しく旅していると気もゆるみがち。日本にいるとき以上に、警戒アンテナをピンとたてることを忘れないで！でも、トラブルのパターンを知っておけば、予防対策がより万全に。

治安

2018年11月現在、外務省よりフィリピン全土に「十分注意」以上の危険情報が発生されている。リゾート地であるセブは、マニラよりも犯罪は少ないが、一般犯罪はどこでも起こりえるので十分に注意して。ホテルのロビーやレストランなど安全と思われる場所でも荷物は決して体から離さず、貴重品は人の目にさらさないように。また、貴重品はホテルのセーフティボックスやカバンなど、複数の場所に分けて持つようにしよう。

病気・健康管理

普段は元気な人でも、旅行中は気候や環境の変化、食事の変化などで急に体調を崩すこともある。思わず食べ過ぎたり、買い物に熱中して歩きっぱなしだったり。疲れを溜めないよう十分睡眠をとって、絶対に無理をしないこと。風邪薬や胃腸薬などは使い慣れたものを日本から持っていこう。湿布類もあるといい。インフルエンザなど事前の海外感染症情報のチェックも欠かさずに。

海外旅行保険

体調不良や盗難など、慣れない土地では何が起こるかわからないので、必ず加入しよう。海外旅行保険を扱う保険会社はたくさんあるが、「日本語緊急医療サービス」や「キャッシュレス医療サービス」「疾病治療費用」「携帯品保険」などがあればいざというときに心強い。また、海外旅行傷害保険がクレジットカードに付帯している場合もあるが、保険内容が不十分である可能性があるので、事前に確認を。

こんなことにも気をつけて！

事前に手口を知って、トラブルはできるだけ避けよう！

エピソード1 スーパーでスリ被害

スーパーでおみやげ探しに夢中になっている間に、いつの間にかカバンのチャックが開いていた。気づいてすぐに中を確認すると、財布がない！買い物に夢中になったり、レストランで会話が盛り上がっているときなどは、スリに狙われやすい。カバンはチャックをしっかりと閉め、いつも自分の体のすぐそばに寄せておくこと。

エピソード2 両替詐欺に注意

町なかの両替所で日本円からフィリピンペソへ両替。係員が数えるのを確認し、現金を受け取り財布へ。コンビニで買い物をしようと財布を開くと、お札が1枚足りない……。係員が数えるのを見ていても、渡す際に1枚抜かれてしまうこともある。両替し現金を受け取ったら、その場ですぐ金額を再確認すること。

エピソード3 タクシートラブル

流しのタクシーに乗ったら、メーターが上がるスピードが異様に早い。不審に思いながらもそのまま乗り、目的地に着いた頃には予想の倍以上の金額に！メーターを改造し、料金を水増し請求する悪徳タクシーもいる。その場合はすぐに降り、ほかのタクシーに乗って。タクシーはできるだけ店やホテルに呼んでもらうこと。

エピソード4 クレジットカード利用時

レストランで食事を楽しみ、クレジットカードでお会計。カードを渡すと、店員がカードを差し込んだカードリーダーを持ってきて、PIN（暗唱番号）の入力を求めてきた。セブでクレジットカードを使う場合は、PIN入力が必要な場合がほとんど。サインだと使用できないこともあるので、出発前に番号の確認を。

エピソード5 トイレの水が流せない

セブ・シティから少し離れた場所で、ローカルレストランのトイレを貸してもらった。用を足したあと、水を流そうとしたらレバーがない！近くにあるのは大きなバケツに入った水と手桶だけ……。こんな時は、その手桶でバケツ内の水を汲んで流すのが正解。セブ・シティ以外の地域で出合うことが多いトイレだ。

エピソード6 交通渋滞がすごい！

セブ・シティから、帰国便の出発3時間前にタクシーに乗車。空港はそんなに遠くないし40分くらいかと思っていたら、道が混んでいてなんと1時間半も！セブ・シティとマクタン島の道路は非常に混み合う。空いていても最低1時間、通勤・通学の時間帯はそれ以上にかかることもあるので、早めに出発しよう。

セブの交通渋滞は本当にすごいです。通勤・通学の時間帯の移動は避けたほうが無難です。（栃木県・ちか）

トラブル別

困ったときのイエローページ

トラブル1 パスポートを紛失したら

まずは警察に届けて、現地の日本国総領事館で新規発給の手続きを

パスポートの盗難に遭ったり、紛失してしまったら、すぐに最寄りの警察に届け出て「紛失・盗難受理証明書」を発行してもらうこと。それを持って在フィリピン日本国大使館セブ領事事務所へ行き、パスポートの紛失届と新規発給の申請を行う。あらかじめ顔写真のページのコピーやパスポート規格の写真を用意しておくと手続きがスムーズ。

パスポート新規発給の申請に必要なもの

- □ 現地警察署等が発行する紛失・盗難受理証明書
- □ 写真2枚（縦45mm×横35mm、6ヵ月以内に撮影）
- □ 戸籍謄本または抄本（6ヵ月以内発行のもの）
- □ 旅程が確認できる書類（eチケットやツアー日程表など）
- □ パスポートの「顔写真が貼られたページ」のコピー

（※申請の手数料は、申請内容により異なります）

トラブル2 事件・事故にあったら

すぐに警察や日本大使館で対応してもらう

事件に巻き込まれたり、事故にあってしまったら、すぐに最寄りの警察に届けて対応してもらう。事故の内容によっては日本大使館に連絡して状況を説明し、対処策を相談しよう。

緊急連絡先

警察	911、166（セブ・シティ）
救急車	911、161
在フィリピン日本国大使館セブ領事事務所 Map 別冊P.8-B1	(032)231-7321/(032)231-7322

トラブル3 クレジットカードを紛失したら

カード会社に連絡して無効処置を依頼し、警察に届ける

クレジットカードを紛失したら、すぐにカード会社に連絡して無効手続きの処置をとってもらうこと。現地警察では「紛失・盗難受理証明書」を発行してもらおう。

緊急連絡先

カード会社

Visa	1800-1441-0079
アメリカン・エキスプレス	65-6535-2209（シンガポールセンター）
JCB	1-800-1-811-0027
マスターカード	1-800-1-111-0061
ダイナースクラブ	81-3-6770-2796（コレクトコール）

トラブル4 病気になったら

緊急の場合は迷わず救急車を呼び、保険会社への連絡も忘れずに

病気になってしまったら、緊急の場合はすぐに病院へ向かうこと。動けない場合は救急車を呼ぶ。海外旅行保険に加入している場合は、保険会社のサービスセンターに連絡をすること。

緊急連絡先

救急・消防／病院

救急	911、143
ジャパニーズ・ヘルプ・デスク	02-817-1289（緊急24時間）
セブ・ドクターズ大学病院 Map 別冊P.8-A1	(032)255-5555（代表）/(032)318-6507（日本語 24時間）

トラブル5 荷物を忘れたら

忘れた場所に問い合わせて情報を得る

まずは忘れた場所のショップやレストランに問い合わせを。航空機で紛失した荷物は利用した航空会社へ確認しよう。見つからない場合や、盗難の場合は最寄りの警察へ連絡する。

緊急連絡先

警察署

セブ・シティ	166
ラプラプ・シティ	(032)341-1311/(032)495-5593

その他連絡先

保険会社（日本のカスタマーセンター）

損害ジャパン日本興亜	0120-08-1572
AIG損保	(03)5611-0874
東京海上日動	0120-868-100

航空会社

フィリピン航空	0570-783-483/(03)5157-4362
セブ・パシフィック航空	(03)6264-8120

観光案内

セブ・シティの観光案内所	(032)254-2811/(032)412-1966

ジャパニーズ・ヘルプ・デスクは日本語でセブ島やマクタン島の病院案内やサポートをしてくれる。

index

🚩：プチぼうけんプランで紹介した物件

見る・遊ぶ

食べる

セブ

ザワディ・コーヒー&カフェ	セブ・シティ	86	P.6-A3
シーブ	セブ・シティ	76	P.6-B1
シーフード・シティ・イスラ・スグボ	セブ・シティ	66	P.8-B1
シベット・コーヒー	マクタン島	85	P.5-D3
シャカ・ハワイアン	セブ・シティ	77、81、87	P.6-B1
ジョリビー	セブ各地	37、72	—
スグバ・スグバ	セブ・シティ	76	P.6-B1
スグボ・メルカド	セブ・シティ	76	P.6-B1
スケープ・スカイデッキ	マクタン島	83	P.4-B1
ズブチョン	マクタン島	71	P.4-A2
ソーホー・パーク	セブ・シティ	74	P.6-B2
ソルス・ハロハロ&デザート	マクタン島	86	P.4-A2
タオ・ユアン・シーフード(太皇魚翅海鮮酒家)	マンダウエ・シティ	67	P.7-C1
タボラータ	マンダウエ・シティ	78	P.7-C1
チムニー・アルケミー	セブ・シティ	76	P.6-B1
チョーキン	セブ各地	73、87	—
ディストリクト・オン・フィフティーサード	セブ・シティ	75	P.6-B2
デリス・レシピ	セブ・シティ郊外	82	P.6-B1外
10,000 ローズカフェ&モア	マクタン島	37、81	P.4-A3
10ドーベ・ストリート・コネフェクショネリー	マクタン島	84	P.4-B1
パーク・ソーシャル	セブ・シティ	77	P.6-B2
ハウス・オブ・レチョン	セブ・シティ	70	P.6-B3
バギオ・クラフト・ブリュワリー	セブ・シティ	77	P.6-B1
バケット・シュリンプ	セブ・シティ	66	P.8-A2
パット・フォー	セブ・シティ	79、91	P.8-B1
ピラー・ツナ・グリル	マンダウエ・シティ	65	P.7-C1
ピラミッド	セブ・シティ	77、80	P.6-B1
フルーツ屋台	マクタン島	88	P.5-C2
ベリーニ	セブ・シティ	83	P.6-B1
マヤ	セブ・シティ	79	P.6-B2
マリバゴ・グリル	マクタン島	69	P.5-D3
マン・イナサル	セブ各地	73、87	—
ミスターA バー	セブ・シティ郊外	82	P.6-B1
ミルクカウ	セブ・シティ	74	P.6-B2
ムーシー・グリーンスムージー+ジュース・バー	セブ・シティ	114	P.8-B1
メイトレ・ショコラティエ	セブ・シティ	91	P.8-B1
ヨーク・コーヒー&ブレックファースト	セブ・シティ	84	P.6-B2
ライトハウス	セブ・シティ	69、87	P.6-B1
ラ・ヴィ・パリジェンヌ	セブ・シティ	37	P.8-A1
ランタウ・フローティング・ネイティブ	マクタン島	69、87	P.4-A3
ランチョネット	セブ・シティ	79	P.8-A2
リコス・レチョン	マクタン島	70	P.4-B1
レチョン・ベリー	セブ・シティ	70	P.7-C2
レッド・リザード	セブ・シティ	79	P.8-B1
レモンボス	セブ・シティ	76	P.6-B1

ボホール島

ISIS バンガロー・タイ&シーフード	アロナ・ビーチ	125	P.9-D2
エテリアス・バイ・アロナ・キュー・ホワイト・ビーチ・リゾート	アロナ・ビーチ	125	P.9-D2
パプリカ	アロナ・ビーチ近郊	124	P.9-D2
ピラミッド	アロナ・ビーチ	125	P.9-D2
ボホール・ビー・ファーム	アロナ・ビーチ近郊	124	P.3-D2

シキホール島

ガアイ	シキホール島	131	P.10-A1
バハ・バー	シキホール島	129	P.10-A1
ベルビュー・クッチーナ・バー	シキホール島	131	P.10-A2
ラレーナ・トライアッド・レストラン&ベイクショップ	シキホール島	128	P.10-B2
リトル・モルモル・ピザ	シキホール島	131	P.10-B2

エルニド

アルトロベ	エルニド・タウン	135	P.11-D2
エルニド・ブティック&アートカフェ	エルニド・タウン	135	P.11-C2
グロービー・トラベリング・シェフ	エルニド空港付近	141	P.11-D1
コピ&ベイク	エルニド・タウン	132	P.11-C2
ジェライス	エルニド・タウン	134	P.11-C2
スクイドス	エルニド・タウン	134	P.11-C2
ハピネス・ビーチ・バー	エルニド・タウン	135	P.11-C2
ラ・プラージュ	コロン・コロン	136	P.11-D1
リパブリカ・サンセット・バー	コロン・コロン	137	P.11-D1

買う

セブ

名称	エリア	ページ	別冊MAP
アーテバルマン・ハンディクラフト・マーケット	マクタン島	97、114	P.4-A1
アートワーク	セブ・シティ	90	P.8-B1
アイランド・ガール	マンダウエ・シティ	94	P.7-C1外
アイランド・スーベニア	セブ・シティ	90	P.8-B1
アイランド・セントラル・マクタン・モール	マクタン島	93	P.4-B1
アウトレット・アット・プエブロ・ヴェルデ	マクタン島	93	P.4-A2
アヤラ・センター・セブ	セブ・シティ	90	P.8-B1
アントヒル・ファブリック・ギャラリー	セブ・シティ	95	P.8-B1
エコストア	セブ・シティ	96、98、114	P.6-B1
SMシーサイド・シティ・セブ	セブ・シティ	93	P.6-A3
SMシティ・セブ	セブ・シティ	92	P.7-C2
SMスーパーマーケット	セブ・シティ	100、103	P.7-C2
ガイサノ・グランド・モール	マクタン島	93	P.4-A3
グリーン・シェルフ・セブ	セブ・シティ	96、98	P.8-B2
クルトゥーラ・フィリピーノ	セブ・シティ	95、98、103	P.6-A3
サニー・サイド・アップ	セブ・シティ	90	P.8-B1
Jセンター・モール	マンダウエ・シティ	93	P.7-C1
7D	マンダウエ・シティ	103	P.7-D1
タブレア・チョコレート・カフェ	セブ・シティ	98	P.6-B2
チョコレート・チャンバー	セブ・シティ	98	P.6-B3
ドロシー・パーキンス	セブ・シティ	92	P.6-B3
パーク・モール	マンダウエ・シティ	93	P.7-C2
バズ・カフェ・オブ・ボホール・ビー・ファーム	セブ・シティ	92、114	P.6-B3
ヒューマン・ネイチャー	セブ・シティ	96	P.8-A1

	名称	エリア	ページ	別冊MAP
セブ	プロフード・ギャラリー・ショップ	マンダウエ・シティ	103	P.7-C1
	ヘルシー・オプション	セブ・シティ	92、103	P.7-C2
	ペンショップ	セブ・シティ	90	P.8-B1
	ボーズ・コーヒー	セブ・シティ	98	P.6-A3
	マルディータ	セブ・シティ	92	P.7-C2
	マンゴー・リパブリック	マクタン島	97	P.5-D3
	モンキー・ツリー	マクタン島	97、103、114	P.5-D3
	ルスタンス	セブ・シティ	91、97、103、114	P.8-B1
	ルスタンス・スーパーマーケット	セブ・シティ	91、101	P.8-B1
	ロビンソンズ・ガレリア・セブ	セブ・シティ	92	P.6-B3
ボホール島	バズ・ショップ	パングラオ島	123	P.3-D2
エルニド	アマンダ・クローゼット	エルニド・タウン	133	P.11-C2
	エルニド・ベーカリー	エルニド・タウン	133	P.11-C2
	グスト・ジェラート	エルニド・タウン	133	P.11-D2
	グロウ・ジュース&スムージー	エルニド・タウン	133	P.11-D2
	ケイル・アーティサノ	エルニド空港付近	141	P.11-D1
	リトル・コーナー・オブ・パラダイス	エルニド・タウン	133	P.11-C2

キレイになる

	名称	エリア	ページ	別冊MAP
セブ	アム・スパ&ウエルネス・センター	マクタン島	111	P.5-D2
	アムマ・スパ	マクタン島	111	P.5-D3
	アルニカ・スパ	マクタン島	106	P.5-C3
	イチリキ・トントン・マッサージ	マンダウエ・シティ	113	P.7-C1
	ウンディーナ・スパ	セブ島中部	34	P.3-C2
	エコ・スパ	マクタン島	108	P.5-C2
	カラ・スパ	マクタン島	111	P.5-D3
	グーン・スパ&リゾート	マクタン島	109	P.5-D2
	チ・スパ	マクタン島	110	P.5-D1
	ツリー・シェイド・スパ	マクタン島	112	P.5-D1
	ツリー・シェイド・スパ(ラホッグ店)	セブ・シティ	37	P.6-B2
	ヌア・タイ	セブ・シティ	113	P.6-B1
	ノア・ストーン&スパ・リゾート	マクタン島	109	P.5-C3
	パパイヤ・スパ	マクタン島	112	P.4-A3
	ブリス・デイ・スパ	マクタン島	109	P.5-C2
	フローラ・スパ	セブ・シティ	112	P.6-B2
	マリガヤ・スパ	マクタン島	108	P.5-C2
	ミン・タイ・スパ	セブ・シティ	113	P.7-C2
	モガンボ・スプリングス	マクタン島	110	P.4-B3

泊まる

	名称	エリア	ページ	別冊MAP
セブ	アップルトン	マクタン島	120	P.4-A2
	アバカ・ブティック・リゾート	マクタン島	117	P.5-D1
	アルフェイム・リゾート	マクタン島	118	P.5-D3
	クリムゾン・リゾート&スパ・マクタン	マクタン島	116	P.5-D2
	コスタベラ・トロピカル・ビーチ	マクタン島	118	P.5-D2
	シャングリ・ラ・マクタン・リゾート&スパ	マクタン島	116	P.5-D1
	ソレア・マクタン・セブ・リゾート	マクタン島	119	P.4-A3
	東横INNセブ	マンダウエ・シティ	120	P.7-C1
	ノードトロピック・リゾート・アンド・レジデンス	マクタン島	119	P.5-D2
	ピロウズ	セブ・シティ	120	P.8-A2
	プルクラ	セブ島中部	117	P.3-C2
	ベイフロント・セブ	セブ・シティ	120	P.7-C2
	マンダリン・プラザ	セブ・シティ	120	P.8-B1
ボホール島	アモリタ・リゾート	アロナ・ビーチ	126	P.9-D2
	サウス・パームス・リゾート・パングラオ	アロナ・ビーチ近郊	127	P.9-D1
	ドゥナテラ	アロナ・ビーチ近郊	127	P.9-D2
	ヘナン・リゾート・アロナ・ビーチ	アロナ・ビーチ	127	P.9-D2
	ボホール・ビーチ・クラブ	アロナ・ビーチ近郊	126	P.9-D1
	ミトヒ・リゾート&スパ	パングラオ島	127	P.3-C2
シキホール島	インフィニティ・ハイツ・リゾート	シキホール島	130	P.10-B2
	ヴィラ・マーマリン	シキホール島	130	P.10-A2
	ココ・グローブ・ビーチ・リゾート	シキホール島	130	P.10-A1
	サラマンカ・ビーチ&リゾート	シキホール島	131	P.10-B1
	ブルース	シキホール島	131	P.10-A1
エルニド	アプリット・アイランド	タイタイ	140	P.3-D1
	エルニド・ガーデン・ビーチ・リゾート	エルニド・タウン	139	P.11-D2外
	エルニド・コヴォ・リゾート	エルニド空港付近	141	P.11-D1
	エルニド・ココ・リゾート	コロン・コロン	137	P.11-D1
	カーサ・カラウ	エルニド空港付近	141	P.11-D1
	カドラオ・リゾート&レストラン	エルニド・タウン	138	P.11-D2外
	クナ	エルニド・タウン	138	P.11-D2
	コヴォ	エルニド空港付近	141	P.11-D1
	シー・コクーン	エルニド・タウン	139	P.11-D2
	バライ・アドラオ	エルニド空港付近	141	P.11-D1
	パングラシアン・アイランド	エルニド	140	P.11-C1
	マリーゴールド・ビーチフロント・イン	エルニド・タウン	139	P.11-C2
	ミニロック・アイランド	エルニド	140	P.11-C1
	ラゲン・アイランド	エルニド	44	P.11-D1

プチぼうけん
どれにしよう?

おみやげ
いっぱい
買っちゃお♪

地球の歩き方 シリーズ一覧

2018年12月現在

地球の歩き方ガイドブックは1～2年で改訂されます。改訂時には価格が変わることがあります。
●最新情報は、ホームページでもご覧いただけます。URL www.diamond.co.jp/arukikata/

の歩き方 ガイドブックシリーズ 各定価1400～2000円(税別)

ヨーロッパ

ヨーロッパ
イギリス
ロンドン
湖水地方&スコットランド
アイルランド
フランス
パリ&近郊の町
南仏プロヴァンス コート・ダジュール&モナコ
イタリア
ローマ
ミラノ、ヴェネツィアと湖水地方
フィレンツェとトスカーナ
南イタリアとシチリア
ドイツ
南ドイツ フランクフルト ミュンヘン ロマンティック街道 古城街道
ベルリンと北ドイツ ハンブルク・ドレスデン・ライプツィヒ
ウィーンとオーストリア
スイス
オランダ ベルギー ルクセンブルク
スペイン
マドリッドとアンダルシア &鉄道とバスで行く世界遺産
バルセロナ&近郊の町 イビサ島/マヨルカ島
ポルトガル

A24 ギリシアとエーゲ海の島々&キプロス
A25 中欧
A26 チェコ ポーランド スロヴァキア
A27 ハンガリー
A28 ブルガリア ルーマニア
A29 北欧
A30 バルトの国々
A31 ロシア
A32 シベリア&シベリア鉄道とサハリン
A34 クロアチア スロヴェニア

B 南北アメリカ

B01 アメリカ
B02 アメリカ西海岸
B03 ロスアンゼルス
B04 サンフランシスコとシリコンバレー
B05 シアトル ポートランド ワシントン州とオレゴン州の大自然
B06 ニューヨーク マンハッタン&ブルックリン
B07 ボストン
B08 ワシントンDC
B09 ラスベガス セドナ&グランドキャニオンと大西部
B10 フロリダ
B11 シカゴ
B12 アメリカ南部
B13 アメリカの国立公園
B14 ダラス ヒューストン デンバー グランドサークル フェニックス サンタフェ
B15 アラスカ
B16 カナダ
B17 カナダ西部
B18 カナダ東部
B19 メキシコ
B20 中米
B21 ブラジル ベネズエラ
B22 アルゼンチン チリ パラグアイ ウルグアイ
B23 ペルー ボリビア エクアドル コロンビア
B24 キューバ バハマ ジャマイカ カリブの島々
B25 アメリカ・ドライブ

C 太平洋/インド洋の島々&オセアニア

C01 ハワイI オアフ島&ホノルル
C02 ハワイII ハワイ島 マウイ島 カウアイ島 モロカイ島 ラナイ島
C03 サイパン
C04 グアム
C05 タヒチ/イースター島/クック諸島
C06 フィジー
C07 ニューカレドニア
C08 モルディブ
C10 ニュージーランド
C11 オーストラリア
C12 ゴールドコースト&ケアンズ
C13 シドニー&メルボルン

D アジア

D01 中国
D02 上海 杭州 蘇州
D03 北京
D04 大連 瀋陽 ハルビン 中国東北地方の自然と文化
D05 広州 アモイ 桂林 珠江デルタと華南地方
D06 成都 九寨溝 麗江 四川 雲南 貴州の自然と民族
D07 西安 敦煌 ウルムチ シルクロードと中国西北部
D08 チベット
D09 香港 マカオ 深圳
D10 台湾
D11 台北
D12 韓国
D14 モンゴル
D15 中央アジア サマルカンドとシルクロードの国々
D16 東南アジア
D17 タイ
D18 バンコク
D19 マレーシア ブルネイ
D20 シンガポール
D21 ベトナム
D22 アンコール・ワットとカンボジア
D23 ラオス
D24 ミャンマー
D25 インドネシア
D26 バリ島
D27 フィリピン
D28 インド
D29 ネパールとヒマラヤトレッキング
D30 スリランカ
D31 ブータン
D32 パキスタン
D33 マカオ
D34 釜山・慶州
D35 バングラデシュ
D36 南インド
D38 ソウル

E 中近東 アフリカ

E01 ドバイとアラビア半島の国々
E02 エジプト
E03 イスタンブールとトルコの大地
E04 ペトラ遺跡とヨルダン
E05 イスラエル
E06 イラン
E07 モロッコ
E08 チュニジア
E09 東アフリカ ウガンダ・エチオピア・ケニア・タンザニア・ルワンダ
E10 南アフリカ
E11 リビア
E12 マダガスカル モーリシャス セイシェル

の歩き方ムックシリーズ

690～1380円(税別)

リの歩き方[ムックハンディ]
ウルの歩き方[ムックハンディ]
港・マカオの歩き方[ムックハンディ]
湾の歩き方[ムックハンディ]
ノルルの歩き方[ムックハンディ]
ワイの歩き方 ノルルショッピング&グルメ[ムックハンディ]
アムの歩き方[ムックハンディ]
海外13 パリ発、フランス旅 vol.2
ハワイ ランキング&マル得テクニック!
ソウル ランキング&マル得テクニック!
パリ ランキング&マル得テクニック!
台湾 ランキング&マル得テクニック!
シンガポール ランキング&マル得テクニック!
バンコク ランキング&マル得テクニック!
バリ島 ランキング&マル得テクニック!
ハワイ スーパーマーケット マル得完全ガイド
海外女子ひとり旅★パーフェクトガイド!
海外子連れ旅★パーフェクトガイド!
成功する留学 留学ランキング&テクニック50
世界のビーチBEST100
ヘルシーハワイ[ムックハンディ]
aruco magazine

地球の歩き方 Plat

各定価1000～1400円(税別)

パリ/ニューヨーク/台北/ロンドン/グアム ドイツ/ベトナム/スペイン/バンコク シンガポール/アイスランド/ホノルル,etc.

地球の歩き方 Resort Style

各定価1200～1800円(税別)

ホノルル&オアフ島/カウアイ島/こどもと行くハワイ/こどもと行くグアム/世界のダイビング完全ガイド,etc.

aruco

お気に入りのプチぼうけんを探してね!

パリ
ソウル
台北
トルコ
インド
ロンドン
香港
エジプト
ニューヨーク
ホーチミン ダナン ホイアン
ホノルル
バリ島
13 上海
14 モロッコ
15 チェコ
16 ベルギー
17 ウィーン
18 イタリア
19 スリランカ
20 クロアチア
21 スペイン
22 シンガポール
23 バンコク
24 グアム
25 オーストラリア
26 フィンランド
27 アンコール・ワット
28 ドイツ
29 ハノイ
30 台湾
31 カナダ
32 オランダ
33 サイパン
34 セブ ボホール エルニド

メルマガ配信中! 登録はこちらから

www.arukikata.co.jp/aruco

arucoのSNSで女子旅おうえん旬ネタ発信中!

@aruco55
@arukikata_aruco
@aruco_arukikata

arucoのLINEスタンプができました! チェックしてね♪

aruco編集部が、本誌で紹介しきれなかったこぼれネタや女子が気になる最旬情報を、発信しちゃいます!新刊や改訂版の発行予定などもチェック☆

STAFF

Producer
池田祐子 Yuko Ikeda
Editors
グルーポ・ピコ（田中健作、染矢優香、嘉数千夏）Grupo Pico（Kensaku Tanaka, Yuka Someya, Chinatsu Kakazu）
Writers
グルーポ・ピコ（田中健作、染矢優香、嘉数千夏）Grupo Pico（Kensaku Tanaka, Yuka Someya, Chinatsu Kakazu）
Photographers
グルーポ・ピコ（武居台三、田中健作）Grupo Pico（Taizo Takei, Kensaku Tanaka）
Designers
上原由莉 Yuri Uehara、稲岡聡平 Sohei Inaoka、久保田りん Rin Kubota、山田安佳里 Akari Yamada
Coordinator
JRエクスプレス JR Express
Illustration
赤江橋洋子 Yoko Akaebashi、みよこみよこ Miyoko Miyoko
Map
堀江謙一（株式会社ジェオ）Kenichi Horie（Geo）
Illustration map
みよこみよこ Miyoko Miyoko
Proofreading
東京出版サービスセンター Tokyo Syuppan Service Center
Special Thanks to
フィリピン政府観光省、アクアマリン・オーシャンツアーズ、エメラルド・グリーン・ダイビング・センター、CSPトラベル＆ツアーズ、スコッティーズ・アクション・スポーツ・ネットワーク、セブポット、P.C. ダイバーズ
写真協力：©istock、shutterstock.com（P.11 シヌログ祭：tonskie ／ P.20 ナルスアン島メイン：mrmichaelangelo ／ P.21 パンダノン島メイン：CHANG HYUN ／ P.25 イルカメイン：Kjersti Joergensen ／ P.26 メイン、ジンベエザメ：soft_light ／ P.38 中段：photosounds ／ P.42 スモール・ラグーン空撮：Richard Whitcombe ／ P.43 ビッグ・ラグーン左：Tetyana Dotsenko ／ P.43 セブン・コマンド・ビーチメイン：Igor Tichonow ／ P.43 シークレット・ラグーンメイン：Richard Whitcombe ／ P.43 スネーク・アイランド：PhotoBarmaley ／ P.43 カドラオ・ラグーン：Tupungato ／ P.45 夕日：Paul Kiss ／ P.48 メラネシアン・アンティアス：orlandin ／ P.48 スパインチーク・アネモネフィッシュ：Subphoto ／ P.48 セグロチョウチョウウオ：Ian Scott ／ P.48 ニチリンダテハゼ：orlandin ／ P.114 モリンガ：Chaichan Chantapoon）

地球の歩き方 aruco ㉞ セブ ボホール エルニド

2018年12月26日　初版発行

著作編集　地球の歩き方編集室
発行所　株式会社ダイヤモンド・ビッグ社
〒104-0032　東京都中央区八丁堀 2-9-1
編集部　TEL.（03）3553-6667
広告部　TEL.（03）3553-6660　FAX.（03）3553-6693
発売元　株式会社ダイヤモンド社
〒150-8409　東京都渋谷区神宮前 6-12-17
販売　TEL.（03）5778-7240

Published by Diamond-Big Co.,Ltd.
2-9-1 Hatchobori, Chuo-ku, Tokyo, 104-0032 Japan
TEL.（81-3）3553-6667（Editorial Section）
TEL.（81-3）3553-6660（Advertising Section）
FAX.（81-3）3553-6693（Advertising Section）

読者投稿
〒160-0023　東京都新宿区西新宿 6-15-1
セントラルパークタワー・ラ・トゥール新宿 705
株式会社地球の歩き方メディアパートナーズ
「aruco　セブ ボホール エルニド編」投稿係
FAX.（03）6258-0421
URL www.arukikata.co.jp/guidebook/toukou.html

地球の歩き方ホームページ（海外旅行の総合情報）
URL www.arukikata.co.jp

ガイドブック『地球の歩き方』（検索と購入、更新・訂正・サポート情報）
URL www.arukikata.co.jp/guidebook

■ご注意下さい
本書は、年月表記のないものは2018年4～9月の取材データに基づいて作られています。発行後に変更された掲載情報や訂正箇所は『地球の歩き方』ホームページ「更新・訂正・サポート情報」で可能な限り案内しています。URL book.arukikata.co.jp/support/

ISBN978-4-478-82270-8

ココから
取りはずせます!

aruco

セブ

ボホール　エルニド

Cebu　Bohol, El Nido

取り
はずせる

別冊 MAP

Contents

セブ全図

MAP凡例
見どころ、観光スポット
ホテル
レストラン
カフェ
バー
ショップ・ショッピングセンター
劇場、ホール
スパ・エステ
教会
寺院
ツアー会社、ダイブショップ
ゴルフ場
ビーチ
バスターミナル
郵便局
POLICE 警察
学校
おもな病院
空港
港
ツーリストインフォメーション
日本国大使館、総領事館
240m 徒歩3分
徒歩目安（80m=徒歩1分）
※ 印 ① ～ ⑦ は 本 誌 P.122～123と対応
N
0 10 20km
1 2 3
A B
カンダヤ・リゾート
Kandaya Resort
マラパスクア島
Malapascua Is.
マヤ
Maya
ダーン・バンタヤン
Daan Bantayan
バンタヤン島
Bantyan Is.
ジビットニル島
Gibitngil Is.
バンタヤン
Bantayan
サンタ・フェ
Santa Fe
メデリエン
Medellin
ハグナヤ
Hagnaya
サン・レミジオ
San Remigio
ボゴ
Bogo
ドン諸島
Don Islands
モロカボック島
Molocaboc Is.
Cadiz
タボーゴン
Tabogon
タビュエラン
Tabuelan
スゴド
Sogod
レイテ島
Leyte Is.
カモテス諸島
Camotes Islands
ポロ島
Poro Is.
パシハン島
Pacijan Is.
セブ・サファリ&アドベンチャー・パーク
Cebu Safari & Adventure Park
P.60
セブ島
Cebu Is.
カルメン
Carmen
ダナオ
Danao
タノン海峡
Tanon Strait
カモテス海
Camotes Sea
サン・カルロス
San Carlos
Refugio Is.
バランバン
Balamban
ネグロス島
Negros Is.
リロアン
Liloan
パパ・キッツ・マリーナ・アンド・フィッシング P.39、53
Papa Kit's Marina and Fishing
トレド
Toledo
セブ・シティ全体図 P.6-7
マンダウエ・シティ
Mandaue City
マクタン島全図 P.4
タリサイ
Talisay
マクタン島
Mactan Is.
オランゴ島
Olango Is.
P.19、21、32
バナコン島
Banacon Is.
マハナイ島
バサーン島
ナガ
Naga
セブ島で最も栄えているエリア。飲食店やショッピングモールなどが集まっている。
マクタン・セブ国際空港がある島。海岸沿いに大型リゾートホテルが集まっている。

アレクサンドリア聖カトリーヌ教会
St. Catherine of Alexandria Parish Church
サン・フェルナンド San Fernando
プルクラ Pulchra P.117
ヒルトゥガン島 Hilutungan Is. P.20
ウンディーナ・スパ P.35 Undina Spa
カルカル Carcar P.58
Pandanon Is.
Getafe
Jao Is.
Lapinig Is.
エメラルドグリーンの美しい滝。川遊びやキャニオニングで人気のアクティビティスポット。
シボンガ Sibonga
パタサン島 Batasan Is.
シマラ教会 P.28 Simala Church
Clarin
モアルボアル Moalboal
アルガオ Argao
パンガンガン島 Pangangan Is.
トゥビゴン Tubigon
ボホール島 P.22、122 Bohol Is.
カワサン滝 P.30 Kawasan Water Falls
バディアン島 Badian Is.
カビラオ島 Cabilao Is.
サンディンガン島 Sandingan Is.
カラペ Calape
ターシャ・サンクチュアリ Tarsier Sanctuary P.122
カルメン Carmen
チョコレート・ヒルズ展望台 P.122 Chocolate Hills Viewing Deck
バディアン・アイランド・ウエルネス・リゾート Badian Island Wellness Resort
バディアン Badian
ローン Loon
チョコレート・ヒルズ・アドベンチャー・パーク P.24 Chocolate Hills Adventure Park（CHAP）
バディアン・ナチュラル・スパ Badian Natural Spa
ダラゲエット Dalaguete
セント・ミゲル大天使教会 St. Miguel Archangel Church
チョコレート・ヒルズ Chocolate Hills
ランブグ・ビーチ Lambug Beach P.31
Balilihan
ボホール海峡 Bohol Strait
タグビララン Tagbilaran
セビリア Sevilla
ビラー Bilar
ターシャ保護区 P.24 Tarsier Conservation Area
ボホール島イチのハイライト。いくつもの丘が列なる神秘的な景色が広がる。
ジンベエザメと一緒に泳ぐことができる。セブ・シティから車で約4時間かかる。
マラブヨック Malabuyoc
ボルホーン Boljoon
タグビララン港 Tagbilaran Port
ロボック Loboc
P.127 ミトヒ・リゾート&スパ Mithi Resort & Spa
パングラオ島 Panglao Is.
ロアイ Loay
P.25 ヴァージン島 Virgin Is.
ロボック川ランチ&クルーズ Loboc River Lunch & Cruise P.23、123
オスロブ P.26 Oslob
アロナ・ビーチ P.9
バクラヨン教会 P.23、123 Baclayon Church
サンボアン Samboan
P.25 バリカサグ島 Balicasag Is.
パミラカン島 P.25 Pamilacan Is.
P.124 ボホール・ビー・ファーム Bohol Bee Farm
P.123 バズ・ショップ The Buzzz Shop
血盟記念碑 P.23、123 Blood Compact Marker
サンタンダー Santander
スミロン島 P.27 Sumilon Is.
ルビ・リゾート Lubi Resort
ブルーウオーター・スミロン・アイランド・リゾート Bluewater Sumilon Island Resort
世界最小のメガネザル、ターシャを保護している施設。見られるのは10匹前後。
フィリピン全図
マニラ Manila
アプリット・アイランド P.140
Apulit Island
エルニド P.11
エルニド El Nido P.42、132
セブ全図 P.2-3
シキホール島 P.10
ドゥマゲッティ Dumaguete
海の美しさはピカイチ。サンゴも多くスノーケリングも楽しい島。オスロブと合わせて行きたい。
シキホール島 P.40、128 Siquijor Is.
今でもなお多くのヒーラーが住むスピリチュアルな島。海の美しさにも定評がある。
フィリピンきっての人気リゾート地。4コースのアイランドホッピングが楽しめる。

マクタン島中心部
広域図 下図
A
B
1
マンダウエ・マクタン橋
Mandaue-Mactan Bridge
(オールド・ブリッジ)
マルセロ・B・フェルナン橋
Marcelo B. Fernan Bridge
(ニュー・ブリッジ)
マクタン島とセブ島を結ぶ橋。ほかに両島を行き来できる道や橋はない。
CSPトラベル&ツアーズ
CSP Travel & Tours
P.31、53
マクタン・ペンション・ハウス
Mactan Pension House
シャンブル・ホテル・マクタン
Chambre Hotel Mactan
Basak Marigondon Rd.
Pajo
ガイサノ・マクタン
Gaisano Mactan
チョーキン P.73、87
Chowking
市庁舎
City Hall
アーテバルマン・ハンディクラフト・マーケット
Artevalman Handicraft Market
P.97、114
ベラビスタ
Bellavista
エム・エル・ケソン・ナショナル・ハイウエイ M.L. Quezon National Hwy.
POLICE
スケープ・スカイデッキ P.83
Scape Skydeck
アイランド・ステイ
Island Stay
10ドーベ・ストリート・コネフェクショネリー P.84
10 Dove Street Conefectionery
アイランド・セントラル・マクタン・モール P.93
Island Central Mactan Mall
マリーナ・モール
Marina Mall
マン・イナサル P.73、8
Mang Inasal
リコス・レチョン P.70
Rico's Lechon
N
0 200 400m

マクタン島全図
エリア情報
マクタン・セブ国際空港があるセブ島の玄関口。東の海岸沿いにはリゾートホテルが立ち並ぶ。レストランやスパもほとんどがホテル周辺に位置している。
N
0 1.5 3km
セブ島
Cebu Is.
マンダウエ・シティ
Mandaue City
Jセンター・モール P.93
J Centre Mall
セブ・カントリー・クラブ
Cebu Country Club
パーク・モール P.93
Park Mall
マンダウエ・シティ病院
Mandaue City Hospital
2
エム・エル・ケソン・ナショナル・ハイウエイ
M.L. Quezon National Hwy.
マクタン輸出加工区
MEPZ
マクタン島 中心部 上図
Pusok
Pajo
Airport Rd.
ウオーターフロント・エアポート・ホテル&カジノ
Waterfront Airport Hotel & Casino
ラプラプ・シティ
Lapu-Lapu City
オポン水道
Opon Channel
P.93 アウトレット・アット・プエブロ・ヴェルデ
The Outlets at Pueblo Verde
P.71 ズブチョン Zubuchon
P.86 ソルス・ハロハロ&デザート Sol's Halohalo & Deserts
ラプラプ病院
Lapu Lapu District Hospital
P.120 アップルトン Appleton Hotel
P.60 ビバ・ラス・ベガス
Viva Las Vegas
セブトップ
Cebutop
P.59
マクタン・セブ国際空港
Mactan-Cebu International Airport P.148
Mactan Airport Rd.
プンタ・エンガーニョ通り
Punta Engaño Rd.
Mactan
Casia Soong Rd.
Bankal Soong Rd.
バサック・カゴドイ・バンカル・ブアヤ通り
Basak Cagodoy Bankal Buaya Rd.
国際線と国内線のターミナルは分かれている。ターミナル間は循環バスが運行。
Basak
ガイサノ・グランド・モール P.93
Gaisano Grand Mall
パハック・マリボゴ通り
Pajac Maribogo Rd.
Maribago
Buyong Rd.
マクタン・ドクターズ病院
Mactan Doctors Hospital
パパイヤ・スパ P.112
Papaya Spa
BSM
BSM
セブ・シティ全体図 P.6-7
Agus
マクタン・サーカムフェレンシャル通り
Mactan Circumferential Rd.
バサック＝マリゴンドン通り
Basak Marigondon Rd.
Marigondon
マクタン島リゾートエリア P.5
Babag Looc Rd.
Suba-Basbas
P.119 ソレア・マクタン・セブ・リゾート
Solea Mactan Cebu Resort
Cordova
3
プランテーション・ベイ・リゾート&スパ 別冊P.18
Plantation Bay Resort & Spa
モガンボ・スプリングス P.110
Mogambo Springs
カオハガン島行きフェリー乗り場
別冊P.18 パシフィック・セブ・リゾート
Pacific Cebu Resort
P.53 P.C.ダイバーズ
P.C. Divers
ランタウ・フローティング・ネイティブ P.69、87
Lantaw Floating Native Restaurant
10,000 ローズカフェ&モア P.37、81
10,000 Roses Café & More
ラパ島
Lava Is.
A
B
ネグロス島
セブ島
ボホール島
ドゥマゲッティ

マクタン島リゾートエリア

広域図 別冊P.4

エリア情報

島の東側に広がるリゾートホテルエリアで、ビーチのほとんどがホテル持ちのプライベートビーチ。エリア周辺は地元の人々が住み、スパや飲食店が点在する。

C
D
1
2
3
N
0
250
500m
Punta Engaño
Mactan
Mactan New Town
Buaya
Soong
Maribago
Pajac
Agus
パームビーチ・リゾート&スパ
Palmbeach Resort & Spa
アバカ・ブティック・リゾート P.117
Abacá Boutique Resort
アバカ・リゾート P.78
Abacá Resort Restaurant
ツリー・シェイド・スパ
Tree Shade Spa
P.112
ムーベンピック・ホテル・マクタン・アイランド・セブ 別冊P.18
Mövenpick Hotel Mactan Island Cebu
プンタ・エンガーニョ通り
Punta Engaño Rd.
P.56 ラプラプ像
Lapu Lapu Monument
シャングリ・ラ・マクタン・リゾート&スパ P.116
Shangri-La's Mactan Resort & Spa
マゼラン記念碑 P.56
Magellan's Marker
コウリー・コーブ P.64
Cowrie Cove
チ・スパ P.110
Chi, the Spa
P.37 マクタン・ニュータウン・ビーチ
Mactan Newtown Beach
スコッティーズ・アクション・スポーツ・ネットワーク P.53、58
Scotty's Action Sports Network
エル・スエニョ P.69、87、114
El Sueño
ジョリビー P.37、72
Jollibee
マゼラン記念碑やラプラプ像がある公園。みやげもの屋台もある。
M.L. Quezon National Hwy.
エム・エル・ケソン・ナショナル・ハイウエイ
ソトグランデ・ホテル&リゾート
Sotogrande Hotel & Resort
ヴィスタ・マー・ビーチ・リゾート&カントリー・クラブ
Vista Mar Beach Resort & Country Club
JRエクスプレス P.18、23、57、58
JR Express
フルーツ屋台 P.88
Fruit Stands
Mactan Airport Rd.
マクタン・サーカムフェレンシャル通り
アム・スパ&ウエルネス・センター P.111
Aum Spa & Wellness Center
クリムソン・リゾート&スパ・マクタン P.116
Crimson Resort & Spa Mactan
エコ・スパ P.108
Eco Spa
バサック・カゴダイ・バンカル・ブアヤ通り
P.109 ブリス・デイ・スパ
Bliss Day Spa
Casia Soong Rd.
Mactan Circumferential Rd.
P.108 マリガヤ・スパ
Maligaya Spa
P.109
グーン・スパ&リゾート
Goong Spa & Resort
Buyong Rd.
Bankal Soong Rd.
タンブリ・リゾート
Tambuli Resort
コスタベラ・トロピカル・ビーチ P.118
Costabella Tropical Beach Hotel
アクアマリン・オーシャンツアーズ
Aquamarine Oceantours
P.53、59
エメラルド・グリーン・ダイビング・センター P.27、54
Emerald Green Diving Center
ザ・コーブ P.64
The Cove
P.119
ノードトロピック・リゾート・アンド・レジデンス
Nordtropic Resort and Residences
アムマ・スパ P.111
Amuma Spa
ブルーウオーター・マリバゴ・ビーチ・リゾート 別冊P.18
Bluewater Maribago Beach Resort
東海岸には充実の設備を整えた大型ビーチリゾートが集中している。
Basak Cagodoy Bankal Buaya Rd.
P.69 マリバゴ・グリル
Maribago Grill & Restaurant
セブ・ホワイト・サンズ・リゾート&スパ 別冊P.18
Cebu White Sands Resort & Spa
P.97 マンゴー・リパブリック
Mango Republic
EGI リゾート
EGI Resort
パジャック-マリバゴ通り
Pajac Maribago Rd.
P.109 ノア・ストーン&スパ・リゾート
Noah Stone & Spa Resort
Jパーク・アイランド・リゾート&ウオーターパーク・セブ 別冊P.18
Jpark Island Resort & Waterpark, Cebu
アレグレ・ギター・ファクトリー
Alegre Guitar Factory
P.56
カラ・スパ P.111
Cara Spa
シベット・コーヒー
The Civet Coffee
P.85
P.106 アルニカ・スパ
Arnika Spa
ブルーフィンズ・リゾート
BlueFins Resort
P.97、103、114 モンキー・ツリー
Monkey Tree
メトロ・フレッシュン・イージー・マクタン
METRO Fresh'n Easy Mactan
アルフェイム・リゾート P.118
Alfheim Resort
Fuentes
バヒア・リゾート
Bahia Resort
Basak Sisi Agus Rd.

A
B
1
2
3
市内から少し離れた山の上にある展望台。セブ市内を一望できるビュースポット。
P.57 山頂展望台トップスへ
Top's
P.37、61 テンプル・オブ・レアへ
Temple of Leah
P.61 シラオ・ピクトリアル・ガーデンへ
Sirao Pictorial Garden
P.82 デリス・レシピへ
Delice Recipes
Busay
ミスターA バー
Mr. A Bar & Restaurant
P.82
ネグロス島
セブ島
ボホール島
ドゥマゲッティ
P.113 ヌア・タイ
Nuat Thai
P.96、98、114 エコストア
Echostore
Banila
ストリートスケープ・モール
Streetscape Mall
スパ・ア・セブ
The Sp
Cebu
Maria Luisa Rd.
別冊P.19 マルコ・ポーロ・プラザ・セブ
Marco Polo Plaza Cebu
バニラッド・タウン・センター
Banilad Town Center
P.83 ベリーニ
Bellini
Cebu Veterans Dr.
ガイサノ・カントリー・モール
Gaisano Country Mall
P.69、87 ライトハウス Lighthouse
アンザニ
Anzani
モンテヴェロ・ヴィラ
Montebello Villa
P.77、81、87 シャカ・ハワイアン
Shaka Hawaiian Restaurant
バギオ・クラフト・ブリュワリー
P.77 Baguio Craft Brewery
パーク・ソーシ
The Park So
P.77
ザークス・バーガ
Zark's Burge
P.75
P.56 道教寺院
Taoist Temple
ビバリーヒルズ
Beverly Hills
Guadalupe
Lahug
P.76 スグボ・メルカド
Sugbo Mercado
P.74 ミルクカウ Milkcow
P.75 ディストリクト・オン・フィフティーサード District On 53rd
グアダルーペ教会
Guadalupe Church
プーシアン寺院
Phu Shian Temple
Gov. クエンコ通
Gov. M.Cuenc
P.98 タブレア・チョコレート・カフェ Tablea Chocolate Café
ピラミッド P.77、80
The Pyramid
セブITパーク
Cebu IT Park
Atty. W. Geonzon St.
ヘブンリー・テンプル・オブ・チャリティー
Heavenly Temple of Charity
P.69 ゴールデン・カウリー
Golden Cowrie
Salinas Dr.
P.37、142 ツリー・シェイド・スパ(ラホッグ店)
Tree Shade Spa
P.85
コーナー・ベーカリ
Corner Baker
V Rama Ave.
P.75 グスト・アーバン・カフェ+ワインバー
Gusto Urban Cafe + Wine Bar
ニュー・アップタウン
New Up Town
P.74 ソーホー・パーク
Soho Park
Gervacio Quijada St.
ゴロルド通り
Tres
Padres
ヨーク・コーヒー&ブレックファースト
Yolk Coffee & Breakfast
P.84
アヤラ・センター・セブ
Ayala Center Cebu
Archbishop Reyes Ave.
N. Escario St.
Gorordo Ave.
マボロ教会
Mabolo Church
オスメニャ通り
ジェネラル・マキシロム通り General Maxilom Ave.
M.J. Cuenco Ave.
フエンテ・オスメニャ
(オスメニャ・サークル)
Fuente Osmeña
クラウン・リージェンシー・ホテル&タワーズ 別冊P.19
Crown Regency Hotel & Towers
R. Dutterte St.
V. Rama Ave.
Osmeña Blvd.
Imus Ave.
P.92 ロビンソンズ・ガレリア・セブ
Robinsons Galleria Cebu
Katipunan
P. Del Rosario St.
埠頭
Pie
P.70 ハウス・オブ・レチョン
House of Lechon
ザワディ・コーヒー&カフェ
Zawadi Coffee & Cafe
P.86
N. Bacalso Ave.
P.92、114 バズ・カフェ・オブ・ボホール・ビー・ファーム
The Buzzz Café of Bohol Bee Farm
S Osmeña Blvd.
P.98 ボーズ・コーヒー
Bo's Coffee
埠頭3
Pier 3
P.92 ドロシー・パーキンス
Dorothy Parkins
Colon St.
埋立地のサウス・ロード・プロパティー。SMシーサイド・シティ・セブが立つ。
P.95、98、103 クルトゥーラ・フィリピーノ
Kultura Filipino
C. Padilla St.
P.98 チョコレート・チャンバー
The Chocolate Chamber
Quezon Blvd.
埠頭2
Pier 2
P.93 SMシーサイド・シティ・セブ
SM Seaside City Cebu
セブ・シティ中心部 P.8
埠頭1
Pier 1
セブ港
Cebu Port
ユマロン博物館
Jumalon Museum, Butterfly Sanctuary & Art Gallery
Tanguno1 St.
SRP-Mambaling Rd.
Southbound Access Rd.
Cebu South Rd.
South Road Properties

セブ・シティ全体図

エリア情報

セブ島の中心エリア。海沿いには歴史あるダウンタウン地区と大型ショッピングセンターが点在。レストランやバー、ホテルは内陸部に多い。

C
D
1
2
3
N
0
0.5
1km
セブ・ライディング・クラブ へ
Cebu Riding Club
P.58
P.94 アイランド・ガールへ
Island Girl
Cebu North Rd.
P. Remedio St.
Fernan Cortes St.
M. L. Quezon Ave.
S. Fortuna St.
タボラータ P.78
Tavolata
ヘンリー 別冊P.19
The Henry Hotel
ブ記念公園
ebu Memorial Park
チョーキン P.73、87
Chowking
ピラー・ツナ・グリル P.65
Pilar Tuna Grille
セブンディー P.103
7D
エー・エス・フォーチュナ通り
プロフード・ギャラリー・ショップ P.103
Profood Gallery Shoppe
Plaridel St.
一力茶屋
Ichirikicyaya
イチリキ・トントン・マッサージ P.113
Ichiriki TonTon Massage
ジョリビー P.72
Jollibee
オイスター・ベイ・シーフード P.65
Oyster Bay Seafood Restaurant
マンダウエ・シティ
Mandaue City
U.N. Ave.
ブ・カントリー・クラブ
ebu Country Club
Cebu North Rd.
Jセンター・モール P.93
J Centre Mall
フローラ・スパ
Flora Spa P.112
タオ・ユアン・シーフード P.67
Tao Yuan Seafood Restaurant
東横INNセブ P.120
Toyoko Inn Cebu
インダストリー・スカイバー&ラウンジ P.83
The Industry Skybar & Lounge
A. C. Cortes Ave.
クロスロード・モール
Crossroads Mall
マヤ
MAYA
P.79
高いビルが集まるビジネスエリア。旬な店やレストランが集まる。詳細MAPは本誌P74。
シティ・タイム・スクエア City Time Square
パーク・モール P.93
Park Mall
F. Cabahug St.
ミン・タイ・スパ P.113
Ming Thai Spa
チョン・ワ病院
Chong Hua Hospital
Ouano Ave.
マンダウエ・シティ病院
Mandaue City Hospital
オレンジ・カレンデリア P.69
Orange Karenderia
Pres. Roxas St.
キャッスル・ピーク
Castle Peak
Mabolo
Cebu North Rd.
セブ大学病院
University of Cebu Medical Center
(UCMED)
アイ・チャ・ビンス・デザート・カフェ P.87
I-CHA! Bingsu Dessert Cafe
ノース・バスターミナル P.151
North Bus Terminal
(セブ北部行き)
エム・エル・ケソン・ナショナル・ハイウエイ
M. L. Queson National Hwy.
ニュー・ダウンタウン
New Down Town
オポン水道
Opon Channel
Cabahug St.
Kaohsiung St.
S. Osmeña Blvd.
Dr. F. E. Zuellig Ave.
J. Luna Ave.
ベイフロント・セブ P.120
Bayfront Hotel Cebu
SMシティ・セブ P.92
SM City Cebu
ラディソン・ブル・セブ 別冊P.19
Radisson Blu Cebu
North Reclamation Area
G. Y. De La Serna
Pajo
Songi Rd.
Humay Humay Rd.
レチョン・ベリー P.70
Lechon Belly
アイス・キャッスル P.86
Ice Castle
コカリオン・シッピング・ラインズ
Cokaliong Shipping Lines
マルディータ P.92
Maldita
埠頭5
Pier 5
ヘルシー・オプション P.92、103
Healthy Options
Looc
ウィーサム・エクスプレス・ターミナル
Weesam Express
スーパーキャット・ターミナル
Supercat Terminal
SMスーパーマーケット P.100、103、104
SM Supermarket
P.93 アウトレット・アット・プエブロ・ヴェルデ
The Outlets at Pueblo Verde
ラプラプ病院
Lapu Lapu District Hospital
Basak-Marigondon Rd.
P.120 アップルトン
Appleton Hotel
Agustin Tumulak Rd.
Babag Looc Rd.
P.60 ビバ・ラス・ベガス
Viva Las Vegas
Mactan Is.
Basak
マクタン島
Mactan Is.
周辺の島々を結ぶフェリーターミナル。会社ごとに使用する埠頭が異なる。

セブ・シティ中心部

広域図 別冊P.6～7

エリア情報

セブ・シティ中心部はアップタウン、ダウンタウン、北東部に位置する再開発地区がある。ダウンタウンは治安が悪いため、夜のひとり歩きは避けるように。

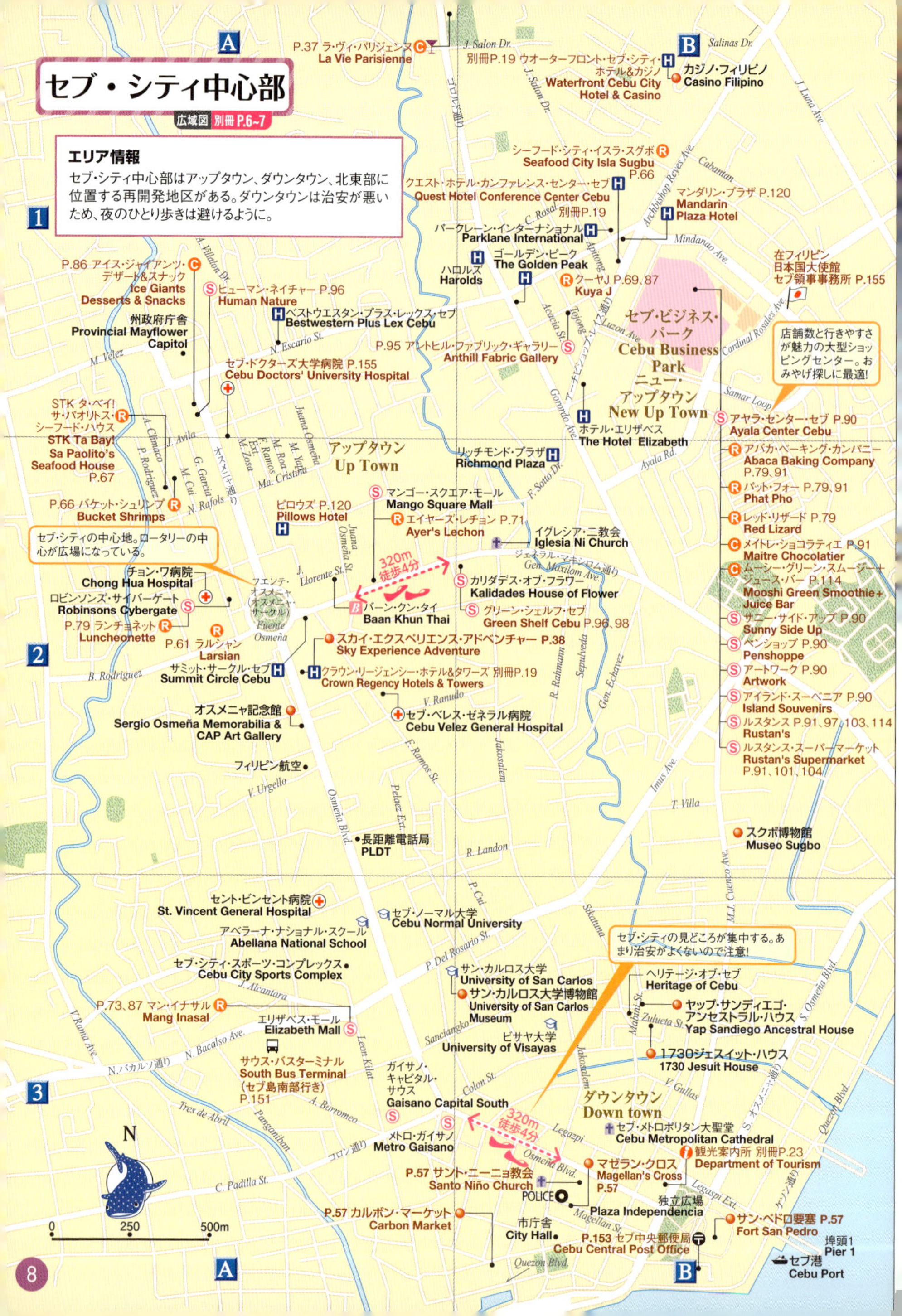

P.37 ラ・ヴィ・パリジェンヌ La Vie Parisienne
別冊P.19 ウオーターフロント・セブ・シティ・ホテル&カジノ Waterfront Cebu City Hotel & Casino
カジノ・フィリピノ Casino Filipino
シーフード・シティ・イスラ・スグボ Seafood City Isla Sugbu P.66
クエスト・ホテル・カンファレンス・センター・セブ Quest Hotel Conference Center Cebu 別冊P.19
マンダリン・プラザ P.120 Mandarin Plaza Hotel
パークレーン・インターナショナル Parklane International
ゴールデン・ピーク The Golden Peak
ハロルズ Harolds
クーヤJ P.69、87 Kuya J
在フィリピン日本国大使館セブ領事事務所 P.155
P.86 アイス・ジャイアンツ・デザート&スナック Ice Giants Desserts & Snacks
ヒューマン・ネイチャー P.96 Human Nature
ベストウエスタン・プラス・レックス・セブ Bestwestern Plus Lex Cebu
州政府庁舎 Provincial Mayflower Capitol
P.95 アントヒル・ファブリック・ギャラリー Anthill Fabric Gallery
セブ・ビジネス・パーク Cebu Business Park
店舗数と行きやすさが魅力の大型ショッピングセンター。おみやげ探しに最適!
セブ・ドクターズ大学病院 P.155 Cebu Doctors' University Hospital
ニュー・アップタウン New Up Town
STK タ・ベイ! サ・パオリトス・シーフード・ハウス STK Ta Bay! Sa Paolito's Seafood House P.67
ホテル・エリザベス The Hotel Elizabeth
アヤラ・センター・セブ P.90 Ayala Center Cebu
アバカ・ベーキング・カンパニー Abaca Baking Company P.79、91
アップタウン Up Town
リッチモンド・プラザ Richmond Plaza
パッド・フォー P.79、91 Phat Pho
P.66 バケット・シュリンプ Bucket Shrimps
マンゴー・スクエア・モール Mango Square Mall
ピロウズ P.120 Pillows Hotel
エイヤーズ・レチョン P.71 Ayer's Lechon
レッド・リザード P.79 Red Lizard
イグレシア・ニ教会 Iglesia Ni Church
メイトレ・ショコラティエ P.91 Maitre Chocolatier
セブ・シティの中心地。ロータリーの中心が広場になっている。
320m 徒歩4分
チョン・ワ病院 Chong Hua Hospital
フエンテ・オスメニャ（オスメニャ・サークル） Fuente Osmeña
カリダデス・オブ・フラワー Kalidades House of Flower
ムーシー・グリーン・スムージー+ジュース・バー P.114 Mooshi Green Smoothie+ Juice Bar
ロビンソンズ・サイバーゲート Robinsons Cybergate
バーン・クン・タイ Baan Khun Thai
グリーン・シェルフ・セブ Green Shelf Cebu P.96、98
サニー・サイド・アップ P.90 Sunny Side Up
P.79 ランチョネット Luncheonette
P.61 ラルシャン Larsian
スカイ・エクスペリエンス・アドベンチャー P.38 Sky Experience Adventure
ペンショップ P.90 Penshoppe
サミット・サークル・セブ Summit Circle Cebu
クラウン・リージェンシー・ホテル&タワーズ 別冊P.19 Crown Regency Hotels & Towers
アートワーク P.90 Artwork
アイランド・スーベニア P.90 Island Souvenirs
オスメニャ記念館 Sergio Osmeña Memorabilia & CAP Art Gallery
セブ・ベレス・ゼネラル病院 Cebu Velez General Hospital
ルスタンス P.91、97、103、114 Rustan's
ルスタンス・スーパーマーケット Rustan's Supermarket P.91、101、104
フィリピン航空
長距離電話局 PLDT
スクボ博物館 Museo Sugbo
セント・ビンセント病院 St. Vincent General Hospital
セブ・ノーマル大学 Cebu Normal University
アベラーナ・ナショナル・スクール Abellana National School
セブ・シティの見どころが集中する。あまり治安がよくないので注意!
セブ・シティ・スポーツ・コンプレックス Cebu City Sports Complex
サン・カルロス大学 University of San Carlos
ヘリテージ・オブ・セブ Heritage of Cebu
サン・カルロス大学博物館 University of San Carlos Museum
P.73、87 マン・イナサル Mang Inasal
ヤップ・サンディエゴ・アンセストラル・ハウス Yap Sandiego Ancestral House
エリザベス・モール Elizabeth Mall
ビサヤ大学 University of Visayas
サウス・バスターミナル South Bus Terminal（セブ島南部行き） P.151
1730ジェスイット・ハウス 1730 Jesuit House
ガイサノ・キャピタル・サウス Gaisano Capital South
ダウンタウン Down town
320m 徒歩4分
セブ・メトロポリタン大聖堂 Cebu Metropolitan Cathedral
メトロ・ガイサノ Metro Gaisano
観光案内所 別冊P.23 Department of Tourism
P.57 サント・ニーニョ教会 Santo Niño Church
マゼラン・クロス Magellan's Cross P.57
POLICE
独立広場 Plaza Independencia
P.57 カルボン・マーケット Carbon Market
市庁舎 City Hall
サン・ペドロ要塞 P.57 Fort San Pedro
P.153 セブ中央郵便局 Cebu Central Post Office
埠頭1 Pier 1
セブ港 Cebu Port
N
0 250 500m

アロナ・ビーチ

広域図 別冊P.3

エリア情報

ボホール島に隣接するパングラオ島の南西部に広がる、比較的静かなビーチ。周辺は人気のリゾートエリアで飲食店も多い。ボホール島観光で宿泊するならここがおすすめ。

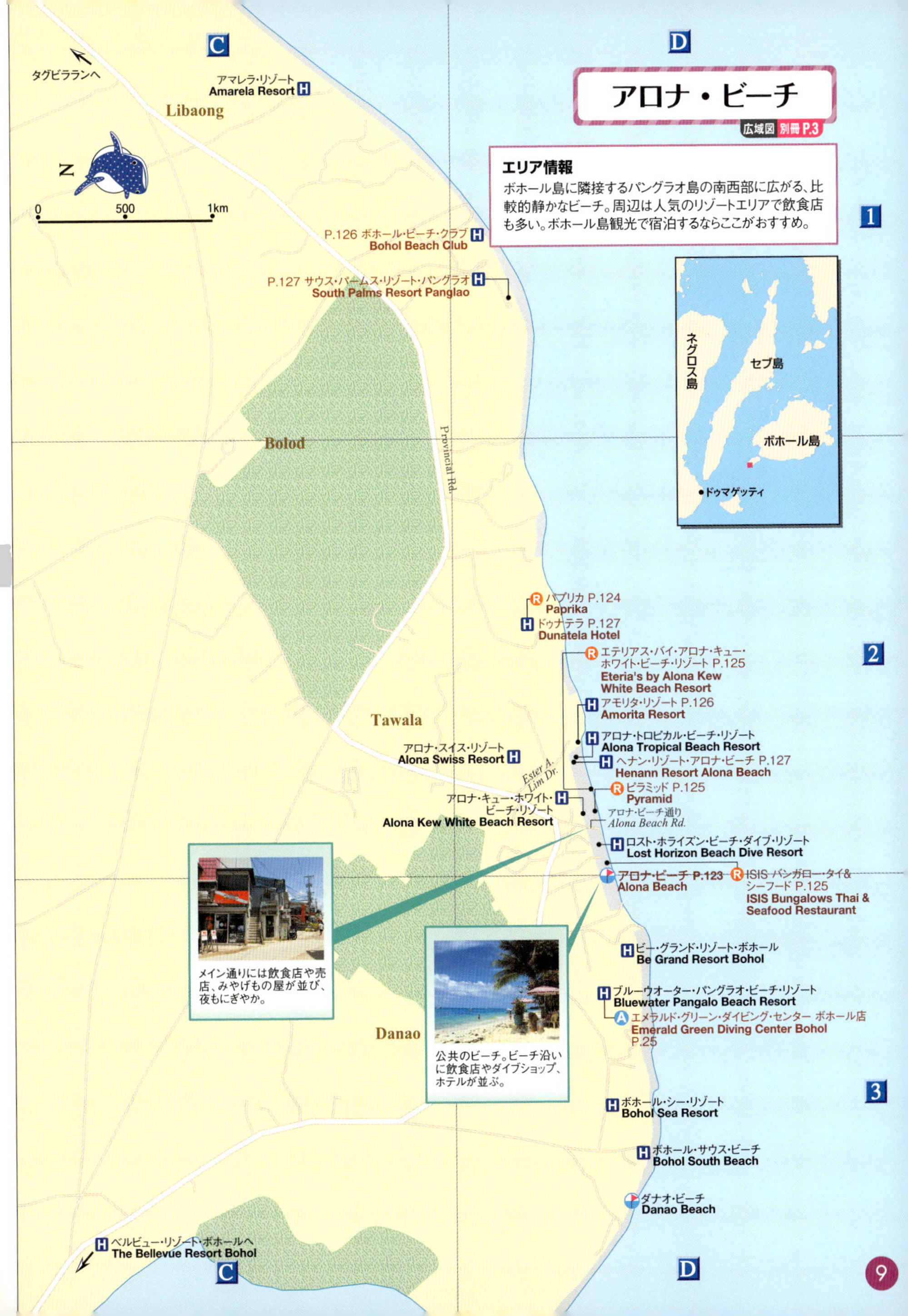

メイン通りには飲食店や売店、みやげもの屋が並び、夜もにぎやか。

公共のビーチ。ビーチ沿いに飲食店やダイブショップ、ホテルが並ぶ。

シキホール島

本誌 P.128

※印①～⑦は本誌P.128～129と対応

シキホール島 港周辺

広域図 上図

エリア情報

ドゥマゲッティからのフェリーが到着するふたつの港。それぞれシキホール、ラレーナという町のなかにあり、周辺にはレストランや商店が並んでいる。

島をぐるりと一周する幹線道路。ノンストップで一周すると約3時間。

エルニド
C
D
1
近年開発が進むエリア。まるで小さな村のよう。
エルニド・コヴォ・リゾート P.141
El Nido Cove Resort
リオ・エステート・リゾーツ P.141
Lio Estate Resorts
バライ・アドラオ P.141
Balai Adlao
カーサ・カラウ P.141
Casa Kalaw
コヴォ P.141
Hotel Covo
グロービー・トラベリング・シェフ P.14
Globy Traveling Chef
エルニド空港
ケイル・アーティサノ P.141
Kalye Artisono
エルニド・タウン
El Nido Town
下図
カドラオ島
Cadlao Island
ブカル島
Bukal Island
パラダイス・ビーチ
Paradise Beach
ヒドゥン・ビーチ
Hidden Beach
ヘリコプター島（ディルマカド島）
Helicopter Is. (Dilumacad Is.)
シークレット・ビーチ
Secret Beach
イピル・ビーチ
Ipil Beach
マティンロック島
Matinloc Island
セブン・コマンド・ビーチ
Seven Commandos Beach P.43
スモール・ラグーン P.42
Small Lagoon
ビッグ・ラグーン P.43
Big Lagoon
大小のラグーンがある人気の島。エルニド・リゾーツのホテルもある。
P.140 ミニロック・アイランド
Miniloc Island
シークレット・ラグーン P.43
Secret Lagoon
コロン・コロン
Corong Corong P.136
リパブリカ・サンセット・バー
Republica Sunset Bar P.137
スピードボート・サンセットクルーズ P.136
Speedboat Sunset cruise
P.137 ラスカバニャス・ビーチ
Las Cabañas Beach
ラ・プラージュ P.136
La Plage
エルニド・ココ・リゾート P.137
El Nido Coco Resort
ジップライン P.137
Zip Line
エンタルーラ・ビーチ
Entalula Beach P.47
エンタルーラ島
Entalula Island
ピナンブユタン島
Pinagbuyutan Island
P.140 パングラシアン・アイランド
Pangulasian Island
オレンジ・パール・ビーチ・リゾート P.137
Orange Pearl Beach Resort
スネーク・アイランド P.46
Snake Island
ラゲン・アイランド P.44
Lagen Island
クドゥグノンケイブ P.46
Cudugnon Cave
ピナシル島
Pinasil Island
カテドラルケイブ P.46
Cathedral Cave
N
0 1 2km

エルニド・タウン
広域図 上図 本誌 P.132
※印①～⑦は本誌P.132～133と対応
N
0 50 100m
C
D
2
レストランやバー、アクティビティ会社が並ぶにぎやかな通り。
P.138 カドラオ・リゾート&レストランへ
Cadlao Resort & Restaurant
P.139 エルニド・ガーデン・ビーチ・リゾートへ
El Nido Garden Beach Resort
P.133 グロウ・ジュース&スムージー
Glow Juices & Smoothie
アルトロベ P.135
Altrové
P.132 エルニド・ビーチ
El Nido Beach
P.133 グスト・ジェラート
Gusto Gelato
P.42 エル・バクイット・トラベル&ツアーズ
El Bacuit Travel & Tours
クナ P.138
Cuna Hotel
P.133 リトル・コーナー・オブ・パラダイス
A Little Corner of Paradise
P.134 スクイドス
Squidos
売店
サンダルやTシャツを扱う露店が集まる一角。
P.134 ジェライス
Jarace
露店が集まるエリア
POLICE
リオ・エステート・リゾーツへのシャトルバス乗り場
P.135 ハピネス・ビーチ・バー
Happiness Beach Bar
マリーゴールド・ビーチフロント・イン P.139
Marygold Beachfront Inn
シー・コクーン P.139
Sea Cocoon Hotel
アマンダ・クローゼット
Amanda's Closet P.133
Calle Hama
Serena St.
Rizal St.
Real St.
Osmeña St.
Balinsasayaw Rd.
G. Del Pilar St.
80m 徒歩1分
薬局
役場
エルニド・ブティック&アートカフェ P.135
El Nido Boutique & Artcafe
P.132 コピ&ベイク
Kopi & Bake
P.133 エルニド・ベーカリー
El Nido Bakery

エリア情報

アイランドホッピングのツアー拠点となる町。小さなエリアだが、ツアー会社をはじめ、ホテルや飲食店、ショップが集まっていて、多くの観光客でにぎわう。

アヤラ・センター・セブ
Ayala Center Cebu

詳しくは本誌 P.90

……飲食店
……ショップ
……その他
……エレベーター
……エスカレーター
……トイレ
……ATM

Level 1

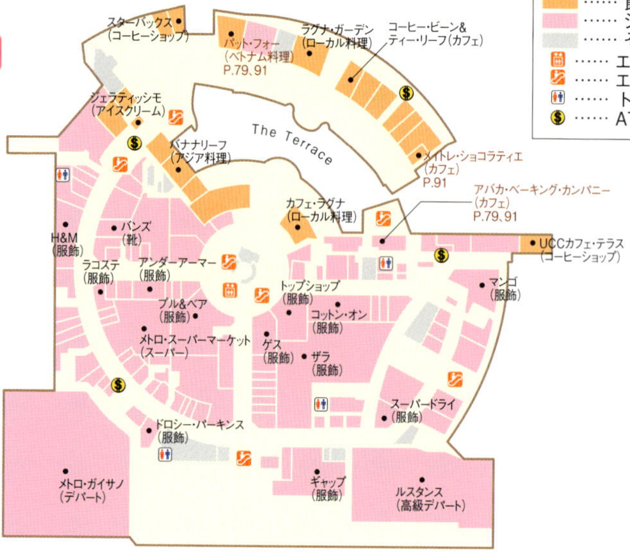

Level 2

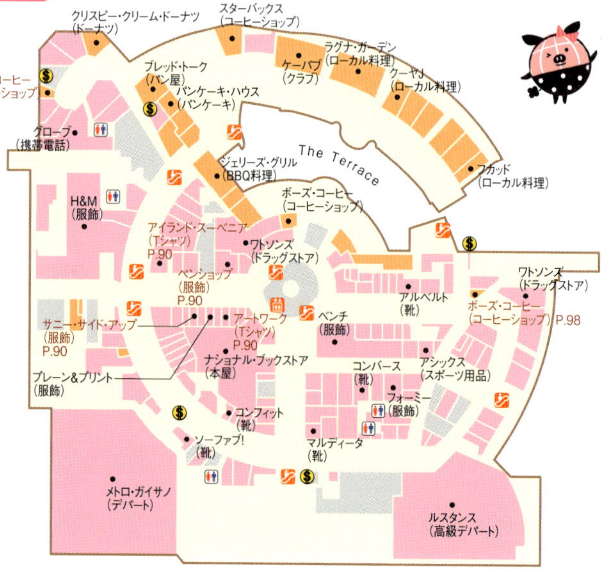

1階は高級ブランド店が中心。2階は洋服やバッグ、靴などのファッションアイテムを扱う店が多く集まる。3階は電化製品店やファストフード店が多い

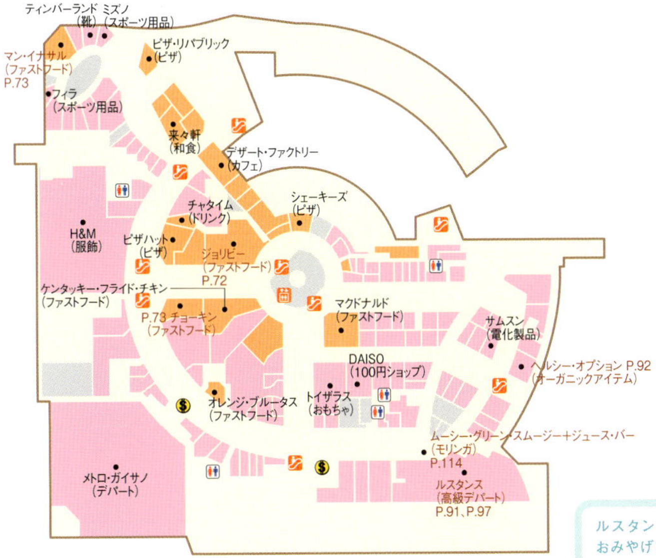

ルスタンスの3階にはおみやげコーナー、地下1階にはスーパー（P.91、101）がある

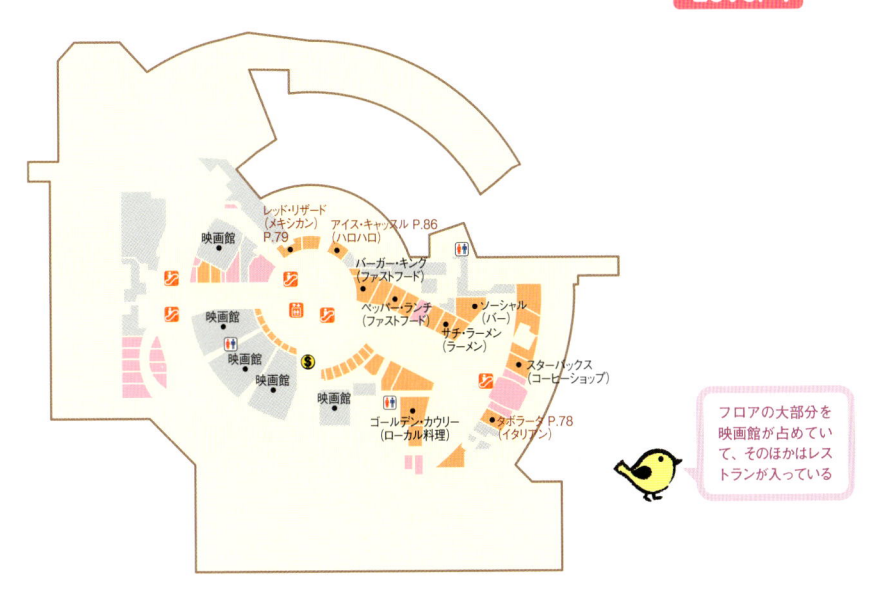

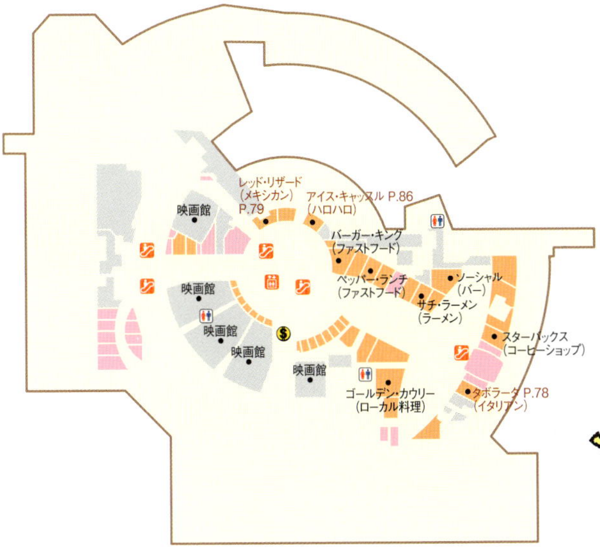

フロアの大部分を映画館が占めていて、そのほかはレストランが入っている

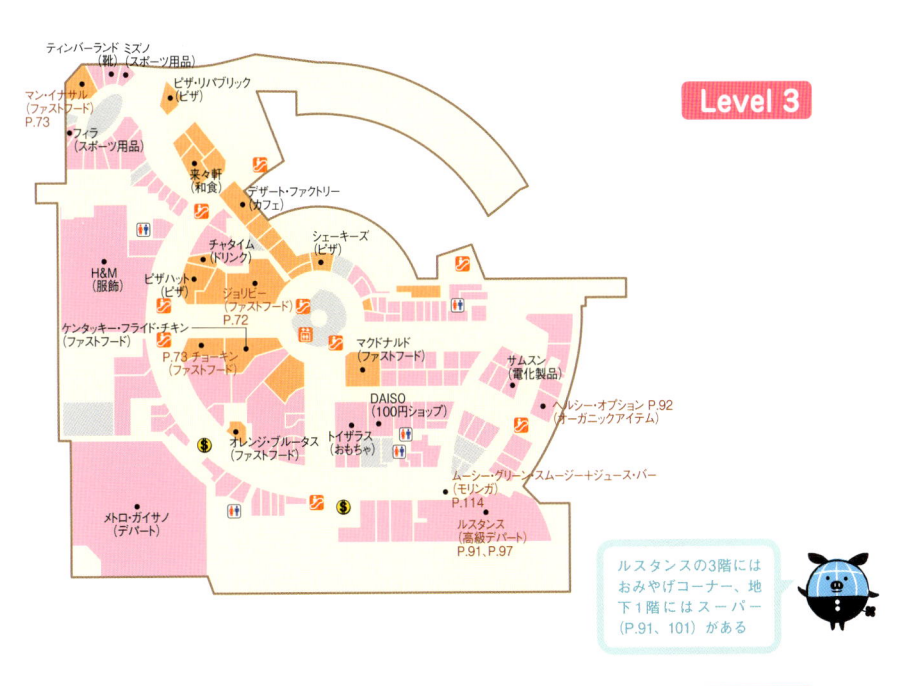

SMシティ・セブ
SM City Cebu

詳しくは本誌 P.92

Upper Ground Floor(1F)

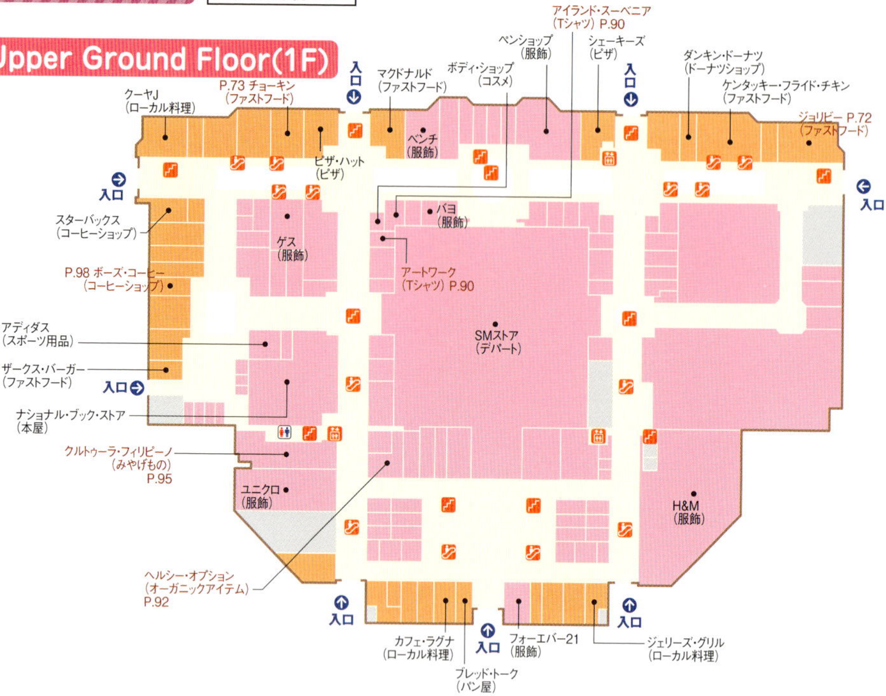

（飲食店の色）	…… 飲食店
（ショップの色）	…… ショップ
（その他の色）	…… その他
（階段マーク）	…… 階段
（エレベーターマーク）	…… エレベーター
（エスカレーターマーク）	…… エスカレーター
（トイレマーク）	…… トイレ
（ATMマーク）	…… ATM

Lower Ground Floor(B1F)

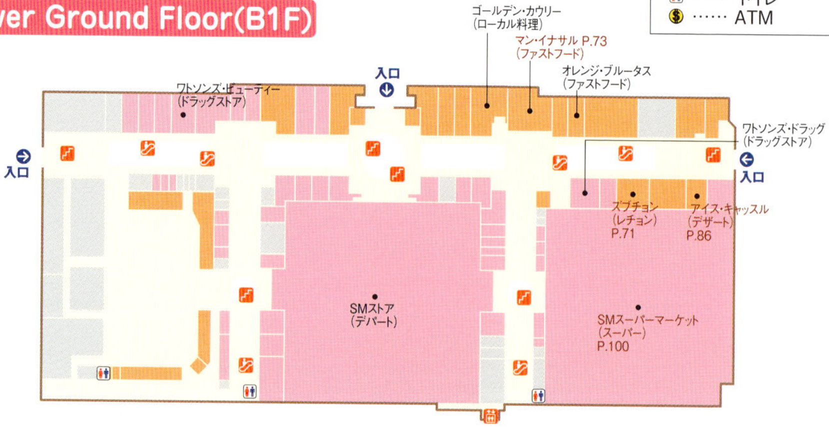

Second Floor(2F)

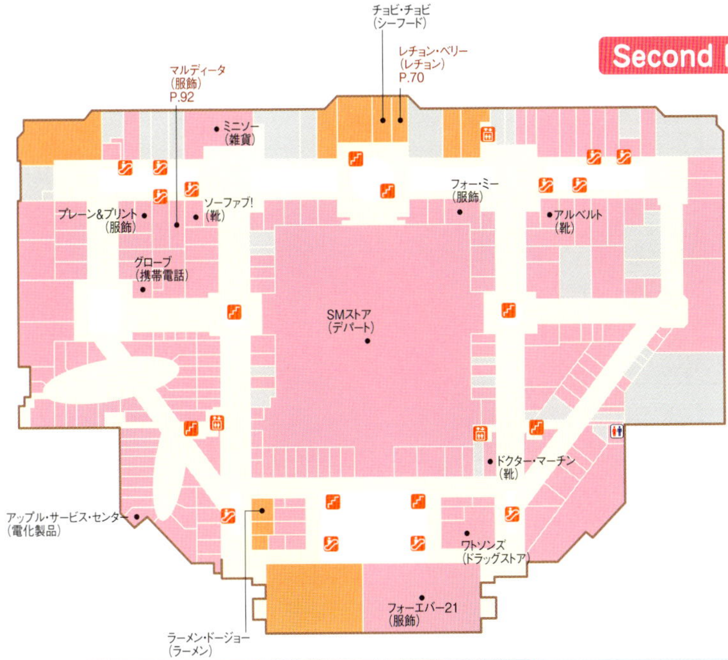

かんたん
ビサヤ語&英会話

ショッピングで使うフレーズ

いくらですか?
ピラ　ニ?
Pila ni?　How much is it?

○○を探しているのですが。
ナアア　コ　ギパギィタ
Naa ko gipangita　I'm looking for ○○.

これを見せてください。
ポエデ　コ　モ　タンアウ
Pwede ko mo tan-aw.　Please show me this.

見ているだけです。
ナグ　タンアウ　ラ　コ
Nag tan-aw ra ko.　I'm just looking.

もっと小さい（大きい）サイズはありますか?
ナアア　パ　モ　マス　ガマイ　アニ?　/　マス　ダコ　アニ?
Naa pa mo mas gamay ani? / mas dako ani?
Do you have anything smaller(larger)?

ほかの色はありますか?
ナアア　パ　モ　ライン　カラー　アニ?
Naa pa mo lain color ani?
Do you have any other colors?

試着してもいいですか?
ポエデ　ナコ　ソクダン?
Pwede nako sukdon?　Can I try this on?

安くしてください。
プエデ　コ　モ　ハンギョ?
Pwede ko mo hangyo?
Could you please give me a discount?

これをください。
アコ　ニ　コハオン
Ako ni kuhaon.　I'll take this.

ちょっと考えてみます。
アコ　サ　ホナ　ホナオン
Ako sa huna hunaon.　Let me think about it.

いりません。
ディリ　ラン
Dili lang.　I don't need it.

このクレジットカードは使えますか?
モ　ダワッ　モ　アニ　ナ　クレジット　カード?
Mo dawat mo ani na credit card?
Do you accept this credit card?

ロビンソンズ・ガレリア・セブ
Robinsons Galleria Cebu

詳しくは本誌 P.92

- 飲食店
- ショップ
- その他
- 階段
- エレベーター
- エスカレーター
- トイレ
- ATM

Level 1

1階にはドゥマゲッティ発の人気パティスリー「サンズ・リヴァル」や行列のできる「ラーメン・ソラ」など注目レストランが勢揃い

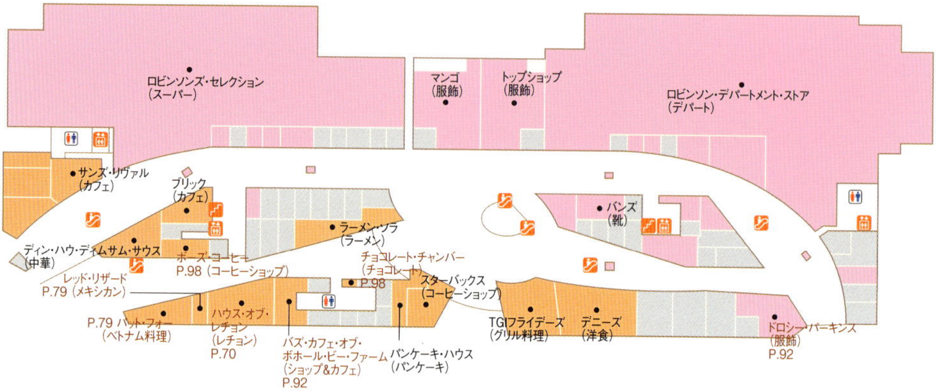

Level 2

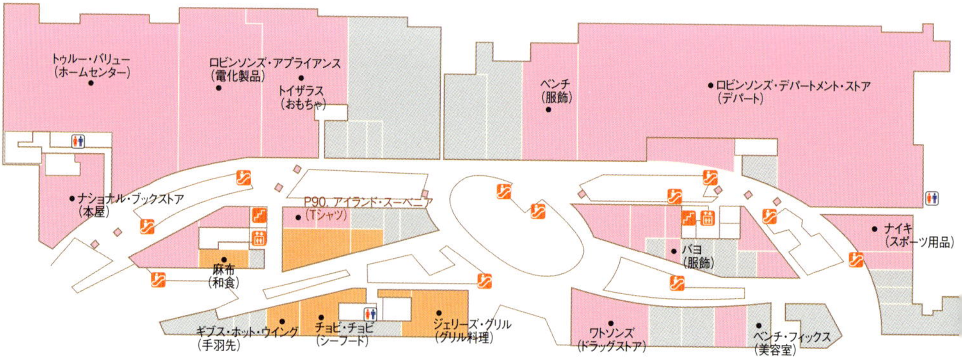

ロビンソンズ・ガレリア・セブは4階まであり、映画館も入っている

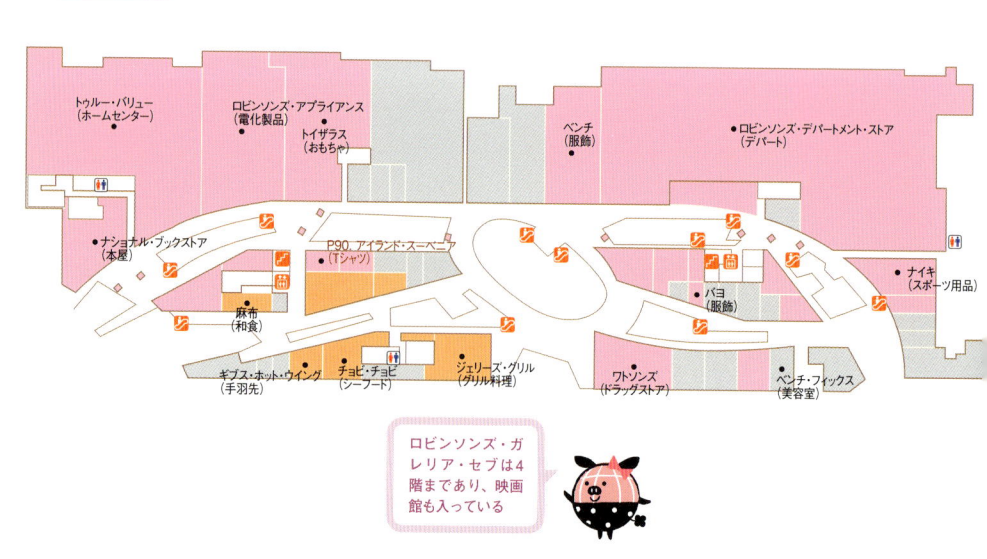

かんたんビサヤ語&英会話

基本のフレーズ

はい
オオ Oo Yes.

いいえ
ディリ Dili No.

おはよう
マアヨン ブンタン
Maayong buntag
Good morning.

こんにちは
マアヨン ハーポン
Maayong hapon Hello.

こんばんは
マアヨン ガビイ
Maayong gabii
Good evening.

さようなら
バイバイ
Baybay Good bye.

ありがとう
サラマッ
Salamat Thank you.

どういたしまして
ワイ サパヤン
Way sapayan
You're welcome.

お元気ですか?
クムスタ カ?
Kumusta ka?
How are you?

元気です
マアヨ マン サラマット
Maayo man salamat
I'm fine.

すみません
(人に話しかけるとき)
タビ
Tabi Excuse me.

ごめんなさい
パサイロ ア コ
Pasaylo a ko
I'm Sorry.

お願いします
パリホグ
Palihug Please.

私
アコ
Ako Me

あなた
イカウ
Ikaw You

私の名前は○○です。
アコ シ ○○
Ako si ○○. I'm ○○.

日本から来ました。
ギカン コ サ ジャパン
Gikan ko sa Japan.
I'm from Japan.

Salamat!

観光で使うフレーズ

○○へ行きたい
モアドト コ サ ○○
Moadto ko sa ○○.
I'd like to go to ○○.

写真を撮ってもいいですか?
プエデ コ マ ピクチョル?
Pwede ko mag picture?
Can I take a picture?

○○はどこですか?
アサ ダピト アン?
Asa dapit ang
Where is ○○?

タクシーを呼んでください
パリボグ ラン ウダ タワグ サ タクシー
Palihug lang ug tawag sa taxi
Please call the taxi.

これは何ですか?
ウンサ ニ?
Unsa ni?
What is this?

(地図を見せて)現在位置を教えてください。
プエデ パトゥドロ アサ コ ロン ダピタ?
Pwede patuldo asa ko ron dapita?
Could you show me where I am on this map?

もう少しゆっくり話してもらえますか?
パリホグ ヒナイ ヒナイ サパグ イストリア
Palihug hinay hinay sapag estorya
Please speak more slowly.

セブが好きです。
ガナハン コ サ セブ
Ganahan ko sa Cebu.
I love Cebu.

緊急のときに使うフレーズ

気分が悪いです。
ライン アコ パミナウ
Lain ako paminaw I feel sick.

道に迷いました。
ナ サアア コ
Na sa-ag ko I've lost.

パスポートをなくしました。
ナワラ アン パスポート コ
Nawala ang passport ko
I've lost my passport.

数字

1	ウサ	usa one
2	ドゥハ	duha two
3	トロ	tolo three
4	ウパット	upat four
5	リマ	lima five
6	ウノム	unom six
7	ピト	pito seven
8	ワロ	walo eight
9	シヤム	siyam nine
10	ナポ	napo ten
100	シエンテ	syento one hundred
1000	ウサカリボ	usa ka libo thousand

曜日

月曜	ルネス	lunes Monday
火曜	マーテス	martes Tuesday
水曜	マークレス	mirkules Wednesday
木曜	フエベス	huebes Thursday
金曜	ビエネス	biernes Friday
土曜	サバド	sabado Saturday
日曜	ドミンゴ	dominggo Sunday

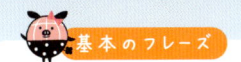

マクタン島＆セブ・シティの リゾートホテル・カタログ

こちらもチェック! → 本誌P.115

マクタン島とセブ・シティ、それぞれにあるリゾートホテルをご紹介。リゾートステイが楽しめるホテルから個性派ホテルまで勢揃い！

マクタン島

高級 ムーベンピック・ホテル・マクタン・アイランド・セブ
Mövenpick Hotel Mactan Island Cebu

パステルカラーの建物が印象的なホテル。内装は白を基調としたデザインでモダンな雰囲気。客室はバルコニー付きで、ほぼ全室から海が見られる。

Map 別冊P.5-D1 マクタン島

Punta Engaño Rd., Lapu-Lapu City ☎(032)492-7777 FAX(032)492-7704 日本の問い合わせ先 ムーベンピックホテルズ・リザベーションセンター Free 0120-914-356 料金 スーペリア₱9575～、デラックスペニンシュラビュー₱1万0557～、スイートキング₱1万2643～（税・サービス料・朝食込み） Card A.J.M.V. 室245 Wi-Fi あり 交 空港から車で30分 URL www.movenpick.com

高級 ブルーウオーター・マリバゴ・ビーチ・リゾート
Bluewater Maribago Beach Resort

スパ → 本誌P.111

スノーケリングも楽しめるプライベートアイランドが沖にあるホテル。アムマ・スパ（→P.111）や、アウトドアアクティビティが楽しめるキッズクラブもある。

Map 別冊P.5-D3 マクタン島

Maribago, Buyong, Lapu-Lapu City ☎(032)402-4100 FAX(032)492-0128 料金 デラックス₱9000～、アムマスパスイート₱1万～、プレミアデラックス₱1万2000～（税・サービス料・朝食込み） Card A.D.J.M.V. 室185 Wi-Fi あり 交 空港から車で35分 URL www.bluewatermaribago.com.ph

高級 プランテーション・ベイ・リゾート＆スパ
Plantation Bay Resort & Spa

スパ → 本誌P.110

広大な人工ラグーンでさまざまなアクティビティが楽しめると評判。客室はラグーンの周囲に並んでおり、部屋から直接ラグーンへ入れる客室が人気。

Map 別冊P.4-B3 マクタン島

Marigondon, Lapu-Lapu City ☎(032)505-9800 料金 ラグーンビューUS$190～、ラグーンサイドUS$200～、ウオーターズエッジUS$220～、ワンベッドルームスイートUS$250～（税・サービス料・朝食別） Card A.D.J.M.V. 室255 Wi-Fi あり 交 空港から車で45分 URL plantationbay.com

高級 セブ・ホワイト・サンズ・リゾート＆スパ
Cebu White Sands Resort & Spa

プライベートビーチや、プールサイドのジャクージなど、リゾート感ある施設を備える。客室はアンティーク調の家具でまとめられている。

Map 別冊P.5-D3 マクタン島

Maribago, Lapu-Lapu City ☎(032)268-9000/(032)495-2226 FAX(032)495-2080 料金 デラックス₱8500～、グランドリュクス₱9000～、プレミア₱1万2000～（税・サービス料・朝食込み） Card A.J.M.V. 室86 Wi-Fi あり（一部エリア） 交 空港から車で35分 URL whitesands.com.ph

高級 Jパーク・アイランド・リゾート＆ウオーターパーク・セブ
Jpark Island Resort & Waterpark, Cebu

スパ → 本誌P.111

5つのプールに3つのスライダーと、セブ最大級のウオーターパークがある大型ホテル。ルームカテゴリーやレストランは種類豊富。日本人スタッフ常駐。

Map 別冊P.5-D3 マクタン島

M.L. Quezon Hwy., Brgy. Maribago, Lapu-Lapu City ☎(032)494-5000 FAX(032)494-5291 料金 デラックスオーシャン₱1万5500～、マクタンスイートオーシャン₱2万～、セブスイートオーシャン₱2万6000～、プールヴィラ₱2万4500～（税・サービス料・朝食込み） Card A.D.J.M.V. 日 室48棟+508室 Wi-Fi あり 交 空港から車で35分 URL www.jparkislandresort.com

中級 パシフィック・セブ・リゾート
Pacific Cebu Resort

ダイビング客からの人気が高いリゾート。日本人スタッフ常駐のダイビングショップ（→P.53）を併設しており、ダイビングはもちろん各種マリンアクティビティも楽しめる。

Map 別冊P.4-A3 マクタン島

Suba-Basbas, Lapu-Lapu City ☎(032)495-6601 FAX(032)495-6008 料金 スタンダード₱5600～、デラックスオーシャンビュー₱9900～、ヴィラ₱1万3500～（税・サービス料・朝食込み） Card A.D.J.M.V. 室134 Wi-Fi あり 交 空港から車で35分 URL www.pacificcebu-resort.com

セブ・シティ

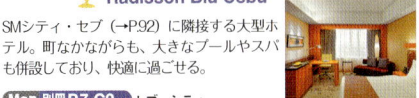

高級 マルコ・ポーロ・プラザ・セブ
Marco Polo Plaza Cebu

マクタン島をも見渡す景色が広がる、高台に立つ24階建てのホテル。セブ・シティの主要ショッピングセンターを結ぶシャトルバスも運行。

Map 別冊P.6-B1 セブ・シティ

Cebu Veterans Dr., Nivel Hills, Apas, Cebu City ☎(032)253-1111 FAX(032)234-8170 日本の予約先(03)6441-0539 料デラックスマウンテンビュー₱1万1500〜、デラックスシービュー₱1万3000〜、グランドデラックスシービュー₱1万3000〜（税・サービス料・朝食込み） Card A.D.J.M.V. 日本語 室329 Wi-Fiあり 交空港から車で50分 URL www.marcopolohotels.com

高級 ラディソン・ブル・セブ
Radisson Blu Cebu

SMシティ・セブ（→P.92）に隣接する大型ホテル。町なかながらも、大きなプールやスパも併設しており、快適に過ごせる。

Map 別冊P.7-C2 セブ・シティ

Serging Osmeña Blvd., Corner of Juan Luna Ave., Cebu City ☎(032)402-9900 FAX(032)402-9999 料スーペリア₱8000〜、デラックス₱9500〜、ジュニアスイート₱1万2000〜（税・サービス料・朝食別） Card A.D.J.M.V. 日本語 室400 Wi-Fiあり 交空港から車で30分 URL www.radissonblu.com/en/hotel-cebu

中級 ヘンリー
The Henry Hotel

セブのアーティストが手がけた、個性的な内装が魅力のシティリゾート。ロビーや廊下まで館内すべてが芸術的。レストランやプールもある。

Map 別冊P.6-B1 セブ・シティ

One Paseo Compound, Ma Luisa Entrance Rd., Banilad, Cebu City ☎(032)520-8877 料ビッグ₱1万〜、ラージ₱1万2000〜、エクストララージ₱1万5000〜、ダブルエクストララージ₱2万〜（税・サービス料・朝食込み） Card A.J.M.V. 室38 Wi-Fiあり 交空港から車で35分 URL www.thehenryhotel.com

中級 クラウン・リージェンシー・ホテル&タワーズ
Crown Regency Hotels & Towers

フエンテ・オスメニャのすぐ近くにそびえる高層ホテル。37階から上にスカイ・エクスペリエンス・アドベンチャー（→P.38）を併設。

Map 別冊P.8-A2 セブ・シティ

Fuente Towers, Fuente Osmeña Blvd., Cebu City ☎(032)418-8888 料スーペリア₱6000〜、デラックス₱6500〜、ジュニアロフトスイート₱1万2000〜（税・サービス料・朝食込み） Card A.M.V. 室411 Wi-Fiあり 交空港から車で45分 URL www.crownregency.com

中級 ウオーターフロント・セブ・シティ・ホテル&カジノ
Waterfront Cebu City Hotel & Casino

まるでお城のような外観の大型ホテル。24時間営業のカジノやショッピングアーケード、プールなどを併設している。

Map 別冊P.8-B1 セブ・シティ

Salinas Dr., Lahug, Cebu City ☎(032)232-6888 FAX(032)232-6880 料スーペリア₱6160〜、デラックス₱6470〜、アンバサダー₱8080〜、ジュニア・スイート₱1万1780〜（税・サービス料・朝食込み） Card A.D.J.M.V. 室561 Wi-Fiあり 交空港から車で45分 URL www.waterfronthotels.com.ph

中級 クエスト・ホテル・カンファレンス・センター・セブ
Quest Hotel Conference Center Cebu

手頃な値段で白を基調としたスタイリッシュな客室に泊まれると人気。プールにはプールバーも併設され、リゾート感もたっぷり。

Map 別冊P.8-B1 セブ・シティ

Archbishop Reyes Ave., Cebu City ☎(032)402-5999/(032)230-5888 FAX (032)402-5998 料デラックス₱6997〜、プレミアデラックス₱7733〜、ジュニアスイート₱1万1906〜、エグゼクティブスイート₱1万4748〜（税・サービス料・朝食込み） Card A.D.J.M.V. 室427 Wi-Fiあり 交空港から車で40分 URL www.QuestHotels.com

---

かんたん ビサヤ語&英会話

ホテルで使うフレーズ

こんにちは。チェックインをお願いします。
ハロー　モ　チェックイン　コ　パリホグ
Hello. Mo check-in ko, palihug.
Hello. I'd like to check-in, please.

午後4時まで荷物を預かってもらえますか？
ポエデ　ナコ　ビリン　アコ　ラゲージ　ハントドゥ　4p.m.？
Pwede nako bilin ako luggage hantud 4p.m.?
Could you keep this luggage until 4 p.m.?

ドライヤーを貸してもらえますか？
ナアア　モ　ヘアー　ドライアー？
Naa mo hair dryer?
Can I have a hair dryer?

部屋に鍵を置いたまま、扉を閉めてしまいました。
ナ　ロック　ナコ　アン　ルーム、アン　ヤウィ　サ　ソロドゥ
Na lock nako ang room ang yawe naa sa sulod.
I locked myself out./I locked out of my room.

部屋を替えてもらえますか？
ポエデ　コ　モ　バルヒン　サ　ライン　ナ　クワルト？
Pwede ko mo balhin sa lain na kwarto?
Could you give me a different room?

エアコンが動きません。
グバ　アン　エアコン
Guba ang aircon.
The air conditioner doesn't work.

シャワーのお湯が出ません。
ディリ　イニッ　アン　ホット　シャワー
Dili init ang hot shower.
The hot water is not running.

タクシーを呼んでください。
パリホグ　コ　パ　タワグ　タクシー？
Palihug ko pa tawag taxi?
Please call the taxi for me.

指さしOK!

○○ありますか?
ナアア モ ○○?
Naa mo ○○?

フィリピン料理図鑑

フィリピン料理はスペインや中国の影響を強く受けたものが多いため、甘さや酸味が強いメニューが多い。辛い料理はあまりないが、代わりにニンニクがたっぷり効いたメニューが豊富。いずれも主食のご飯が進む味付けだ。ビールとも相性がいい。

こちらもチェック! → 本誌 P.68

01 Sabaw サバウ スープ

ショウガが効いたさっぱり系から、牛骨が効いた濃厚系までさまざま

シニガン Singang
魚介のだしにタマリンドを加えた酸っぱいスープ。具材はいろいろ

ポチェロ Pochero
骨付きの牛肉を煮込むボリューミーなスープ。ブラロとも呼ばれる

ハマグリのスープ Halaan Shell Soup
ハマグリがゴロリ。和食のお吸い物のようなさっぱりとした味

02 Gulay グーライ 野菜

旅行中は積極的に食べたい。生野菜は衛生状態が悪そうな店では避けて

クリスピーカンコン Crispy Kangkong
空心菜の天ぷら。さくさくと軽い口当たりで前菜として人気

海ぶどうサラダ Umibudou Salad
瑞々しくぷちぷちとした食感が楽しい海藻のサラダ

トルタンタロン Tortang Talong
平らにつぶしたナスを卵と焼いたもの。あっさり味で食べやすい

03 Karni カルニ 肉料理

鶏肉や豚肉を使った料理が主。牛料理はあまり見かけない

レチョン Lechon → 本誌 P.70
炭火で焼いた子豚の丸焼き。お祝い事のときに食べられる

シシグ Sisig
豚肉の細切れを野菜と一緒に炒めたもの。熱々の鉄板で出てくる

アドボ Adobo
フィリピンの国民食。醤油や酢を使った炒め物の総称

クリスピーパタ Crispy Pata
豚足を茹でたあとに揚げたもの。大きいのでシェアがおすすめ

チキンパンダン Chicken Pandan
鶏肉をパンダンリーフに包み揚げ焼きにしたもの。とてもジューシー

カレカレ Karekare
ピーナッツバターで味付けした、牛テールと野菜の煮込み。こってり味

ガーリックチキン Garlic Chicken
フライドチキンの醤油ダレあえ。食欲をそそるニンニク風味

04

Seafood
シーフード

海鮮料理

海がすぐ近くなので、
新鮮な魚介類を使った
料理もたくさん！

ラプラプ
Lapu-Lapu
フィリピンの高級魚。ハタの仲間で、脂がのった白身が上品な味

ホタテのバター焼き
Baked Scallops
小ぶりなホタテにバターやチーズをかけて焼きあげたもの

ツナパンガ
Tuna Panga
マグロのカマ焼き。オイスターベースの甘めのタレで焼きあげる

カニのタマリンドソース
Crab's Tamarind Sauce
酸っぱいタマリンドソースをかけたカニ。ワタリガニやマッドクラブが主

ガーリックシュリンプ
Garlic Shrimp
殻付きのエビをガーリックソースで炒めたもの。ビールが進む味

ビコールエクスプレス
Bicol Express
海鮮やココナッツのミルク煮。スパイスが効いた辛めの味

ガンバス
Gambas
小エビをニンニクたっぷりのソースで炒めたもの。味はピリ辛

05

Kan.on & pancit
カン.オン＆パンシット

ご飯＆麺類

フィリピンの主食は米。
麺料理はあっさり味の
ものが多い

アドボライス
Adobo Rice
アドボソースで炒めたご飯にカツレツを入れ、バナナの葉で蒸したもの

パンシットカントン
Pancit Canton
中華麺を豚肉や葉野菜と炒めた、あっさり味の焼きそば

ポソ
Puso
ココナッツの葉に入れて茹でた米。口当たりはパサパサとしている

06

Sweets
スイーツ

スイーツ

フィリピン人は
甘いものが大好き！
フルーツを使ったものも多い

ハロハロ →本誌P.86
Halo-Halo
かき氷にウベアイスやゼリー、ココナッツなどをのせた定番デザート

バナナスプリット
Banana Sprit
まるまる1本のバナナを真ん中で切り、アイスや果物を挟んだもの

レチェフラン
Leche Flan
シンプルなカスタードプリン。甘く濃厚でカラメルソースがかかる

タホ
Taho
豆腐にタピオカや黒蜜をかけた屋台フード。ほんのりと優しい甘さ

バナナキュー
Banana Q
砂糖をかけて焼いた調理用バナナ。食感はほっくり。屋台で買える

トゥロン
Turon
調理用バナナの揚げ春巻き。チョコやアイスと一緒に食べる

ビビンカ
Bibingka
米粉にココナッツミルクやチーズを入れたライスケーキ

07
Chocolate
チョコレート
チョコレート
チョコレートを使ったメニューはセブの伝統的な朝食のひとつ

→本誌P.98

シクワテ
Sikwate
カカオで作ったタブレアをお湯で溶かしたホットチョコレート

プト・マヤ・ウィズ・マンゴー&シクワテ
Puto Maya with Fresh Mango & Sikwate
もち米とホットチョコレート、生マンゴーのセット。朝食やおやつの定番

チャンポラード
Champorado
タブレアにもち米を入れて煮たチョコレートがゆ

08
Juice
ジュース
ジュース
フレッシュな果物を使ったジュースシェイクがバリエーション豊富

ブコジュース
Buko Juice
ココナッツジュースのこと。生のココナッツに直接ストローをさして飲む。

カラマンシージュース
Calamansi Juice
ライムに似た柑橘系の果物、カラマンシーのジュース。すっきり味

マンゴーシェイク
Mango Shake
セブに行ったらぜひ飲みたい、生のマンゴーを使ったアイスシェイク

09
Beer
ビアー
ビール
フィリピンのビールといえばサン・ミゲル。コンビニなどでも買える

サン・ミゲル・ピルセン
San Miguel Pilsen
苦みが強く濃厚な味わい。甘口のフィリピン料理とよく合う

サン・ミゲル・ライト
San Miguel Light
キレがよく軽い口当たり。ピルセンよりも飲みやすい

コルト45
Colt45
サン・ミゲルよりもアルコールが強めで濃厚な味わい

かんたんビサヤ語&英会話

レストランで使うフレーズ

今夜18時に2名で予約したいのですが。
マグ パ レサーブ コ グッド フォー 2 パーソン アット6p.m. トゥナイト
Mag pa reserve ko good for 2 person at 6p.m. tonight.
I'd like to make a reservation for 2 at 6 tonight.

メニューを見せてください。
マガヨ コ メニュー パリホグ?
Mangayo ko menu, palihug?
May I have a menu, please?

(メニューを指さして) この料理は何ですか?
ウンサ ニ ナ メニュー?
Unsa ni na menu?
What is this menu?

料理の量を少なめにしてください。
ポエデ ガマイ ラン?
Pwede gamay lang?
Could you make it small?

おすすめは何ですか?
ウンサ イモ イカ レコメン?
Unsa imo ika recommend?
What would you recommend?

これは注文していません。
ワラ コ ニ オーダー アニ
Wala ko ni order ani.
I didn't order this.

注文したものがまだ来ていません。
ワラ パ ラギ アモ オーダー
Wala pa lagi amo order.
My order hasn't come yet.

(食べきれないとき)持ち帰り用の容器をもらえますか?
パリホグ コ テイクアウト アニ
Palihug ko take out ani.
Could I have a doggybag, please?

お勘定をお願いします。
バヤド コ
Bayad ko.
Check, please.

おいしかったです、ごちそうさま。
ラミ カアヨ サラマッ
Lami kayo, salamat.
It was delicious. Thank you.

料理用語

焼いた
Ge sugba
ギ スグバ

煮た/茹でた
Ge laga / ge tuwa
ギ ラガ/ギ トワ

蒸した
Gi steam
ギ スティーム

揚げた
Ge prito
ギ プリト

生の
Hilaw
ヒラウ

砂糖
Asokar
アソーカル

塩
Asin
アシン

唐辛子
Sili
シリ

醤油
Toyo
トヨ

サイズ早見表

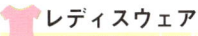

ここで示したものは目安です。
ご購入の際は必ず試着してください。

レディスウェア

日本（号）	5	7	9	11	13	15
フィリピン	S	S	M	M	L	L

シューズ

日本（cm）	22	22.5	23	23.5	24	24.5	25	25.5
アメリカ	4.5	5	5.5	6	6.5	7	7.5	8
ヨーロッパ	35.5	36	36.5	37	37.5	38	38.5	39

お買い物に役立つ単語いろいろ

高い	マハル	Mahal	大きい	ダコ	Dako	赤	プワ	Puwa
安い	バラト	Barato	小さい	ガマイ	Gamay	白	プティ	Puti
よい	ニンドッ	Nindot	重い	ブグアット	Bug.at	青	ブルー	Blue
悪い	バティ	Bati	軽い	ガ　アン	Ga.ann	黒	イトム	Itom
かわいい	キュート	cute	長い	タアス	Taas	黄	イエロー	Yellow
かっこいい	ニンドッ	Nindot	短い	ムボ	Mubo	緑	グリーン	Green
暑い	イニッ	Init	甘い	タムイス	tam-is	ピンク	ピンク	Pink
寒い	トグナウ	Tugnaw	辛い	ハラン	halang	紫	ウベ／パープル	Ube / Purple

緊急時のフレーズ

助けてください。
タバンギ　コ
Tabangi ko.　Help me.

警察を呼んでください。
タワガ　アン　プリス
Tawaga ang Pulis.　Please call the Police.

日本大使館に連絡してください。
パリホグ　コ　コンタク　サ　ジャパニーズ　エンバシー
Palihug ko kontak sa Japanese embassy.
Please contact the Japanese embassy.

旅の情報収集

観光案内所

明るい笑顔のスタッフが、観光に関する問い合わせに対応してくれる。セブやボホールなど各地のパンフレットを無料で配付している。

Map 別冊P.8-B3 セブ・シティ

G/F, LDM Bldg., Legaspi St.　(032)254-2811/(032)412-1966
8:00～18:00　休土・日

便利ウェブサイト

フィリピン航空
URL www.philippineairlines.com

セブ・パシフィック航空
URL www.cebupacificair.com

エア・スウィフト
URL air-swift.com

「地球の歩き方」ホームページ
URL www.arukikata.co.jp

在フィリピン日本国大使館
URL www.ph.emb-japan.go.jp/itprtop_ja/index.html

フィリピン政府観光省
URL www.premium-philippines.com

外務省海外安全ホームページ
URL www.anzen.mofa.go.jp

セブ重要電話番号

警察 911、166（セブ・シティ）

救急 911、143　**消防** 911

日本大使館（マニラ） (02)551-5710 / (02)551-5780

日本大使館（セブ領事事務所） (032)231-7321 / (032)231-7322

そのほかの電話番号は本誌P.155へ